HEYNE FILMBIBLIOTHEK

Matthias Peipp
Bernhard Springer

EDLE WILDE
ROTE TEUFEL

Indianer im Film

Originalausgabe

WILHELM HEYNE VERLAG
MÜNCHEN

HEYNE FILMBIBLIOTHEK
32/242

Herausgegeben von Bernhard Matt
Redaktion: Rolf Thissen

BILDNACHWEIS

buena vista 248; Filmbild Fundus Robert Fischer 20, 44, 57, 92, 93, 94,
121, 125, 127, 157, 161, 177, 181, 187, 194, 201, 207, 247, 249, 290, 302, 308;
Fotoarchiv IN, München 76, 113, 136, 141, 145, 147, 166, 191, 199, 209,
217, 219, 231, 312, 315; Privatarchiv Hans Schmid 63, 75, 106, 131, 138, 139,
142, 167, 321; Bildarchiv Bernhard Springer 13, 15, 17, 23, 26, 27, 29, 31, 33,
37, 45, 51, 53, 55, 59, 65, 67, 69, 77, 78, 79, 81, 84, 85, 87, 88, 89, 95, 99, 101,
103, 109, 110, 115, 116, 119, 128, 137, 140, 151, 153, 155, 171, 173, 176, 185,
203, 204, 205, 214, 225, 227, 229, 235, 239, 240, 243, 245, 252, 253, 255, 257,
258, 259, 263, 265, 268, 269, 271, 276, 284, 286, 287, 297, 305, 306, 314, 329,
332, 335, 337, 348; Filmkopie Gerhard Ullmann 42, 223

Copyright © 1997 by Wilhelm Heyne Verlag GmbH & Co. KG, München
Printed in Germany 1997
Umschlagfoto: Bildarchiv Autoren
Rückseitenfoto: Bildarchiv Engelmeier, München
Umschlaggestaltung: Atelier Ingrid Schütz, München
Herstellung: H + G Lidl, München
Satz: Fotosatz Völkl, Puchheim
Druck und Verarbeitung: Ebner Ulm

ISBN 3-453-10862-0

Inhalt

Vorwort

Unser Buch über Indianer im Film kann man lesen, wie man will – chronologisch oder stöbernd. Man kann von Jahrzehnt zu Jahrzehnt der historischen Entwicklung folgen, denn es hat sich herausgestellt, daß die wichtigsten Entwicklungen und größten Gemeinsamkeiten zwischen einzelnen Filmen sich in Jahrzehnteschritten darstellen lassen, und so haben wir diesen entsprechende Kapitel gewidmet.

Man kann sich aber auch je nach Interesse einzelne Kapitel und damit einzelne Zeitabschnitte herauspicken. Zudem haben wir ans Ende eines jeweiligen chronologischen Abschnittes Kapitel mit Exkursen gestellt, die sich mit übergreifenden Themen wie Indianer und ihre Darsteller oder dem Genre des Dokumentarfilms beschäftigen.

Aus letzterem geht im übrigen hervor, daß wir uns vorzugsweise mit Spielfilmen beschäftigen. Dabei haben wir verschiedene Bezeichnungen eingeführt, da nicht alle Filme in bezug auf das Auftreten von indianischen Protagonisten gleich sind: »Indianerwestern« nennen wir jene Western, in denen Indianer als wesentliche Figuren auftauchen oder für die Handlung eine wesentliche Rolle spielen (z. B. Delmer Daves BROKEN ARROW aus den 50er Jahren), »Indianerfilme« jene Filme, die einen Indianer oder einen Stamm zum Helden der Handlung machen (z. B. Keith Merrills WINDWALKER aus den 80er Jahren), und »indianische Filme« die Produktionen von indianischen Regisseuren wie z. B. von Phil Lucas, mit dem wir ein Interview geführt haben, das am Ende des Buches steht. Alle anderen Bezeichnungen (wie Italowestern, Winnetou-Filme etc.) ergeben sich von selbst.

Wir möchten allen danken, die zum Gelingen des Buches beigetragen haben: Ulla Rapp, Michael Farin, Hans Schmid, Christiane Heinrich, Klaus Volkmer, Gerhard Ullmann, Phil Lucas, Kristin Greiner, Iduna und Peter Schröder, der Spielfilm-Redaktion von PRO SIEBEN sowie insbesondere Karin, Moritz und Severin Springer für ihre grenzenlose Geduld und Nachsicht und selbstverständlich all denen aus unserem beruflichen Umfeld, die indirekt Unterstützung geleistet haben. Und wenn dieses Buch erscheint, werden wir zur Feier des Tages die Plastik-Indianer hervorkramen und aufbauen, die wir aus den Wundertüten unserer Kindheit herübergerettet haben.

Matthias Peipp/Bernhard Springer

Edle Wilde – rote Teufel
Eine Einleitung

Tödlich getroffen sinkt Winnetou in die Arme seines Blutsbruders, nachdem er sich als treuer Begleiter der für Old Shatterhand bestimmten Kugel in den Weg geworfen hat. Doch bevor die Teufelchen die arme Seele des Heidenmenschen Winnetou zur ewigen Qual entführen können, tritt der rote Wilde zum rechten Glauben über, haucht mit seinen letzten Worten die Taufformel, und zum Lohn ertönt von der Höh' das Ave Maria, das der edle Wilde so liebt.

Das waren nach der Jugendlektüre Karl Mays die ersten Leinwanderfahrungen mit Indianern in Deutschland. Danach flimmerten all die amerikanischen Western über die Mattscheibe, in denen die im Kreis reitenden roten Teufel wie in der Schießbude als Zielscheiben dienten. Diese Western waren zwar schon ein oder zwei Jahrzehnte alt, doch noch nicht einmal die Elterngeneration hatte sie in Deutschland zu sehen bekommen. Verpaßt hatten sie nicht viel, denn sowohl das Bild vom edlen Wilden wie auch das vom roten Teufel prägten schon seit langem das Bild der amerikanischen Ureinwohner in der populären Kultur, wie es bis heute in Literatur, Film und Fernsehen noch Gültigkeit hat. Dieses Bild des Native American ist Resultat der historischen Entwicklung des amerikanischen Kinos. Dessen Stereotypen wiederum haben ihre Wurzeln in Literatur, Drama und Groschenroman, die sich mit der Eroberung und Besiedlung des Westens durch den weißen Mann beschäftigen.

Wie wilde Tiere erst ausgerottet und dann als Restbestand zur Ergötzung und in sicherer Distanz präsentiert werden, hat sich in unseren Köpfen ein Zoo gebildet, gefüttert und beschickt von der Ware, wie wir sie täglich auf dem Bildschirm oder der Leinwand vorgeführt bekommen. In Interviews oder Lebensbeschreibungen berichten Native Americans immer wieder von dem Kulturschock, den das Kino in ihrer Kindheit angerichtet hat und den die Filme im Fernsehen bei ihren Kindern heute noch auslösen. Sie konnten und können sich nicht mit kreischenden Wilden identifizieren, die der Kavallerie als Kanonen-futter dienen, während blauäugige blonde Helden nach dem Sieg über das Böse dem Sonnenuntergang entgegenreiten.

Tatsächlich hat sich das Wort vom toten Indianer erfüllt: Nur die Leinwand-Rothäute sind gute Indianer, für die Lebenden inter-essiert sich niemand.

Nur manchmal werden die in den Reservaten lebendig Begra-benen aufsässig und besetzen unverschämterweise die Schlag-zeilen der Weltpresse. Dann kann es passieren, daß sich die Ste-reotypen langsam wandeln. Aber nachhaltigeren Erfolg als jede noch so medienwirksame Sitzblockade erzielt nur der Lein-wand-Indianer, der als Metapher für kulturelle oder soziale Be-wußtseinsänderungen steht. Kevin Costners DANCES WITH WOLVES (*Der mit dem Wolf tanzt*, 1990) ist dafür ein Beispiel. Hier wurde ein vorgeblich authentisches Bild der Prärie-India-ner als Vehikel benutzt für die Botschaft vom Öko-Indianer, dem geborenen Umweltschützer und Hüter der Mutter Erde, und gleichzeitig ein Weißer gezeigt, der sich zum Retter einer aussterbenden Rasse wandelt. Beides hat dazu geführt, daß den lebenden Nachfahren von Kicking Bird und Ten Bears ein In-teresse entgegengebracht wurde, das die ganze Red Power der letzten 30 Jahre nicht erreichen konnte, auch wenn es wie jede Modeerscheinung nicht lange anhielt.

Die Entdeckung der Indianer
Von Kolumbus über Rousseau zu Ford

Nicht alle sind, was sie zu sein scheinen. Und manch einer bekommt, ohne es zu wollen, einen neuen Namen. Als zum Beispiel Christoph Kolumbus 1492 den Seeweg nach Indien suchte,
unabsichtlich aber auf der Insel Guanahani landete und so, ohne es zu wissen, die Neue Welt entdeckte, taufte er die Insel sogleich in San Salvador um und nannte die Menschen, die er dort
vorfand, »Indianer«. Eine lange Reihe von Fehleinschätzungen
und Mißverständnissen war die Folge, vor allem aber eine Jahrhunderte andauernde Ausbeutung, Unterdrückung und Ausrottung dieser sogenannten Indianer im Zeichen imperialer Er-
oberungspolitik.
Am 11.10.1492 erwähnt Kolumbus in seinem Bordbuch die Indianer zum ersten Mal. Es fallen ihm nur Äußerlichkeiten auf:
»Dort erblickten wir allsogleich nackte Eingeborene.« Dabei
bleibt es. Eine Woche später, am 17.10., interessiert ihn wiederum fast nur die Bekleidung: »Wir konnten feststellen, daß die
verheirateten Frauen Baumwollhosen trugen, im Gegensatz zu
den Mädchen, mit Ausnahme einiger von ihnen, die um die 18
Jahre alt waren. Auf dieser Insel sah ich Schäferhunde und auch
kleine Spürhunde. Meine Leute begegneten einem Eingeborenen, der an seiner Nase ein Goldstück von der Größe eines hal-
ben Castellano befestigt hatte.«
Indianer, Hunde, Eingeborene – für Kolumbus ist alles eins. Das
Widersprüchliche seiner Einschätzungen wurde ihm wohl nie
wirklich bewußt. Er und die anderen Eroberer scheinen zuerst
sogar Sympathie für die Ureinwohner gehabt zu haben. Kolumbus etwa lobt ihre Gastfreundschaft, ihre Naivität und Sanftmut.
Und Amerigo Vespucci, der dem neuen Kontinent den Namen
Amerika gab, vergleicht 1507 deren Leben mit dem auf den uto-
pischen Inseln der Seligen. Dennoch hat, das sei nicht vergessen,
Kolumbus von Anfang an – Ridley Scott zeigt es selbst in seinem
Kolumbus-Film 1492 – THE CONQUEST OF PARADISE (1992) –
seine eigenen Notare dabei und ist fest entschlossen, jede Insel,
die er entdeckt, sofort in Besitz zu nehmen. Daß es dort schon

Bewohner gibt, ist für ihn nur ein Detail am Rande und wird ebenso beiläufig vermerkt wie das Vorkommen von Tieren und Pflanzen.

Das Ungeheure seines Handelns ist ihm offenbar nicht klar, oder er verdrängt es. Seine rassistische Wahrnehmung ist ihm dabei von Nutzen. Weil er weder versucht, die Indianer zu verstehen, noch ihnen eine eigene Kultur zugesteht (keine Kleider, also keine Kultur), kann er ihnen, ganz pragmatisch, alles Menschliche absprechen und braucht demzufolge bei seinen Raubzügen auch kein schlechtes Gewissen zu haben. Denn die Indianer, das stellt er zur gleichen Zeit fest, haben Gold bzw. müssen nach seinen Vorstellungen Gold haben. Aber solange er davon nicht genug hat, um die Schiffe entsprechend beladen zu können, füllt er diese für die Rückfahrt nach Spanien erst einmal mit Indianer-Sklaven: Die Ladekapazität der Schiffe muß ausgenutzt werden.

Wichtig zu wissen ist in diesem Zusammenhang, daß das damalige spanische Recht durchaus die Behandlung von entdeckten Ländern und ihren Bewohnern regelt und der willkürlichen Besitznahme und unmenschlichen Behandlung der Ureinwohner Grenzen setzt. Allerdings gibt es eine Ausnahme, insofern die Entdecker auf Kannibalen treffen. Das erklärt die Tatsache, daß bei Kolumbus angefangen bis zu allen ihm folgenden Konquistatoren alle eifrig bemüht sind, die Indianer als Kannibalen hinzustellen und zu beschreiben. Denn in diesem Fall sind die Wilden recht- und gesetzlos, und man kann sich deren Besitz und Leben unbeschränkt einverleiben.

Als schließlich spanische Geistliche und durchaus auch Indianerfreunde wie der Dominikanermissionar und Bischof von Chiapas, Bartolomé de Las Casas (1474–1566), die Indianer endlich wie Menschen behandelt haben wollten und dies schließlich sogar zur öffentlichen Diskussion im Mutterland beim Disput von Valladolid 1550/51 führte, der zwar ohne wirkliche Entscheidung aber mit einem Übergewicht zugunsten Las Casas' Argumentation für das Egalisationsprinzip gegenüber den Indianern endete, verbesserte sich die Lage der Indianer nicht sonderlich. Jetzt verlas man ihnen Rechtstitel, bevor man sie tötete oder versklavte, oder taufte die Sterbenden. Als Menschen sollten sie Christen werden, aber wer diesbezüglich nicht willig

Columbus als Freund der Wilden – Gérard Depardieu in 1492 – THE CONQUEST OF PARADISE/COLUMBUS 1492 – DIE EROBERUNG DES PARADIESES (1992)

war, gegen den gebrauchte man Gewalt, oft noch brutaler als zuvor.

Für jene Indianer, die den Vorstellungen der weißen Eroberer nicht entsprachen, war im christlichen Weltbild schnell ein Platz gefunden. Ridley Scott zeigt dies bei der ersten Begegnung von Kolumbus mit den Indianern bereits sehr anschaulich. Scotts Kolumbus sucht auf seiner Fahrt nach Westen das Paradies auf Erden und glaubt, es gefunden zu haben, als er auf Guanahani landet. Er dringt in den Dschungel ein, sieht erst eine Schlange, dann die Eingeborenen. Nur noch ein kleiner Schritt, und der Indianer wird als Schlange im Paradies gesehen, als Dämon der Wildnis.

Auch bei den Puritanern, die sich im 17. Jahrhundert weiter nördlich, im heutigen Virginia, niederließen, finden sich ähnli-

che Denkweisen. Die Neuankömmlinge schilderten die Ureinwohner zunächst als freundlich und liebenswert; als es aber um
die Vermehrung des Besitzstands ging, verwandeln sich die Bewohner der Wildnis sehr rasch in barbarische Wilde, die nichts
Menschliches mehr aufweisen. Frei von moralischen und recht-
lichen Bedenken konnte so zur Landnahme geschritten werden.
Damit hatte sich ein Muster etabliert, das im Grunde bis heute
Bestand hat: Die Indianer werden nicht als Indianer wahrge-
nommen, sondern als Projektion, die den jeweiligen Bedürfnissen der Weißen entspricht. In seinem Film CHEYENNE AUTUMN
(1963) entlarvt John Ford dieses Verhalten. Als die Cheyenne
aus dem Reservat ausbrechen, ist die Schlagzeile einer Zeitung
im Osten rasch fertig: »Blutrünstige Wilde vergewaltigen und
plündern!« Dann aber ändert der Chefredakteur die Taktik und
erklärt, man solle doch lieber über die Not des »edlen roten
Mannes« berichten – um die Auflage zu steigern. Fords Film
spielt 1878, die Cheyenne sind keine Bedrohung mehr; deshalb
kann man sich eine solche Haltung leisten, und das Publikum
wird sie goutieren.

Rousseau und Voltaire machten den edlen Wilden im Zuge der
Aufklärung salonfähig. Sie zeichnen als Gegenkonzept zum ab-
solutistischen Frankreich das Bild vom Paradies auf Erden, wo
das Leben, unterstützt durch eine mildtätige Natur, seinen ge-
ordneten Weg geht. Den edlen Wilden benutzten sie, um an Moral und Verhalten ihrer Landsleute Kritik zu üben. Sie glaubten
an die Möglichkeit des Fortschritts, sobald der Mensch nicht
durch erstarrte und verkommene Institutionen behindert wurde. Der edle Wilde diente dabei ihrer Theorie als eine Art Prototyp. Mit der Lebenswirklichkeit der Indianer hatte auch dieses
Bild wenig zu tun.

Die Romantiker nahmen Anfang des 18. Jahrhunderts die Gedanken der Aufklärer begeistert auf. Die Fähigkeit zu rationa-
lem Denken jedoch gestanden sie den Wilden Rousseaus und
Voltaires nur eingeschränkt zu. Sie stellten sie ein wenig primi-
tiver dar, geleitet von Intuition und Gefühl. Chateaubriand
nahm den Gedanken vom *edlen* Wilden sogar wörtlich und sie-
delte seinen Indianer-Roman *Die Natchez* (1801 bzw. 1802 in
Auszügen, 1826 vollständig erschienen) in einem Volk an, das
nach dem Muster der Aristokratie organisiert war.

Zur gleichen Zeit entstand in Amerika, wo man weniger Distanz zu den Indianern hatte als in den literarischen Zirkeln Europas, eine Reihe von Indian Atrocity Novels, die das Bild vom barbarischen Wilden wachhielten. 1797 veröffentlichte Ann Eliza Bleecker den Roman *History of Maria Kittle,* in dem blutrünstige indianische Bestien einer Mutter ihr Kind entreißen, um dessen Schädel an einem Stein zu zerschmettern. Variationen dieser Szene werden in Filmen, zumeist als Erzählung eines Augenzeugen, weil es sonst zu schrecklich wäre, immer wieder auftauchen. Allerdings gehören sie gleichfalls zu den Standardbeispielen zum Beweis der Grausamkeit der Gegenseite bei Kriegsberichten auf der ganzen Welt.

Als James Fenimore Cooper zwischen 1823 und 1841 seine fünf Lederstrumpf-Romane veröffentlichte, wurden die edlen Wilden endgültig zum Stoff für Bestseller. Gleichzeitig verband er die beiden Stereotypen im Sinne der Ausgewogenheit: Dem guten

Ausbruch aus Verzweiflung: CHEYENNE AUTUMN *(1963)*

roten Mann stand stets die böse Rothaut gegenüber. Der Erfolg dieser Bücher liegt unter anderem auch darin begründet, daß sie ein Muster variieren, das, seitdem die Häuptlingstochter Pocahontas den Engländer John Smith vor ihren Stammesgenossen gerettet hat, wohlbekannt ist: Einzelne Indianer mögen gut sein, in der Masse sind sie schlecht.

Bei Cooper agieren die Huronen als blutrünstige Bestien, während Chingachgook zum edlen Wilden stilisiert wird. Als »Letzter der Mohikaner« ist er der einzelne schlechthin und stellt so schon deshalb keine Bedrohung dar, weil sein Volk bald ausgestorben sein wird. Bereits Chateaubriand hatte in *Die Natchez* voller Bewunderung ein Volk beschrieben, dessen Kultur durch aus Europa eingeschleppte Krankheiten und die blutige Niederschlagung eines Aufstandes durch die Franzosen 1729 aufgehört hatte zu existieren. Das Motiv vom Letzten seines Stammes und dem aussterbenden Volk ist also ein rein stilistisches und beliebtes Mittel zur Emotionssteigerung, über das beispielsweise die überaus aktiven Mohawks nur bitter lachen können.

Mitte des 19. Jahrhunderts bestand somit bereits ein reichhaltiger Fundus an Indianer-Klischees und -Stereotypen, aus dem jeder nach Interessenlage auswählen konnte und das auch reichlich tat. Als die Vereinigten Staaten zum Beispiel in den 40er Jahren des 19. Jahrhunderts neue Territorien im Nordwesten bzw. Südwesten hinzugewannen und ganz auf eine aggressive Expansionspolitik setzten, war das Bild des edlen, zum Untergang verurteilten und deshalb mitleiderweckenden Wilden eines Herrn Cooper nicht mehr opportun. Deshalb wurde in Gemälden, Romanen und melodramatischen Theaterstücken das alte Stück wiederaufgeführt vom Kampf der Weißen gegen mordlüsterne Rothäute, die sich den Kräften des Fortschritts in den Weg stellten und wegen ihrer Grausamkeit kein Mitleid verdienten.

Das änderte sich erst wieder Ende der 80er Jahre. Geronimo hatte 1886 endgültig kapituliert, 1890 wurde das gesamte Staatsgebiet der USA für besiedelt erklärt, die Indianerkriege waren zu Ende, und die Überlebenden vegetierten in Reservaten dahin, für die sich niemand interessierte. Jetzt war die Zeit wieder reif für den romantisierenden Blick auf die Indianer. Indem

»Authentische« Indianer auf dem Pfad der Zivilisation: THE UNCOVERED WAGON (1920)

man diesen guten Indianern nachtrauerte, konnte man zugleich in Nostalgie für den Wilden Westen schwelgen. Dieser war auch nie so gewesen, wie er jetzt in den Dime Novels geschildert wurde. Bret Harte (1836–1902), der mit 18 Jahren selbst als Goldgräber nach Kalifornien gezogen war, vermittelte als einer der ersten und wenigen unter den Klassiker der amerikanischen Short Story in seinen kalifornischen Erzählungen ein wirklich realistisches Bild des eher erbärmlichen Lebens. Doch in den Dime Novels ließ man die alten Zeiten noch einmal aufleben, in blutigen Kämpfen zwischen Weiß und Rot.

Einer, der das Bild vom Indianer nachhaltig und für alle Zeiten prägte, war William F. Cody, besser bekannt als Buffalo Bill. Der Schriftsteller und Journalist Ned Buntline hatte ihn für das Showbusineß entdeckt und gleich ein Melodrama für ihn geschrieben, das 1872 mit großem Erfolg in Chicago uraufgeführt wurde: *The Scouts of the Prairie.* Der Untertitel, *Red Deviltry As It Is,* faßte zugleich den Inhalt des Stückes zusammen, der vornehmlich darin bestand, daß die Rothäute irgendwelche Teufeleien begingen und dafür von Buffalo Bill zur Rechenschaft gezogen wurden. Den Indianern fiel dabei die Rolle der Schießbudenfigur zu, und das im wahrsten Sinne des Wortes, denn sie waren wenig mehr als bewegliche Ziele für Bills Büchse.

1883 präsentierte Buffalo Bill erstmals seine Wild-West-Show, mit der er bis zum Ersten Weltkrieg durch Amerika und Europa tourte und einem staunenden Publikum »echte Indianer« präsentierte. Fester Bestandteil des Programms war nämlich die »Rekonstruktion« frei erfundener Heldentaten, die der Star im Kampf gegen die Roten vollbracht haben wollte. Dort konnte man dann auch sehen, wie Bill in der Arena verbrecherische Apachenbanden zur Strecke brachte, während die Zeitungen voll von Geronimo waren, dem Apachenhäuptling, der zur gleichen Zeit von den Armeen Mexikos und der USA gejagt wurde. Geronimo und seine Apachen hätten sich in Buffalo Bills Show wohl kaum wiedererkannt, denn da waren sie eher den Comanchen, Cheyenne und Sioux nachempfunden. Die Prärie-Indianer, die lange Zeit mit einigem Erfolg gegen die Weißen um ihr Land gekämpft hatten, prägten das Bild, das man sich vom »Indianer« machte. Der war Jäger, ritt auf einem Pferd und hatte eine Feder im Haar. Es tat nichts zur Sache, daß die meisten Indianer nicht beritten waren und sich von Ackerbau und Fischfang ernährten. Noch »realistischer« wurde alles, als Buffalo Bill 1885 Sitting Bull, einen der Sieger der Schlacht gegen Custer am Little Big Horn, samt einigen seiner Sioux-Krieger engagieren konnte. Sitting Bull bekam monatlich 25 Dollar und verkaufte Fotos mit seiner Unterschrift für einen Dollar das Stück, während Buffalo Bill ein Vermögen verdiente. Die Show war so erfolgreich, daß die Indianer anderer Stämme, die bei der Konkurrenz unter Vertrag waren, sich ebenfalls als Prärie-Indianer kostümieren mußten. Die Ureinwohner Amerikas hatten sich innerhalb eines Jahrhunderts von edlen Wilden in wilde Dämonen und schließlich in eine Jahrmarktsattraktion verwandelt.

Das mußte auch Geronimo erfahren, den sein zäher Kampf zum Medienereignis gemacht hatte. Nachdem er 1886 endgültig vor der weißen Übermacht hatte kapitulieren müssen, wurde er auf den großen Ausstellungen in Omaha und St. Louis als bestaunenswerte Kuriosität präsentiert. Als er im Jahre 1901 als eben ein solches Schaustück an der Parade zur Amtseinführung von

Präsident Theodore Roosevelt teilnahm, forderte man den Apachen sogar auf, ein gerade vorrätiges Sioux-Kostüm anzuziehen, da er darin noch »indianischer« aussähe. Ein Indianer ohne prächtige Federhaube, diese Einsicht hatte man Buffalo Bill zu verdanken, konnte kein wichtiger Indianer sein.

Die echten Indianer waren von da an dazu verdammt, in Reservaten zu leben, sowohl in den realen, öden, unfruchtbaren Landstrichen irgendwo in Arizona, New Mexico oder Florida, aber auch in einem imaginären Reservat, dem Gefängnis einer an weißen Interessen ausgerichteten Pseudogeschichte. Für die Vielfalt der indianischen Völker interessierte sich kaum jemand. Das hatte schon in der Geschichte von der Besiedlung des Kontinents immer wieder fatale Folgen gehabt, etwa wenn die Kavallerie einen friedlichen Stamm niedermachte, um einem völlig anderen Stamm eine Lehre zu erteilen.

Die Traumfabrik Hollywood kopierte diesen Einheits-Indianer ohne stammesspezifische Charakteristika und regionale Unterschiede und ließ ihn zwischen 1840 und 1886 ein ums andere Mal gegen seine siegreichen weißen Widersacher antreten.

Dabei wurde aus Gründen der Publicity besonders gern die Frage diskutiert, ob die Darstellung der Indianer authentisch sei. Wie selbstverständlich ging man davon aus, die »echten« Indianer identifizieren, isolieren und auch zeigen zu können. Eine korrekte Darstellung wurde dabei besonders von denen eingefordert, die sich sicher waren, daß die Indianer aussterben würden. In einer Ausgabe der Filmzeitschrift *Moving Picture World* aus dem Jahre 1911 fordert ein anonymer Autor aus dem Selbstverständnis des Museumsbesuchers heraus: »In zukünftigen Generationen, lange Zeit nachdem der wirkliche Indianer Amerikas in der Geschichte verschwunden ist, wird man sich noch an Bildern dieser so ungemein interessanten Rasse erfreuen.«

Wenn man sich mit der Authentizität Mühe gab, sah das etwa so aus wie im 1944 entstandenen Film Buffalo Bill (*Buffalo Bill, der weiße Indianer*) von William A. Wellman. Die Sioux und die Cheyenne wurden – mit Ausnahme ihres Häuptlings, besetzt mit Anthony Quinn – von Navajos gespielt, die sich nach Presseberichten während der Dreharbeiten über die Kostüme, die sie tragen mußten, halb kaputtlachten. Um den Alltag, die Gebräuche und die Kriegsführung der Cheyenne authentisch wiederzuge-

Navajos bereit zum Abschlachten: STAGECOACH (1939)

ben, engagierte man den gern in Indianerfilmen beschäftigten
Chief Thundercloud als Berater. Der war zwar kein wirklicher
Häuptling und hieß eigentlich Victor Daniels, hatte aber unter
seinem Bühnennamen schon einige Chiefs gespielt und stamm-
te von den Cherokee-Indianern ab.
Auf den Gedanken, die Cheyenne von Navajos spielen zu las-
sen, waren die Produzenten von BUFFALO BILL wohl durch das
Beispiel John Fords gekommen. In dessen Western sah man seit
STAGECOACH (1939) an Stelle der bisher bemalten und überge-
wichtigen Weißen, die sich tapsig durchs Gelände hangelten, ha-
gere Navajos als Komparsen, und das galt als ein Höhepunkt an
Authentizität. Die Sprechrollen gingen wieder wie auch bei
Ford meist an Weiße.

Als Ford 1964 seinen letzten Western, CHEYENNE AUTUMN, in die Kinos brachte, erwartete man dagegen bereits etwas mehr. Die Kritiker der großen amerikanischen Zeitungen mokierten sich darüber, daß, wie immer bei John Ford, wieder einmal die altgedienten Navajos von der Kavallerie bekämpft würden. Sie hatten dabei jedoch übersehen, daß Ford diesesmal unter anderem tatsächlich auch Cheyenne-Indianer engagiert hatte.

Aber vielleicht lag es ja auch an den Cheyenne selbst, daß man sie nicht erkannte, denn gerade in den 60er Jahren beklagten sich traditions- und identitätsbewußte Native Americans häufig darüber, daß ihre Stammesgenossen sich immer häufiger so zurechtmachten, wie sie es durch Hollywood vorgeführt bekamen. Und von den Dreharbeiten zu BROKEN ARROW (1950) ist überliefert, daß die Crewmitglieder den indianischen Komparsen erst einmal zeigen mußten, wie man ein richtiges Lagerfeuer entfacht.

Das stumme Amerika

Indianergeschichten in den Western der Stummfilmzeit 1903–1929

Die Geschichte des amerikanischen Films begann nicht in Hollywood, sondern an der Ostküste in New Jersey. Ein Erfinder namens William K. L. Dickson, der für Thomas Alva Edison arbeitete, entwickelte zu Beginn der 90er Jahre des vorigen Jahrhunderts das Kinetoscope. Das war ein Guckkasten, in dem ein kurzer Film ablief, ein etwa 17 Meter langer, zu einer Schlaufe geklebter Endlosstreifen, der durch einen Schlitz betrachtet werden konnte und eine Vorführung von sechs Sekunden erlaubte. Als sich Edison nach anfänglichem Zögern von den kommerziellen Möglichkeiten der neuen Erfindung überzeugen ließ, wurden bald im ganzen Land Kinetoscopes aufgestellt. Um den Bedarf an Filmen zu decken, ließ Edison in New Jersey das erste Filmstudio der Welt bauen, das er »Black Maria« nannte. Dort fanden sich am 24. September 1894 Buffalo Bill, sein Manager sowie einige Indianer aus seiner Truppe ein, um vier jener kurzen Filme für das Kinetoscope zu drehen, darunter SIOUX GHOST DANCE und INDIAN WAR COUNCIL. In letzterem ist zu sehen, wie Buffalo Bill die zum Kriegsrat versammelten Indianer zur Einhaltung des Friedens ermahnt.

Sitting Bull war zu jener Zeit bereits nicht mehr Mitglied der Truppe. Er war tot, von Indianer-Polizisten ermordet. Ins Reservat zurückgekehrt, war er dort in den unbegründeten Verdacht geraten, der führende Kopf hinter dem Geistertanz-Kult des Paiute-Indianers Wovoka zu sein. Dieser indianische Prophet und selbsternannte Messias hatte eine Art christlich-indianische Bewegung in Gang gesetzt, die versprach, die Büffel wiederzubringen, die Weißen verschwinden zu lassen und jene Krieger, die am Geistertanz teilnähmen und das Geisterhemd trügen, unverwundbar zu machen. 1890, als dieser Geistertanz in der Sioux-Reservation stattfand und das tägliche Leben lahmlegte, beunruhigte das Washington so sehr, daß man Truppen in die Nähe verlegte und 43 Indianer-Polizisten losschickte, um Sitting Bull zu verhaften. Als sie am 15. Dezember seine Hütte umzingelt hatten, kam es zu einem Tumult, und Sitting Bull wurde erschossen. Einige der führerlosen Hunkpapas-Sioux flohen zu Big Foots Minneconjou-Lager, in dem sich insgesamt 120 Männer und 230 Frauen befanden. Sie wurden vier Tage nach Weihnachten, nachdem sie bereits entwaffnet waren, vom 7. Kavellerieregiment am Wounded Knee Creek massakriert.

Für das weiße Publikum wurde vier Jahre später dann nicht etwa das Massaker auf Film festgehalten, sondern eine Travestie des Geistertanzes, zu der Buffalo Bill seine Schießbudenfiguren antreten ließ und damit wieder einmal das Klischee vom dämonischen Wilden reaktivierte.

Die ersten Filmauftritte waren für die Indianer also nicht eben schmeichelhaft. Das lag auch daran, daß Edison als harte Konkurrenten seiner Kinetoscopes die Wachsfigurenkabinette mit ihren Gruselkammern ausgemacht hatte. Um deren Publikum kämpfte er mit der Darstellung von filmischen Gewaltakten, die er in einen historischen Rahmen preßte. So sah Edisons »Filmstaffel« für 1895 folgendermaßen aus: In seinem Streifen JOAN

FIRING THE CABIN (1903) – *Der Raub der Sabinerinnen auf india nisch*

OF ARC war zu sehen, wie Johanna verbrannt wurde, THE EXE-CUTION OF MARY, QUEEN OF SCOTS zeigte, wie man der Königin den Kopf abschlug, und in RESCUE OF CAPT. JOHN SMITH BY PO-CAHONTAS wurde wieder einmal ein blutrünstiger Stamm gegen eine gute Indianerin ausgespielt. Natürlich durfte auch die obligatorische INDIAN SCALPING SCENE nicht fehlen, für die man erneut Buffalo Bills Indianer bemühte.

In Europa führten inzwischen die Gebrüder Skladanovsky (in Berlin) und Lumière (in Paris) ihre Apparate vor, mit denen sie Filme an die Wand projizieren konnten. Bald konnte also ein ganzer Saal gleichzeitig sehen, wie in einfachen Geschichten, die meistens aus populären Schundromanen der Zeit übernommen waren, die Indianer den Weißen nach Unschuld und Leben trachteten. So zeigt der zweieinhalbminütige Streifen FIRING THE CABIN (1903) von W. McCutcheon, der erste Indianerfilm mit Spielhandlung überhaupt, einen Indianerangriff auf eine Blockhütte, bei der alle Bewohner getötet werden bis auf ein junges Mädchen, das von den Indianern entführt wird. Was dann mit dem Mädchen geschieht, bleibt offen.

Der 1903 entstandene Film KIT CARSON, eine Variation des Pocahontas-Stoffes, mag als weiteres Beispiel für viele stehen. Darin wird der Titelheld, jener berühmte Trapper und Indianerkämpfer, von Rothäuten verfolgt, immer wieder angegriffen, gefangengenommen, ins Lager verschleppt und schließlich von einer jungen Indianerin gerettet. Besonders stolz war die Produktionsfirma auf die Authentizität des Films. Über eine Szene, die »Im Indianerlager« überschrieben ist, heißt es im Katalog: »Squaws und ihre Indianerbabys, junge Rothäute und Indianermädchen sind bei ihren verschiedenen Beschäftigungen zu sehen. Hier haben wir wirkliches indianisches Leben.«

Die frühen Filme zerfielen zumeist in einzelne Szenen ohne innere Verbindung, die oft beliebig kombinierbar waren. Das änderte sich, als Edwin S. Porter 1902 LIFE OF AN AMERICAN FIRE-MAN und 1903 THE GREAT TRAIN ROBBERY drehte und eine zusammenhängende Geschichte erzählte. Der Erfolg von THE GREAT TRAIN ROBBERY begründete nicht nur das fiktionale Erzählkino, sondern ganz nebenbei war er die Geburtsstunde des Genres Western. Mit LIFE OF A COWBOY knüpfte Edwin S. Porter 1906 an diese beiden Erfolge an. Die Indianer ritten jetzt erstmals in einer richtigen Geschichte über die Leinwand. LIFE OF A COWBOY beginnt im Saloon. Ein alter Indianer erbettelt von einem Mexikaner einen Drink. Die Tochter des Indianers stürmt herein, will dem Mexikaner das Glas aus der Hand schlagen und bekommt Hilfe von einem Cowboy, der den Mexikaner aus dem Saloon wirft. Später überfällt der Mexikaner mit einer Bande Indianer die Postkutsche, in der die Frau sitzt, die der Cowboy liebt. Diese wird geraubt, aber der Cowboy und seine Freunde nehmen die Verfolgung auf und befreien die Frau. Einige Indianer werden getötet, aber der Mexikaner kann fliehen und schleicht sich bald, den Revolver in der Hand, an das Liebespaar heran. Doch bevor er abdrücken kann, erschießt ihn die junge Indianerin vom Anfang des Films und bedankt sich beim Cowboy für das, was er für ihren Vater getan hat.

Alle Stereotypen sind hier versammelt: der alte, dem Untergang geweihte Indianer, dem man die kaputte Leber förmlich ansieht, und keiner fragt, woher sein Alkoholismus kommt, blutrünstige Rothäute, die wie üblich nur auf eine Gelegenheit warten, die Postkutsche zu überfallen, und die edle Wilde, die den Helden rettet und dann in stillem Verzicht zusieht, wie er eine weiße Frau glücklich macht.

Frühe Film-Indianer haben selten einen Grund für ihr Tun. Als triebbestimmte Wesen sind sie eben so, wie sie gezeigt werden, das heißt Bestien, die Postkutschen überfallen, weiße Frauen bedrohen und die friedliche Aneignung des Landes zu verhindern suchen. Bevor in LIFE OF A COWBOY die Frau verschleppt wird, sieht man idyllische Szenen vom Leben auf der Ranch, und nichts läßt darauf schließen, daß am selben Ort vielleicht einmal jener alte Mann gelebt haben könnte, der jetzt ein bemitleidenswerter Trinker geworden ist. In einer grotesken Verdrehung der Tatsachen sind die Indianer in diesen Filmen zumeist plötzlich auftauchende, gräßliche Aggressoren, während die Weißen immer schon da waren, da sind und sich nur verteidigen.

Die frühen Filme, die D. W. Griffith für die Firma Biograph gedreht hat, machen da eine Ausnahme. In THE REDMAN'S VIEW (1909) zeigt er, wie die Weißen die Kiowas mit Waffengewalt von deren Land vertreiben und zum Marsch nach Westen zwingen. Und in THE MASSACRE (1912) überfallen die Indianer zwar mit aller Brutalität einen Siedlertreck und töten alle, bis auf eine

Frau und ihr Kind, die unter einem Leichenhaufen überleben. Aber es gibt auch eine Vorgeschichte zu sehen. Ohne daß ein Grund genannt wird, überfällt die Kavallerie ein friedliches Indianerdorf. Der Häuptling und einige Krieger können fliehen, alle anderen werden gnadenlos niedergemacht. Eine lange Einstellung zeigt tote Frauen und Kinder, erst nach dieser Exposition erfolgt dann der Angriff auf den Siedlertreck durch jene Indianer, die gerade ihre Familien verloren haben.

Aber auch bei Griffith sind es eher die zivilisierten, das heißt assimilierten Indianer, die sein Verständnis finden. Der Überfall

Schlachtengemälde – THE MASSACRE (1912)

Kriegstanz mit zuviel Feuerwasser: THE BATTLE AT ELDERBUSH GULCH *(1913–14)*

der Kavallerie in THE MASSACRE ist deshalb so verachtenswert, weil sich in den Zelten des Indianerdorfs zuvor Szenen häuslichen Glücks abspielen, die so auch in den Häusern der Weißen denkbar wären.

Das ganze Gegenteil dazu ist THE BATTLE AT ELDERBUSH GULCH von 1913. Dort werden friedliche Szenen in der Blockhütte weißer Siedler mit dem wilden Treiben im Lager der Indianer kontrastiert. Die Indianer führen zunächst wilde Kriegstänze auf und feiern dann das »Fest des Hundes«. Als zwei Stammesangehörige zu spät kommen und keinen Hund mehr abkriegen, schleichen sie zum Haus der Weißen, um sich dort doch noch einen Braten zu besorgen. Zur Verteidigung der

27

Hunde wird einer der beiden von den Weißen erschossen, und weil dieser ausgerechnet der Häuptlingssohn ist, greifen alle anderen das Blockhaus an. Im letzten Moment erscheint die Kavallerie, die Indianer werden niedergemacht, Mitleid gibt es nicht. Statt dessen wird suggeriert, daß die Mordlust der Rothäute auch vor kleinen Kindern nicht haltmacht. Das Biograph-Plakat zum Film zeigt eine am Boden hingestreckte Frau sowie einen Indianer im Lendenschurz, der gerade dabei ist, den kleinen Kopf eines Kindes zu zerschmettern.

Griffith drehte Filme wie THE BATTLE AT ELDERBUSH GULCH und THE MASSACRE nicht mehr an der Ostküste. 1911 war er mit seiner Firma Biograph des besseren Klimas wegen nach Kalifornien umgezogen. Sofort bezog er die dortige Vegetation in seine Geschichten mit ein. Im Film hatte man vorher noch keine Indianer gesehen, die so mit der Landschaft verschmolzen und sich bei der Kriegsführung so geschickt der natürlichen Gegebenheiten bedienten wie bei Griffith. Und wenn es auch vielleicht ganz anders gewesen war, so glaubte man ein Gefühl dafür zu bekommen, wie Geronimo mit den Armeen zweier Länder so lange sein Katz-und-Maus-Spiel hatte treiben können.

1911 war auch Thomas Ince nach Kalifornien gekommen, der für Bison Films produzierte, Drehbücher und Endschnitt überwachte, manchmal auch selbst Regie führte. Bison hatte sich auf Western-Filme spezialisiert. Doch das Genre war, von einem Genie wie Griffith einmal abgesehen, noch nicht sonderlich weit entwickelt. Ince faßte die damalige Western-Produktion so zusammen: »Am Dienstag ritten die Cowboys den Berg hinauf, und am Donnerstag ritten sie ihn herunter.« Das sollte sich nun ändern. Ince engagierte die gesamte Miller 101 Ranch Wild West Show mit allen Cowboys und Indianern und pachtete im Santa Ynez Canyon bei Santa Monica ein großes Stück Land, wo er ein Studio baute, das bald Inceville hieß. Dort produzierte er bis zur Eröffnung der Culver City Studios 1916 alle seine Filme. Sie zeichneten sich durch hohes handwerkliches Niveau sowie die Qualität der Actionszenen aus und revolutionierten das Genre. Die Indianer profitierten davon, wie üblich, nur wenig.

Inces Filme haben je nach Drehbuch für den Part der Indianer von roten Teufeln bis zu bedauernswerten Opfern weißer Verbrechen alles zu bieten. Francis Ford, der später zumeist den

Barkeeper in den Filmen seines berühmteren Bruders John spielte, inszenierte 1912 für Ince THE INVADERS. Der Film beginnt mit der Unterzeichnung eines Vertrages, in dem die Regierung der Vereinigten Staaten sich verpflichtet, das Land der Sioux vor weißen Eindringlingen zu schützen. Ein Jahr später wird der Vertrag aus Profitgier gebrochen, und die Regierung schickt ihre Landvermesser. Der Häuptling der Sioux und seine Frau, die als menschliche Indianer dargestellt werden, studieren den Vertrag. Aber das Papier nützt ihnen nichts. Der verständnisvolle Kommandant des Forts kann nicht anders, er muß seinen Befehlen gehorchen. Also töten die Sioux die Landvermesser, machen eine Abteilung Kavallerie nieder und greifen das Fort an, dessen dezimierte Besatzung in letzter Sekunde Verstärkung erhält. Freude über den Sieg allerdings will bei niemandem aufkommen, denn inzwischen ist die Tochter des Häuptlings gestorben, die im Fort Hilfe für einen geliebten Landvermesser holen wollte. Die letzte Einstellung zeigt den

Thomas Ince (vorne links) mit »seinen« Sioux in Inceville

Kommandanten des Forts und seine Familie, die im Halbdunkel voll Trauer am Totenbett der Indianerin stehen.

Die Indianer haben bei Ince keine Zukunft. Das läßt sich allein schon daran ablesen, wie oft in seinen Filmen die junge Generation stirbt, ein Muster, das er vielleicht von Cooper übernommen hat. In LAST OF THE LINE (1914) leben die Weißen und die Indianer in friedlicher Koexistenz. Bei Ince sind es übrigens stets Sioux, denn man hatte nur einen Satz Kostüme. Häuptling Gray Otter hat erkannt, daß es ohne Anpassung kein Überleben geben kann, und seinen Sohn deshalb auf die Schule der Weißen geschickt. Dort soll er deren Weisheit lernen, um seinem Volk ein großer Führer zu werden. Zurück aber kommt ein Alkoholiker im Anzug, der jeden Bezug zu seiner kulturellen Identität verloren hat (und nicht einmal mehr Indianer ist. Er wird vom Japaner Sessue Hayakawa gespielt).

Der Sohn vegetiert noch eine Weile im Zelt des Vaters vor sich hin, bis er mit einigen Abtrünnigen einen Geldtransport der Armee überfällt und von Gray Otter erschossen wird. Der alte Häuptling läßt es so erscheinen, als sei sein Sohn bei der Verteidigung des Transports gefallen, und der Tote erhält ein Begräbnis mit militärischen Ehren. In einem Moment voll bitterer Ironie zeigt uns der Film, wie die Fahne der USA, in deren Namen die Indianer in Reservate gepfercht und zu Alkoholikern gemacht werden, den Sarg verdeckt.

Hilflos bleibt der alte Häuptling am Grab seines Sohnes zurück, allein und ohne Perspektive.

In den folgenden Jahren sind blutrünstige Wilde auf der Leinwand immer seltener zu sehen. Als 1917, nach dem Kriegseintritt der USA in den Ersten Weltkrieg, Hollywood seine patriotische und propagandistische Pflicht zu erfüllen hatte, legten die Bösewichter den Federschmuck vorübergehend sogar gänzlich ab und streiften sich statt dessen eine deutsche Uniform über. Es war jetzt Erich von Stroheims Aufgabe, in der Rolle des preußischen Offiziers Mütter zu quälen und deren Säuglinge aus dem Fenster zu werfen.

Das Halbblut und die weiße Frau

Die Anfänge der Stummfilmzeit sind dadurch gekennzeichnet, daß alles möglich war. Zum Beispiel die Heroisierung und Mythologisierung von Westerngrößen wie General Custer, Daniel Boone, Buffalo Bill und Kit Carson (KIT CARSON – Biograph 1903, Bison 1910, Paramount 1928 und die Serie FIGHTING WITH KIT CARSON 1933). Neben der ab den 20er Jahren einsetzenden Heroisierung der Frontier und den ersten Pionierepen, in denen die Roten als grausame Bestien erscheinen und die im Endeffekt eine Wiederholung der Kriegserfahrung aus dem Ersten Weltkrieg darstellen, gibt es auch eine ganze Reihe von Dramen, die ausschließlich in der indianischen Welt spielen, wie THE LEGEND OF SCARFACE (1910), THE SQUAW'S LOVE (1911),

Melodramatische Gesten unter Roten in BLAZING THE TRAIL *(1912) von Thomas Ince*

A SIOUX SPY (1911) und AN INDIAN IDYL (1912). Beliebt sind auch Liebesgeschichten zwischen Rot und Weiß, die dem melodramatischen Stil des Stummfilmkinos entgegenkommen – am markantesten in der Pocahontas-Geschichte, die bis heute in jedem Schulbuch vertreten und jedem Kind bekannt ist.

Der Stummfilm arbeitet vornehmlich mit dramatischen Effekten. Großes Spektakel, Melodram und Sentimentalität sind beispielsweise Begriffe, mit denen das Kino von Griffith beschrieben wird. In diesem Kino ist der Indianer als Element des Wilden, Bunten, Fremden und Andersartigen ein vorzüglicher Anlaß, Gefühle wie Anteilnahme und Mitgefühl, Angst oder Abscheu mit hochdramatischen Gesten zu zeigen.

Deshalb existieren die widersprüchlichen Formen in der Zeit des Stummfilms nebeneinander: Romantisierung als edle Wilde und rote Teufel.

Immerhin spielt der Indianer in der Anfangsphase des Films als Teil der Kuriositätenshow und als Element der melodramatischen Effekte eine durchaus eigenständige Rolle. Als erstem Amerikaner, dessen Kultur zu verschwinden droht, wird ihm eine gewisse Sympathie entgegengebracht.

In der zweiten Phase gehen die positiven Eigenschaften, die dem Indianer in der Bühnenfassung vom noblen Wilden zugeschrieben werden, über auf die Pioniere und dienen einer allgemeinen Verherrlichung des Pioniergeistes.

Im melodramatischen Kino der Stummfilmzeit sind zudem Liebesgeschichten sehr beliebt, insbesondere die unglücklichen und unmöglichen Liebesgeschichten, wenn sie zwischen Personen unterschiedlichen Standes stattfinden. Die Rollenverteilung der Mesalliancen zwischen Rot und Weiß ist dabei verständlicherweise sehr unterschiedlich. Für die rote Frau, die ihrem weißen Partner zudem meist das Leben rettet, geht die Geschichte notwendigerweise schlecht aus. Die Gründe für das Scheitern können im Sinneswandel des weißen Mann liegen oder im Auftauchen einer weißen Rivalin. Für die zahlreichen Verfilmungen des Pocahontas-Mythos jener Zeit nimmt die Mesalliance Shakespearsche Dimensionen an. Interessanterweise wird dabei aus der Häuptlingstochter eine Prinzessin, denn nur eine solche ist es wert, einem weißen Mann als Partnerin zu dienen. Der rote Mann dagegen hat bereits meistens die ersten

*Frau Lehrerin aus dem Osten zivilisiert den Wilden aus dem Westen
– THE VANISHING AMERICAN (1925)*

Lektionen in Sachen Zivilisation erhalten. Allerdings wird auch
er für seine Verwegenheit bestraft, die weiße Frau zu begehren.
Nur in wenigen Fällen gibt es ein Happy-End für diese Art von
Verbindung.

In den Liebesgeschichten und sinnbildhaft in der Figur des
Halbbluts entwickelt sich der Konflikt zwischen den beiden Kulturen. Das Halbblut als Resultat der geschlechtlichen Verbindung beider Rassen hat in seiner mythologischen Bewertung
bereits in der Literatur einen Wandel erfahren müssen. In den
Anfängen war es in der Hinsicht positiv besetzt, daß es als Trä-
ger der jeweils besten Eigenschaften beider Rassen angesehen

wurde. Mit der Zeit jedoch hat eine Umwertung stattgefunden. Vom Halbblut wurde nun angenommen, daß es die schlechten und schwachen Charakteristika beider Rassen in sich vereinen würde (vgl. den Indianer-Joe in Mark Twains *Tom Saywer*). So ist das Halbblut zu einer kulturellen Borderline-Figur geworden, von der moralisch ständig Gefährdungen ausgehen und die auch selbst gefährdet erscheint.

In den Mesalliancen und in der Figur des Halbblutes manifestiert sich der Glaube an einen Sozialdarwinismus, der davon ausgeht, daß sich die unterlegene Rasse und Kultur dem Sieger unterordnen und assimilieren muß. Diesem Konzept folgt THE VANISHING AMERICAN (*Der letzte Indianer,* 1925) von George Seitz. Hier wird ein Panorama von der grauen Vorzeit bis in die Gegenwart nach dem Ersten Weltkrieg entfaltet. Wie die frühen indianischen Kulturen der nächsthöheren indianischen Kultur weichen mußten, unterliegen sie am Ende der weißen Kultur und verschwinden am Horizont der Geschichte. Der Navajo-Krieger Nophaie durchschreitet wie der Ewige Jude die verschiedenen Phasen dieser Eroberungsgeschichte, läßt sich missionieren und ermöglicht zuletzt als christlicher Märtyrer die Assimilierung seines Volkes.

Nur die Stärksten überleben

Sozialdarwinismus und Pionierdramen im Stummfilm der 20er Jahre

Die Darstellung der Indianer hat immer auch etwas mit dem schlechten Gewissen derer zu tun, deren Vorfahren alles dafür getan haben, sie auszurotten. An Legitimationen dafür fehlte es nie. Als die Weißen in den 40er Jahren des 19. Jahrhunderts ihre aggressive Expansionspolitik starteten, schloß man sich rasch der Überzeugung religiös argumentierender Ideologen an, daß es Gottes Plan sei, daß die Weißen den gesamten Kontinent besiedeln *(manifest destiny)*. Diese Überzeugung kommt auch in den Stummfilmen der 20er Jahre wieder zum Vorschein, mitunter angereichert durch sozialdarwinistische Theorien.

THE VANISHING AMERICAN (1925) zitiert zu Beginn Herbert Spenser und gibt das Motto vor: Nur der Stärkste überlebt. Ein langer Prolog zeigt, wie Nophaie, der symbolische Repräsentant aller Indianer, frühere Bewohner Amerikas besiegt und ihm prophezeit wird, daß eines Tages eine stärkere Rasse auch die Indianer verdrängen wird. In weiteren Episoden wird Nophaie von den Spaniern, Kit Carson und der US-Armee vom Pferd geschossen, um danach dann wieder im Reservat aufzutauchen. Dort verliebt er sich in die weiße Lehrerin, bekämpft den Indianer-Agenten und stirbt schließlich, christianisiert und assimiliert, im Zeichen der Verständigung zwischen Rot und Weiß. Am Ende des Films marschieren die Indianer in einer langen Prozession auf den Horizont zu und tragen den Leichnam Nophaies aus dem Bild. Eine Rückkehr ist nicht vorgesehen.

Vielleicht dokumentieren LAST OF THE LINE und THE VANISHING AMERICAN weniger das schlechte Gewissen, als daß sie vielmehr mit der Darstellung des indianischen Dilemmas die Politik der Sieger kaschieren und moralisch legitimieren. Einerseits sollen die Indianer nicht weiter dem Fortschritt im Wege stehen. Wenn sie sich aber andererseits der weißen Kultur assimilieren, dann ist es wie bei den Mesalliancen zwischen Rot und Weiß, den unmöglichen Liebesgeschichten zwischen den Kulturen: sie haben keine Zukunft. Selbst wenn die rote Rasse gewillt ist, sich zu assimilieren, nützt es ihr herzlich wenig. Sie ist so oder so zum Aussterben verdammt.

Am Motiv des Horizontes jedenfalls kann es nicht liegen. Wenn dieser im Western in Verbindung mit weißen Helden auftritt, ist er ganz anders semantisiert, ungleich dynamischer aufgeladen. Wenn z. B. John Wayne in STAGECOACH (1939) mit der Kutsche auf den Horizont zufährt, dann liegt er nicht in einem Sarg wie Nophaie, der letzte Indianer in VANISHING AMERICAN, sondern hat die Frau neben sich sitzen, mit der er eine Familie gründen wird. Hinter dem Horizont geht es immer weiter – in neue Landstriche, die darauf warten, endlich besiedelt und produktiv genutzt zu werden, nachdem sich die Indianer dieser Aufgabe nicht gewachsen gezeigt haben. John Wayne hat es in einem *Playboy*-Interview einmal so ausgedrückt: »Ich finde nicht, daß wir ein Verbrechen begangen haben, als wir den Indianern dieses großartige Land wegnahmen. Es gab eine Unmenge von Leuten, die neues Land brauchten, und die Indianer versuchten selbstsüchtig, es für sich zu behalten.«

Ergänzend dazu mag ein Zitat aus der ersten Ansprache von Präsident James Monroe an den Kongreß aus dem Jahre 1917, dem Jahr des Kriegseintritts, ausreichen: »Die Erde wurde der Menschheit gegeben, um die größtmögliche Zahl an Menschen zu ernähren, und kein Stamm und kein Volk hat das Recht, den Bedürfnissen anderer Völker mehr vorzuenthalten als das, was für die Ernährung und das eigene Wohlergehen notwendig ist.« Übersetzt heißt das, daß die Ausbeutung der Natur möglichst umfassend vorangetrieben werden sollte und daß die Indianer und ihr Wertesystem, in dem materielle Güter nicht besonders wichtig waren, dem im Wege standen. Die weißen Eroberer bestimmten, wer einen Anspruch auf Land hatte; die Indianer, die man für faul hielt, gehörten nicht dazu.

Später, gegen Ende des Jahrtausends, als man die Kehrseiten der Produktivität zu sehen beginnt, wird man sich wieder an die Indianer erinnern und sie als Vertreter einer alternativen Kultur bewundern. Einstweilen aber, im Western der Stummfilmzeit, werden sie zunehmend an den Rand gedrängt, um bald dem Vergessen anheimzufallen. In der Aufbruchsstimmung der Nachkriegszeit, der Prosperitätsperiode von 1923 bis 1929, galt das Interesse nun einmal hauptsächlich den Pionieren.

Die Wagenburg in gewaltiger Landschaft – THE COVERED WAGON (1923)

Pionierdramen waren in den USA immer populär, nicht zuletzt deshalb, weil in den amerikanischen Kinos viele Einwanderer saßen, die oft des Englischen nicht mächtig waren. Für sie wurden in den stummen Western Geschichten von anderen Einwanderern erzählt, die vor ihnen in Amerika Erfolg gehabt hatten. Und einer der Erfolge war der Sieg über die Indianer, deren Untergang mit dem Wachsen der Vereinigten Staaten einherging.

1923 inszenierte James Cruze mit THE COVERED WAGON den ersten epischen Western, in dem weder Kosten noch Mühen gescheut wurden, um den großen Treck des Jahres 1848 von Kansas City nach Oregon auf der Leinwand lebendig werden zu lassen und damit den alten Pioniergeist zu feiern. 750 Indianer aus verschiedenen Stämmen wurden an die Drehorte in Utah und Nevada geschafft.

THE COVERED WAGON, so eine Titelkarte, erzählt von »unerschrockenen Männern und Frauen, die eine großartige Zivilisation aus einer gesetzlosen Wildnis meißelten«. Um die Indianer geht es nur insofern, als sie Teil der »gesetzlosen Wildnis« sind, an die der Meißel angelegt wird – oder besser die Axt, denn erstes Zeichen erfolgreicher Zivilisationsbemühungen werden später die Stümpfe gefällter Bäume sein.

Damals jedenfalls war die Welt im Western noch in Ordnung. Die Guten trugen weiße Hüte, die Bösen schwarze oder gar Federn, und alles war übersichtlich. Der Pflug, von den Siedlern fast wie eine Reliquie verehrt, ist in jenen Jahren das eigentliche Symbol der Zivilisation. Und ausgerechnet er wird in THE COVERED WAGON von den heimtückischen Indianer gestohlen. Die haben am Anfang zwar noch ihre Zelte neben den Planwägen der Pioniere aufgeschlagen, laufen aber bereits ziemlich konspirativ herum. Als ihr Anführer nach dem Diebstahl den Pflug zur »schlechten Medizin« erklärt und fordert, daß die Weißen getötet werden müssen, ist der Konflikt nicht mehr zu vermeiden. Natürlich wird der nicht von den Weißen gesucht, die haben nichts dagegen einzuwenden, daß die Rothäute neben ihnen lagern, sondern ausschließlich von den Indianern.

Es gibt noch eine vielsagende Episode in dem Film. Auf dem Weg nach Oregon stirbt eine alte Frau. Nach dem Begräbnis meint ein erfahrener Scout, man solle lieber mit den Wagen über das Grab fahren, um es unsichtbar zu machen. Alle sind erstaunt über den Vorschlag, doch der Scout raunt nur vielsagend: »Indianer!« Das überzeugt sie. Der Zuschauer sieht, wie die Planwägen über das Grab rollen, und überlegt, was die Rothäute wohl mit der Leiche der alten Frau angestellt hätten.

Aber es gibt auch gute Indianer in THE COVERED WAGON (1923). Die Pawnees betreiben am Fluß einen kleinen Fährbetrieb und helfen insofern den Weißen dabei, mit der Landnahme schneller voranzukommen. Weil jedoch der Bösewicht, der mit dem Helden um die Hand der schönen Molly rivalisiert, den Fahrpreis für zu hoch hält, erschießt er einen von ihnen. Die anderen Pawnees graben deshalb das Kriegsbeil aus, verbünden sich irgendwie mit den Indianern vom Anfang (da ja ohnehin alle Roten gleich sind, geht der Film auch nicht weiter darauf ein) und überfallen zusammen mit ihnen den Wagentreck. Die Lage spitzt sich zu. Gerade dringt ein Krieger mit gezogenem Messer in den Planwagen ein, in dem die verletzte Molly liegt, doch da bringt der Held in letzter Minute Rettung.

Nach der Schlacht sieht man keine weiteren Indianer. Außerdem haben die Siedler bereits mit Schneestürmen zu kämpfen, dem anderen Aspekt der »gesetzlosen Wildnis«, und es geht immer weiter. »Oregon«, sagt der Treckführer, »muß besiedelt werden.« Die Zivilisation verlangt es so. Schließlich angekommen, spricht man am Pflug noch schnell ein Dankgebet, bevor das Land bestellt wird. Oregon, so muß es scheinen, war zuvor gänzlich unbesiedelt, menschenleer und ungenutzt.

Im Western gibt es ein festes Repertoire an Figuren, die die dargestellte Welt bevölkern und die kulturbringenden Konstanten verkörpern. Da ist immer wieder die Lehrerin, die wie in The Vanishing American das Fundament für eine aus »richtig« erzogenen Bürgern bestehende Gesellschaft legt; es fehlen nicht die Holzfäller und Pioniere, die wie in The Covered Wagon das Land für die Besiedlung freimachen und die Zivilisation einführen; und da sind der Mann mit der Schirmmütze am Telegrafen sowie die Leute von der Eisenbahn, denn Telegraf wie Eisenbahn sind Ausdruck für die technologischen Lebenslinien der Zivilisation.

John Ford führt letztere mit The Iron Horse (1924), seinem ersten monumentalen Western, auf grandiose Weise in die Filmgeschichte ein. Darin erzählt er vom Bau der ersten transkontinentalen Eisenbahn zwischen Missouri und Kalifornien von 1861 bis 1869. Die den Indianern zugedachte Rolle läßt sich denken. Der Kritiker der *New York Times* beschrieb das nach der Premiere von The Iron Horse so: »Wenn man sich diesen Film ansieht, ist man beeindruckt von der Tatsache, daß die Amerikaner härter zu kämpfen hatten als irgendeine andere Nation. Zum einen mußten sie Tausende von Meilen überwinden, dann hatten sie mit den Schwierigkeiten des Geländes zu tun, und schließlich mußten sie sich, während sie arbeiteten, ihren Weg buchstäblich erkämpfen, denn Tag und Nacht wurden sie von feindlichen Indianern angegriffen, die die Ziele des weißen Mannes nicht verstehen konnten noch wollten.«

In The Iron Horse (1924) treten die Indianer wieder einmal als ein Stamm ohne Eigenschaften auf, der nur eines im Sinn hat:

Krieg zu führen. Der einzige Indianer mit individuellen Eigenschaften – ein Mann mit drei Fingern an einer Hand, der den Vater des Helden getötet hat – erweist sich am Ende als verkleideter Weißer.

Nachdem die Western der 20er Jahre die tragenden Säulen der Zivilisation etabliert hatten, bestand zunächst kein rechter Bedarf mehr für die Indianer. Als beispielsweise John Ford 1926 seinen nächsten Western dreht, eine Besiedlungsgeschichte aus dem Jahre 1876 (THREE BAD MEN), kommt er ganz ohne sie aus.

Exkurs:

Die freundlichsten Menschen der Welt

Auch Eskimos sind Indianer

Am wenigsten haben die Eskimos oder Inuit, wie sie sich selbst nennen, unter einer vergleichbaren Stereotypisierung wie die Indianer gelitten. Das hat mehrere Gründe. In kleinen Gruppen und nicht in größeren Stammesverbänden lebend, haben sie den Weißen nie nennenswerten Widerstand entgegengesetzt oder gar Krieg gegen sie geführt. Schon deshalb ließen sie sich nicht auf reitende Wilde reduzieren, die in ewigen Wiederholungen gegen Kit Carson, Buffalo Bill oder die Kavallerie anbranden.

Außerdem haben die Inuit ihre Kultur bis ins 20. Jahrhundert hinein weitgehend zu erhalten vermocht. Ihr Leben konnte daher gefilmt werden, ohne zuvor rekonstruiert werden zu müssen. Das hatte zur Folge, daß sich der ethnographische Film sehr früh für sie interessierte, sie zum meistgefilmten Volk der Welt machte und ein Bild der Eskimos auf Zelluloid festhielt, an dem sich später auch die Regisseure von Spielfilmen orientierten. Der berühmteste dieser Eskimo-Filme ist Robert Flahertys Dokumentarfilm NANOOK OF THE NORTH (1921).

Herkömmliche Indianerfilme leiden darunter, daß die Indianer und ihre Kultur immer im Verhältnis zu den Weißen gesehen werden. Sie werden deshalb danach beurteilt, was aus ihnen wurde (assimiliert) oder was sie nicht sind (»zivilisiert«). Flaherty ist es gelungen, diese ethnozentrische Sicht der Dinge, von der auch die meisten Dokumentarfilme befallen sind, zumindest möglichst klein zu halten. In NANOOK OF THE NORTH zeigt er das, was ist. Man sieht das harte Leben des Eskimos Nanook und seiner Familie in der Arktis, und Flaherty bringt dem Zuschauer die Inuit nah, ohne sie ihm anzuverwandeln. Allerdings sieht man nur die Jagd und die äußeren Aspekte des Lebens, eben den Kampf ums Überleben. Über das Leben in der Gruppe oder Familie, über kultische Handlungen, Religion oder Kunst erfährt man nichts.

Indianerfilme arbeiten mehrheitlich mit Mustern, die in Gut und Böse aufteilen. Flaherty ersetzt das Böse, respektvoll und

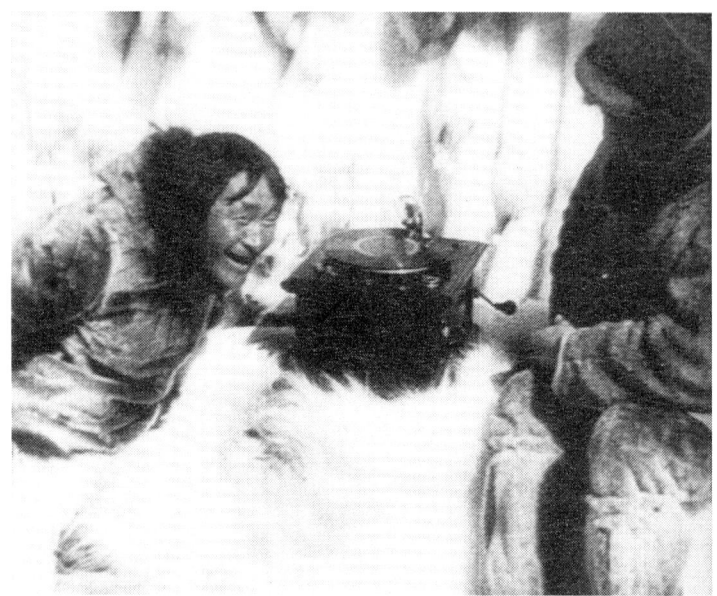

Eine Begegnung der unvermeidlichen Art – NANOOK OF THE NORTH (1921)

ohne Wertung, durch das Unbekannte, das Fremde, die andere Kultur. Das unterscheidet NANOOK von THE COVERED WAGON und THE IRON HORSE. Spätere Eskimo-Filme wurden daran gemessen, und das hat ihnen gutgetan.

Auch W. S. Van Dykes von April 1932 bis August 1933 in der Arktis gedrehter Film ESKIMO hebt sich gerade im Zeitalter jenes Kauderwelschs von seriell auf der Leinwand erscheinenden Indianern der 30er Jahre positiv von den üblichen Produktionen ab. Der Stummfilm war 1933 erst seit wenigen Jahren vom Tonfilm abgelöst worden. ESKIMO macht sich aber die Vertrautheit des Publikums mit Zwischentiteln zunutze, läßt die Laiendarsteller in ihrer eigenen Sprache reden und schiebt wie im Stummfilm Titelkarten ein, auf denen das Gesagte übersetzt wird. Am Anfang des Films erwartet man, statt in den Wilden Westen in den Wilden Norden versetzt zu werden, denn die Rede ist sogleich von »seltsamen, urtümlichen Sitten und Gebräuchen in den wilden Weiten des Nordens«. Dann aber nimmt Van

Dyke sich viel Zeit, dem Zuschauer diese seltsamen Sitten näherzubringen. Man sieht die Inuit bei der Jagd, erlebt ihre Gastfreundschaft und ihr Familienleben. Dazu gehört auch, daß Mala, der Held, einem einsamen, verwitweten Freund sogar die eigene Frau für eine Nacht leiht. Das geschieht mit deren Zustimmung, niemand scheint etwas dabei zu finden, und am Morgen lachen alle fröhlich.

Später reist Mala mit seiner Familie zum Ankerplatz eines Walfängers, um mit den Weißen Tauschhandel zu betreiben. Der Kapitän dort hat von den »seltsamen Sitten« der Eskimos gehört, interessiert sich aber nicht wirklich dafür und weiß auch nicht, daß alle einverstanden sein müssen. »Die Eskimos«, sagt er, »wissen von der Liebe so viel wie das Schwein im Stall.« Er macht Malas Frau betrunken, vergewaltigt sie und schickt sie dann weg. Sie taumelt hinaus aufs Eis, fällt zu Boden und wird von einem weißen Jäger erschossen, der sie für ein Tier hält.

Als Mala davon erfährt, tötet er den Kapitän, der ihm als Entschädigung einen Beutel Tabak anbietet. Wieder zu Hause, reinigt Mala sich in einem von einem Weisen vorgeschriebenen Ritual von der Schuld und beginnt ein neues Leben.

Mittlerweile haben die kanadischen Behörden jedoch eine Polizeistation in der Gegend eröffnet. Mala wird verhaftet, weil der Ehrenkodex der Inuit vor dem Gesetz der Weißen nichts gilt. Dadurch entsteht eine Kettenreaktion. Weil Mala, der beste Jäger, nicht mehr für Nahrung sorgen kann, werden die Lebensmittelvorräte in seinem Dorf knapp. Viele Eskimos ziehen zum Schiff der Weißen, weil es dort wenigstens etwas zu essen gibt. Weil aber Mala weiß, was dort geschieht, bricht er aus und geht zurück zu seiner Familie. Zwei Mounties folgen ihm, lassen ihn aber auf einer Eisscholle hinüber zur anderen Seite der Bucht und in Freiheit treiben, weil sie seinen Moralkodex akzeptieren und in ihren Augen eine Bestrafung durch einen weißen Richter ein Unrecht wäre.

Die Mounties also lassen den Inuit am Ende laufen, das Gesetz Hollywoods allerdings holt ihn wieder ein. Denn Mala hat inzwischen zwei neue Frauen, von denen er eine zurückläßt, um mit der anderen auf der Eisscholle monogam ins Happy-End zu treiben.

Damit hatte der Film sich eine Auszeichnung verdient. Reichlich überraschend erhielt er 1934 den erstmals vergebenen Oscar für den besten Schnitt. Man wußte wohl nicht recht, was man mit einem Werk anfangen sollte, das sich bis auf den Schluß so konsequent den gängigen Klischees entzog.

ESKIMO bemüht sich, das, was auf uns seltsam und bizarr wirkt, als etwas für die Inuit völlig Normales darzustellen. Das gelingt ihm so gut, daß uns die Weißen als unnormal erscheinen, wenn sie mit ihrer Arroganz in die uns inzwischen vertraute Welt der Eskimos einbrechen. Nicholas Ray hat später dasselbe mit THE SAVAGE INNOCENTS (*Im Land der langen Schatten,* 1959) geschafft, der eine ganz ähnliche Geschichte erzählt. Anthony Quinn als guter Inuit Inuk tötet unglücklicherweise einen Missionar, der nicht in der Lage ist, ihre Gebräuche zu verstehen. Er

Anthony Quinn – Nanook nachempfunden: IM LAND DER LANGEN SCHATTEN *(1959)*

DER SCHATTEN DES WOLFES (1992) fällt auf Lou Diamond Phillips und Toshiro Mifune

wird von zwei Mounties gejagt, wobei ihn der Inuit-Mountie schließlich laufen läßt. Einen Oscar gab es dafür aber nicht mehr. Die Produzenten ließen 18 Minuten herausschneiden, um die Wilden wieder wilder zu machen. Sie sollten einfach nicht unschuldig sein.

Unschuldig bleiben die Inuit auch nicht in THE WHITE DAWN (*Die weiße Dämmerung,* 1974) von Philipp Kaufmann. Drei Walfänger stranden 1896 bei den Inuit, die sie gesund pflegen. Zu Anfang findet tatsächlich auch ein Austausch der Kulturen auf spielerischer Ebene statt. Aber als die Weißen durch Arroganz und Rassenhaß die Familien gefährden, werden sie von den Inuit umgebracht. Der nach einer wahren Begebenheit an Originalschauplätzen gedrehte Film ist zu Unrecht unter den Filmen Kaufmanns unterschätzt. Die Kritik stieß sich an seiner

Sentimentalität; die Zeit war wohl auch noch nicht reif für den Inuit-Originalton mit Untertiteln. Außerdem kommen die »Täter« ungeschoren davon. Das allerdings war in den liberalen 70er Jahren bereits möglich, in denen sich die Kritik am ethnozentrischen Blick der westlichen Kultur durchzusetzen begann. Die Geschichte wurde weitergereicht – SHADOW OF THE WOLF (*Der Schatten des Wolfes,* 1992) folgt einem ganz ähnlichen Sujet wie ESKIMO und THE WHITE DAWN. Ein weißer Händler und ein Indianer versorgen zu Beginn des Jahrhunderts ein Inuit-Dorf mit Waren und vor allem Alkohol. Agaguk (Lou Diamond Phillips), der junge Sohn des korrupten Häuptlings Kroomak (Toshiro Mifune), lehnt sich auf, ersticht im Kampf den weißen Händler und flieht mit seiner heimlichen Liebe Igiyook in den Norden der Tundra. Der kanadische Polizist Henderson (Donald Sutherland) ermittelt im Dorf und bringt die Gemeinde gegen sich auf. Kroomak erschießt ihn. Igiyook hat einen Sohn geboren, und nachdem Agaguk den mythischen weißen Wolf getötet und seine schweren Wunden überlebt hat, kehrt er um und stellt sich der Verantwortung. Dafür übernimmt Kroomak die beiden Morde und stürzt sich auf dem Weg ins Gefängnis aus dem Flugzeug. Bezeichnenderweise ist der einzige Indianer ein Bösewicht.

Bereits der Stummfilmklassiker NANOOK OF THE NORTH war eigentlich eher eine Dokumentation mit Spielszenen als ein reiner Spielfilm. Und vor allem bei den Disney-Produktionen wie TWO AGAINST THE ARCTIC (*Zwei in der Arktis,* 1974), über die Abenteuer zweier Inuit-Kinder, die sich allein durch die Tundra zu ihrem Lager zurückschlagen müssen, wird das Besondere deutlich. Das, was die Disney-Dokumentationen und -Naturfilme auszeichnet – handwerkliche Sorgfalt, Authentizität und großes Einfühlungsvermögen –, wird auch auf die Dokumentation des Inuit-Lebens übertragen. Manchmal hat man den Eindruck, daß die Menschen, also die Inuit, wie Teile der Landschaft oder der Natur erscheinen.

Andererseits scheinen sich die Filme, die im kulturellen Umkreis der Inuit spielen, für die manchmal fast subversiv anmutende Darstellung des Konflikts zwischen den Kulturen zu eignen. Die Unvereinbarkeit der Rechtsvorstellungen der unterschiedlichen Kulturen, das gänzlich andere Verhältnis zu der

Frage von Schuld und Sühne wird bei keinen anderen Filmen so drastisch dargestellt wie bei den Inuit-Filmen. Und wo bei anderen Filmen für die Fremden, die Andersartigen oder die Bösen immer noch das Gebot des Film Noir der 40er gilt: »Crime doesn't pay!«, wird es bei den Inuit zumindest in Quasi-Happy-Ends umgangen. Die Rechtsbrecher im geltenden System, das heißt der weißen Kultur, kommen ungeschoren davon. Wenn es real nicht zugestanden wird, so doch zumindest mythisch wie bei SHADOW OF THE WOLF, wo der Sohn durch den Vater gedeckt wird und dessen Sturz aus dem Flugzeug sich in den Flug des Adlers verwandelt. Vielleicht liegt das Zugeständnis an die Inuit daran, daß sie so weit weg von der Zivilisation angesiedelt sind und daß der Überlebenskampf in diesen Gegenden zu den härtesten auf der ganzen Welt gehört. Vielleicht wird deshalb der fremden Kultur eine Art Umweltbonus eingeräumt.

Was allerdings die Verbindung von Weißen und Inuit betrifft, gibt es weiterhin keine Gnade, nur kann sich auch das bei Inuit-Filmen ganz anders äußern. In ARCTIC MANHUNT (1949) von Ewing Scott ist beispielsweise eine andere Variante der Mesalliance-Geschichte zwischen Weiß und Rot respektive Inuit zu sehen. Hier verliert eine Eskimofrau den weißen Mann, den sie liebt, als er in der Wildnis ums Leben kommt. Das ist ganz entgegengesetzt zu den üblichen Mustern, in denen die Squaw zu guter Letzt in Konkurrenz zur weißen Frau oder zur Rettung des weißen Mannes geopfert werden muß. Trotzdem ist auch hier das Unmögliche nicht möglich.

Vielleicht liegt es daran, daß sich die weißen Forscher, Seeleute, Filmemacher und ihr Publikum leicht die kuschelige Wärme in einem Iglu vorstellen konnten, aber kaum, wie man eine Inuit-Frau auf einer Cocktailparty in New York präsentieren soll.

Nur ein toter Indianer ist ein guter Indianer

Der frühe Tonfilm 1930–1949

Die Erfindung des Tonfilms brachte für den großen Western den Zusammenbruch, und so gehörten die 30er Jahre dem B-Western, der bei den Double Features in den Kinos an zweiter Stelle lief. Niedrige Produktionskosten, aufnahmebereite Märkte und hohe Profite zeichneten das wirtschaftliche Umfeld aus, in dem diese Art von Filmen gedieh. Stars wie Buck Jones, Ken Maynard, Tom Mix oder Tim McCoy waren die »Lonesome Cowboys«, die zusammen mit ihrem treuen Pferd dem B-Western ihr Gesicht gaben.

Hinsichtlich der A-Western dümpelte das Genre in den 30er Jahren vor sich hin. Schlechte Zeiten daher auch für die Indianer, deren Wohl und Wehe ganz vom Western abhing, da andere Genres keinen Platz für sie hatten. Einzige Ausnahme war der Radio- und Filmstar Will Rogers, ein Cherokee-Indianer. Von der Abstammung dieses »Cowboy-Philosophen« machte niemand großes Aufhebens. Er war eher zufällig Indianer, seine Rollenangebote und sein Image waren davon nicht beeinflußt. Vermutlich hätte auch kaum jemand davon Notiz genommen, wenn er nicht selbst hin und wieder in witzigen Kommentaren darauf hingewiesen hätte. In einem seiner Filme sagt er den improvisierten Satz, seine Vorfahren seien nicht bei den ersten Siedlern auf der Mayflower gewesen, sondern hätten diese vom Schiff abgeholt.

Doch erst einmal mußten die Indianer sprechen lernen. Wenn schon große Stummfilmgrößen tragisch endeten, als sie ihren Mund aufmachten – Billy Wilder hat dieser Zäsur seinen Film SUNSET BOULEVARD (1950) gewidmet –, was sollte dann erst mit den Wilden passieren? Zumindest waren keine großen Karriereknicks zu erwarten.

Die Indianer lernen sprechen

Jeder Indianerstamm hatte eine eigene Kultur, individuelle Sitten und Gebräuche, eine eigene Sprache oder einen eigenen Dialekt. Die linguistische Vielfalt war weit größer als etwa in Europa. Das führte zu Verständigungsschwierigkeiten zwischen den Angehörigen verschiedener Stämme, die unter anderem durch die Verwendung einer relativ einfachen Zeichensprache gelöst wurden. Diese Zeichensprache war auch auf der Jagd von Vorteil, weil man sich abstimmen konnte, ohne das Wild durch den Klang der Stimme zu verjagen. Die Sprachen und Dialekte selbst waren dagegen sehr wortreich und ausdrucksstark. Wer sich für die kulturelle Vielfalt der Indianer ohnehin nicht interessierte und sie nie beim Gespräch mit Stammesgenossen erlebte, konnte den Eindruck gewinnen, daß sie wortkarg waren, eine Sprache mit sehr begrenztem Vokabular sprachen, sich mit Handzeichen verständigten und am liebsten gar nicht redeten. Das Klischee vom schweigsamen Indianer ließ sie denn auch jenen in Holz geschnitzten Zigarren-Indianern, die stoisch und reglos vor Tabakläden standen, immer ähnlicher werden.

Im Stummfilm war die Sprechfähigkeit der Indianer kein Problem. Während den weißen Helden auf Titelkarten oft Dialogsätze zugeordnet wurden, faßte man gern kurz zusammen, was die Indianer gerade gesagt oder gedacht hatten. Meistens beschränkte man sich auf Ankündigungen dessen, was sie gleich machen würden: den weißen Mann überfallen.

Als THE JAZZSINGER 1927 die Tonfilm-Ära einleitete, war das Western-Genre gerade in eine Krise geraten, die ein Jahrzehnt lang andauern sollte. 1930 drehte Raoul Walsh mit THE BIG TRAIL zwar noch einmal ein großes Besiedlungsepos, aber das Publikum hatte erst einmal genug davon, Indianer vorgeführt zu bekommen, die den Wagentreck angriffen. Das hatte man alles schon in THE COVERED WAGON (1923) gesehen. Geduldiger war man gegenüber den Serials, zwölf- bis 15teiligen Fortsetzungsfilmen, die sich großer Beliebtheit erfreuten und von denen viele im Westernmilieu angesiedelt waren. Diese Serials hatten klangvolle Titel wie THE INDIANS ARE COMING (1930), BATTLING WITH BUFFALO BILL (1931), THE ROARING WEST (1935) oder

FLAMING FRONTIERS (1938). Da man nun den Ton zur Verfügung hatte, stellte sich die Frage, was und wie die Indianer sprechen sollten, wenn sie nicht gerade ihr Kriegsgeheul ausstießen, welches meist reichlich zur akustischen Untermalung indianischer Grausamkeit eingesetzt wurde. Das Stereotyp vom schweigsamen roten Mann kam den Filmemachern daher sehr gelegen, da es die meisten Probleme rasch löste. Die Produktionsbedingungen, unter denen die Serials entstanden, taten ein übriges, um den Indianern den Mund zu verbieten.

Aus Gründen der Effizienz wurde ein Serial in der Regel von zwei oder drei Regisseuren hergestellt. Einer war für die Dialogszenen verantwortlich, die anderen für Actionsequenzen wie Kämpfe zwischen Weißen und Indianern. Wenn die Indianer überhaupt Dialoge hatten, fiel das in den Zuständigkeitsbereich der Actionexperten, und die hielten die Szenen möglichst kurz, weil sie diese nur als eine lästige Pflichtaufgabe verstanden. Also sagten die Indianer wenig, und das in weitgehend starrer Haltung, denn nach dem altbekannten Prinzip, daß bei Rothäuten Sagen und Tun fast immer zusammenfiel, hieß das für den Dialog: wenig Reden, wenig Bewegung. Wer als Filmindianer sprach, tat das also mit minimalem Vokabular und in schlechtem Englisch. Hin und wieder tat man zwar so, als habe man sich um Authentizität bemüht. Aber eigentlich auch nur, weil ein Protegé des Produzenten oder Regisseurs als Berater unterzubringen war. Die Indianer sagten dann Worte, die in den Ohren der selbsternannten Experten »indianisch« klangen.

Seltsame Laute waren zumeist wichtiger als der Inhalt. Der Regisseur von SCOUTS TO THE RESCUE (1935) etwa kam auf folgende Idee: Er ließ seine Indianerdarsteller ganz normal Englisch sprechen und ihre Dialogsequenzen dann von vorn nach hinten laufen. Das fiel kaum auf, denn sie bewegten sich ohnehin so gut wie gar nicht. Nur sprachen sie jetzt rückwärts.

Später werden Komödien oder Westernparodien gerne dieses Klischee des wortkargen oder alien-sprechenden Indianers als Gag-Idee aufgreifen. So spricht Mel Brooks als Indianerhäuptling in der Burleske BLAZING SADDLES (*Is' was, Sheriff?*, 1973) Jiddisch, und in CAT BALLOU (1965) werden die Verhältnisse auf den Kopf gestellt. Jetzt korrigiert der Sioux Jackson Two Bears (Tom Nardini) ständig die inkorrekte Grammatik und Ausspra-

"If the white man speaks the truth he is our friend; if he lies he shall meet death by club and fire."

Indianersprache – schwere Sprache: THE GREAT UPRISING *(1953)*

che seiner Zeitgenossen. Eine nette Anekdote überliefert Tony Hillerman in seinem Roman *Sacred Clowns* (1993), der durchaus bezeichnend für den Humor der Native Americans ist. Er berichtet davon, daß sich die Navajo-Jugend des öfteren den Spaß macht, im Drive-in-Kino des Reservats Fords CHEYENNE AUTUMN (1963) anzuschauen und mit Hupkonzerten zu begleiten. Begeistert gefeiert werden dabei neben der einfältigen Darstellung religiöser Rituale oder der Bezeichnung der Landschaft südlich von Gallup als Cheyenneland vor allem jene Passagen, in denen ihre Verwandten und Vorfahren, diesmal als Cheyenne verkleidet, in ihrem Navajo-Dialekt ganz andere Dialoge sprechen, als das Drehbuch sie vorsah.

So sollen beispielsweise die Cheyenne-Navajos statt bedeutungstragender Statements in ihrer Muttersprache darüber spekulieren, wie lang und dick wohl der Schwanz des Film Colonels sei.

Kanonenfutter

Zwischen 1930, dem Beginn der Western-Krise, und der Produktion von John Fords STAGECOACH *(Ringo/Höllenfahrt nach Santa Fé)* im Jahre 1939, der einen Wendepunkt in der weiteren Entwicklung des Genres darstellte, gab es 1934 mit MASSACRE lediglich einen nennenswerten Western der A-Kategorie mit einem indianischen Thema. Sein Plot handelt einerseits von den vergeblichen Assimilierungsversuchen des Indianers in der Welt des weißen Mannes, andererseits von den Schwierigkeiten, mit denen sich der rote Mann in der modernen amerikanischen Gesellschaft konfrontiert sah. Zwar hat der indianische Held des Films eine College-Erziehung genossen und es in einer Wild-West-Show zu Ansehen und Geld gebracht, doch sein Stamm leidet in der heimatlichen Reservation unter betrügerischen Geschäftemachern. Er kehrt nach Hause zurück und kämpft dort erfolgreich mit seinen bei den Weißen erlangten Kenntnissen und mit seinen erworbenen Beziehungen um das Recht seines Volkes. Seine Heirat mit einer jungen Indianerin besiegelt endgültig seine Rückkehr und läßt sein vorheriges Leben als Episode erscheinen.

Die sozialkritische Note in MASSACRE (1934) von Alan Crosland steht in direktem Zusammenhang mit seiner Entstehungszeit. Denn in den frühen 30er Jahren, die von Arbeitslosigkeit und wirtschaftlichen Krisen geprägt waren, versuchten die amerikanischen Major Companies an das soziale Gewissen des Zuschauers zu appellieren. In sozialen Dramen wie I AM A FUGITIVE FROM A CHAIN GANG *(Jagd auf James A., 1932)* oder WILD BOYS OF THE ROAD *(Kinder auf den Straßen, 1934)* wurde mehr oder weniger der Ruf nach gesellschaftlichen Reformen laut, und man warb um Verständnis für die Probleme von Minderheiten.

Abgesehen von diesen wenigen Sonderfällen, die sich um ein relativ differenziertes Indianerbild bemühten, war der Indianer auf der Leinwand im Kino dieser Ära zum überwiegenden Teil eine wilde, ungezähmte und grausame Bestie. In den meisten Fällen stellte er für die in den Filmen gezeigten Pioniere und Siedler eine ständige Gefahr dar, die sie auf ihrem Weg nach Westen begleitete. Der Indianer war Bestandteil der Landschaft des Westens, die es zu durchqueren und zu erschließen galt. Auf dieselbe Weise, wie die Siedlertrecks Sandstürme oder Klapperschlangen ertrugen, gewaltige Wüsten oder scheinbar unüberwindbare Gebirgsketten durchquerten, mußten sie auch Indianerüberfälle abwehren. Sie waren wie Naturereignisse inszeniert, und die Indianer verkamen zur gesichtslosen Masse.

Neues Leben wurde dem Western in den 30er Jahren erst wieder eingehaucht, als Cecil B. DeMille THE PLAINSMAN (1937) und UNION PACIFIC (1939) drehte und John Ford nach 13jähriger Absenz mit STAGECOACH und dem Prä-Western DRUMS ALONG THE MOHAWK (*Trommeln am Mohawk,* 1939) zum Genre zurückkehrte.

DRUMS ALONG THE MOHAWK erzählt vom Schicksal amerikanischer Kolonisten im Unabhängigkeitskrieg. Das frisch getraute

Die Wilden brechen aus den Wäldern und gefährden den Prozeß der Zivilisation – DRUMS ALONG THE MOHAWK (1939)

Paar Gil (Henry Fonda) und Lana Martin (Claudette Colbert) zieht von Albany ins idyllische Mohawk-Tal, um dort in einer freundlichen Siedlergemeinschaft eine Existenz zu gründen.

Hitler überfiel 1939 Polen und begann den Zweiten Weltkrieg, und auch im friedlichen Mohawk-Tal ist die Rede vom Krieg, weshalb man eine Bürgerwehr aushebt, um gerüstet zu sein. Der Kampf, das wissen alle, wird hart werden, denn die Briten hetzen die Indianer auf die Kolonisten. Und vor denen hat jeder Angst, denn man hat die üblichen Geschichten gehört. Die Indianer in DRUMS sind Monster, die direkt aus dem Horrorfilm kommen. Ford setzt sie freilich nicht ohne Ironie ein.

Als Gil und Lana im Tal ankommen, bricht ein Gewitter los, mit Blitz und Donner, und urplötzlich taucht aus der Nacht ein Indianer auf. Lana erleidet einen hysterischen Anfall. Es stellt sich aber heraus, daß es nur der den Weißen freundlich gesinnte Blue Back ist, der ein halbes Reh als Gastgeschenk bringt. Blue Back (Chief Big Tree), der gute Indianer, ist getauft, wirkt oft wie eine Witzfigur und ist seiner wilden Männlichkeit weitgehend beraubt. In der Kirche behält er den Hut auf wie die Frauen, bei denen er steht.

Die bösen Indianer hingegen kommen aus dem Wald, vernichten das, was die Weißen angebaut haben, zünden einer Witwe das Dach über dem Kopf an und verbrennen John Fords Bruder Francis bei lebendigem Leib.

DRUMS ALONG THE MOHAWK (1939) enthält eine jener Szenen, in denen demonstriert wird, daß der weiße Held das, womit die Indianer angeblich dauernd ihre Zeit verbringen, viel besser kann, sobald er es nur versucht. Da die Lage der Siedler verzweifelt ist, stiehlt sich Gil durch die feindlichen Reihen, um im nahen Fort Hilfe zu holen. In unpraktischen Schuhen läuft er einen ganzen Tag lang. Drei Krieger sind ihm dicht auf den Fersen, sehen ihn dauernd vor sich, können ihn nicht einholen und geben schließlich auf, denn Gil, der Farmer, ist genauso schnell und noch viel ausdauernder als die Rothäute, die ja auf der Suche nach Opfern unablässig durch den Wald laufen.

Es kommt, wie es kommen muß: Gil bringt Hilfe, als die Indianer gerade dabei sind, die Frauen wegzuschleppen. Das durch Entbehrung stärker gewordene Paar wird wieder alles neu aufbauen. Nur der Pfarrer bleibt betroffen zurück, weil er einem

STAGECOACH (1939) – Zum Abschuß freigegeben

Pionier, der von den Rothäuten gemartert wurde, den Gnaden-
schuß gab: »Ich habe einen Menschen getötet.« Die Indianer,
die er erschossen hat, fallen in eine andere Kategorie. Sie sind
nichts weiter als Aggressoren, denn an sie, die einstigen Bewohner der idyllischen Gegend, erinnert längst nur noch ein Name:
Mohawk-Tal.

DRUMS ALONG THE MOHAWK war ein Pionierepos, in dem die
Indianer eigentlich nur die Umstände für die Bewährung der
Helden und die Hindernisse für die Partnerschaft abgaben. Insofern ist DRUMS in eine Reihe zu stellen mit anderen großen
Epen wie GONE WITH THE WIND (1939) oder GIANT (1955). Erst
mit Fords STAGECOACH (1939) rückt das Genre wieder auf in die
erste Liga, nachdem es, wie gesagt, in der Zeit des frühen Tonfilms sein Dasein als B-Western und im Double Feature gefristet
hatte.

Dafür gibt es aber auch 1939 kein Erbarmen mit den Indianern. In STAGECOACH, der Geschichte einer Postkutschenfahrt an die Grenze der Zivilisation, drohen ständig Überfälle durch Apachen, die plötzlich aus dem Nichts auftauchen und ebensoschnell wieder verschwinden. Allerdings findet an diesem Wendepunkt eine qualitative Veränderung statt. Die Indianerüberfälle sind eher eine imaginäre Bedrohung, anhand deren die Mitglieder der Reisegesellschaft in ihren wesentlichen Charaktereigenschaften gezeichnet werden. Dafür scheinen sie umgekehrt nur darauf gewartet zu haben, von John Wayne vom Pferd geschossen zu werden. Bei einem seiner Schüsse fallen gleich zwei in den Staub. Noch schlimmer ergeht es ihnen in King Vidors NORTHWEST PASSAGE, einer Geschichte aus dem French and Indian War. 1939 gedreht, kam der Film 1940 in die Kinos und wurde von denen, die Amerikas Kriegseintritt forderten, ebenso für ihre Sache reklamiert wie von denen, die sich dagegen aussprachen. Jedenfalls gab er das Modell für Kriegsfilme späterer Jahre wie Samuel Fullers MERRILL'S MARAUDERS (*Durchbruch auf Befehl*, 1961) ab, in denen anstelle der Indianer Japaner im Pazifik getötet werden.

Der Künstler Langdon Towne (Robert Young) will Indianer malen und schließt sich in Portsmouth Major Robert Rogers (Spencer Tracy) und seiner Ranger-Truppe an, die auf dem Weg zu den Irokesen sind. Unterwegs stellt sich heraus, daß Rogers eine Strafexpedition gegen die Abenaki plant, die als Verbündete der Franzosen seit Jahren die weißen Siedler terrorisieren. Um das Unternehmen zu rechtfertigen, wird von schrecklichen Greueltaten der Indianer berichtet: »Sie haben meinem Bruder die Arme ausgerissen; sie haben die Enden seiner Rippen von seiner Wirbelsäule abgehackt und sie eine nach der anderen durch die Haut herausgezogen.«

Die Indianer in NORTHWEST PASSAGE sind entweder traurige Gestalten oder dämonische Barbaren. Der erste, den man zu sehen kriegt, ist besoffen. Die Mohawks, die als Scouts angeheuert haben, sind faul und fett und werden von Rogers zum Fort zurückgeschickt. Und von den Abenakis hört man zunächst nur orgiastisches Trommeln und wildes Kriegsgeheul. Im Morgengrauen erst sieht man das Dorf: Im Zentrum steht als schauriges Kultobjekt ein dicht mit Skalps behängter Baum. Die Indianer schlafen ihren Rausch aus. Dann wird das Dorf in einem Gemetzel, das viele für das brutalste der Filmgeschichte bis zum Zweiten Weltkrieg halten, dem Erdboden gleichgemacht.

Rogers' Männer schießen alles nieder, was sich bewegt. Hütten werden angezündet, verdutzte Indianer werden zusammengetrieben, die Salven der Rangers mähen wehrlose Leiber nieder, bis keiner vom Volk der Abenaki mehr zuckt.

Rogers hat eine Erklärung dafür bereit. Was die Indianer tun, weil sie von Natur aus grausam sind, sagt er, tun die Weißen, weil sie der Zivilisation dienen. Deshalb macht selbst Towne jetzt beim Massakrieren mit. Er, der die Indianer ursprünglich nur malen wollte, tötet sie jetzt und malt dann lieber Landkarten, damit dort, wo noch dichte Wälder stehen, später leichter gesiedelt werden kann. Zudem rücken, ein gern verwendetes Motiv, die Männer in Rogers' Truppe durch den Kampf gegen Wildnis und Indianer enger zusammen: Aus Engländern, Iren und im Land Geborenen werden Amerikaner.

Gestehe – oder wir singen weiter! NORTHWEST PASSAGE *(1940)*

Die Truppe kämpft sich dann nach Portsmouth zurück, wo Towne statt Indianern Porträts des amerikanischen Helden Robert Rogers malen wird. Rogers selbst bricht zu neuen Taten auf. Er will jetzt andere Indianer sehen, sagt er, die Bewohner der Prärie, und zählt mit der Begeisterung des Trophäensammlers die Namen der Stämme auf. Während Rogers frohgemut aus der Stadt marschiert, fragt der Zuschauer sich, was das für diese Stämme wohl zu bedeuten hat.

Zu King Vidors Ehrenrettung muß gesagt werden, daß eine Fortsetzung geplant war, in der gezeigt werden sollte, wie der heroische Indianerschlächter Rogers langsam auseinanderfällt. Die Produzenten stoppten das Projekt jedoch. In Kriegszeiten hatte die Demontage amerikanischer Heldenfiguren zu unterbleiben.

Denn als 1939 mit dem Überfall Hitlers auf Polen der Zweite Weltkrieg beginnt, wird eine neue Phase in der Geschichte des Westerns eingeleitet. Nach dem japanischen Überfall auf Pearl Harbor 1941 und dem Eintritt der USA in den Krieg stellt die amerikanische Filmindustrie ihre Produktion um. Der Ausstoß an Western nimmt zugunsten propagandistischer Kriegsfilme rapide ab. Die Stärkung der Kampfmoral, die Rechtfertigung der eigenen politischen Position und die Denunzierung des Feindes sind Botschaften, die durch das Genre des Kriegsfilms dem amerikanischen Kinobesucher direkter zu vermitteln sind als über den Umweg des Western.

Eine gute Gelegenheit also, den Ruf eines anderen Heroen der Indianerkriege, der durch die Erkenntnisse historischer Forschung stark gelitten hatte, aufzupolieren: George Armstrong Custer. Custer hatte als Berufsoffizier der Nordstaaten im Bürgerkrieg rasch Karriere gemacht, weil er einige zweifelhafte Erfolge errungen hatte und die Presse geschickt für sich zu nutzen wußte. Nach dem Bürgerkrieg machte er sich zudem einen Namen als Indianerkämpfer. Am 27. November 1868 überfiel Custer mit dem 7. Kavallerieregiment am Washita River ein Cheyenne-Dorf. Männer, vor allem aber Frauen und Kinder wurden wahllos getötet. Frauen wurden die Brüste abgeschnitten, andere übergab Custer seinen Männern zu Massenvergewaltigungen. Um seinen Ruhm weiter zu mehren (eine Präsidentschaftskandidatur schien möglich), griff er am 25. Juni 1876

Ihre Leichen leben noch – THEY DIED WITH THEIR BOOTS ON
(1941)

am Little Big Horn River die gesammelte Streitmacht der Sioux
an und wurde dabei mit seinem Regiment niedergemacht.
In Raoul Walshs THEY DIED WITH THEIR BOOTS ON (*Sein letztes
Kommando,* 1941) sieht das ganz anders aus. Nach Heldentaten
im Bürgerkrieg wird der Haudegen Custer (Errol Flynn) ins Dakota Territory geschickt, um dort für Frieden mit den Indianern
zu sorgen. Am Ende der Eisenbahnlinie steigt Custer in die Kutsche um. Sofort tauchen Indianer auf und machen einen Überfall. Custer, der natürlich ein besserer Reiter als die Indianer ist,
besiegt deren Anführer Crazy Horse (Anthony Quinn) und erwirbt sich dadurch dessen Respekt. Im Fort macht er dann aus
dem 7. Kavallerieregiment eine schlagkräftige Truppe, die die
Indianer schon bald zwingt, Friedensverhandlungen aufzuneh-
men. »Und so«, heißt es in einer Einblendung, »wurde das un-
sterbliche 7. Kavallerieregiment geboren, das die Prärie für eine

unbarmherzig vorwärts drängende Zivilisation frei machte, die für die rote Rasse den Tod bedeutete.«

Im Vertrag, den Custer aushandelt, geben die Indianer alles auf bis auf die Black Hills, die ihnen heilig sind. Dort aber soll die Eisenbahn gebaut werden. Also tun sich in Washington korrupte Politiker und Geschäftsleute zusammen, um einen Krieg mit den Indianern zu provozieren.

Das Gerücht, es sei Gold gefunden worden, lockt Tausende in die Black Hills. Die Indianer graben das Kriegsbeil aus, und die Armee ist gezwungen, zum Schutz der Weißen einzugreifen. Obwohl er weiß, daß er in den Tod geht, greift Custer mit seinem Regiment Crazy Horse an, um dadurch andere Truppenteile zu retten. Er stirbt als Held. Custers Witwe (Olivia de Havilland) aber vollstreckt sein Testament: Sie hat den Hergang der Ereignisse genau dokumentiert und droht, die Korruption in Washington aufzudecken. Die Verantwortlichen sehen sich nun gezwungen, dem zuzustimmen, was Custer sich immer gewünscht hat. Die Indianer dürfen ihren Lebensraum und ihre Kultur behalten. Somit ist er – im Film – auch für die Indianer gestorben. Doch während er im Film verzweifelt gegen die Machenschaften der Eisenbahngesellschaft ankämpft, war der historische Custer geschäftlich mit ihr verbunden und tat alles, um Siedler und Goldsucher in die Black Hills zu locken. Denn das steigerte den Wert seiner Aktien und erhöhte die Aussichten auf einen Vernichtungskrieg gegen die Prärie-Indianer. Schon im Bürgerkrieg hatte er die Ausrottung der Südstaatler propagiert. Ein Ausspruch des Eisenbahnpräsidenten, den der Film-Custer vehement zurückweist, hätte auch vom historischen Vorbild selbst stammen können: »Die Gesellschaft wird die Zivilisation in ein Land bringen, das sich in den Händen blutrünstiger Wilder befindet.«

Von seiten der Studios wurde großer Wert darauf gelegt, den General als Nationalhelden hochzustilisieren. Er sollte den GIs, die in Europa kämpften, ein Vorbild sein. Danach starb Custer den Märtyrertod für die Prinzipien und Ideale des bedrohten »American way of life«. Es war daher ganz selbstverständlich, daß die Indianer in diesem Film besonders schlecht wegkamen, denn sie sollten im metaphorischen Sinne ein Beispiel für die richtige Behandlung der »Krauts« abgeben. Das Ergebnis ist einer der schlimmsten Auswüchse von Indianerhaß in der amerikanischen Filmgeschichte, das vor allem von der historischen Wahrheit meilenweit entfernt ist. Custer's Niederlage, die in Wirklichkeit seiner militärischen Inkompetenz und seinem krankhaften Ehrgeiz zuzuschreiben ist, wird im Film entschuldigt, indem man ihn als Opfer widriger Umstände erscheinen läßt. Seine Greueltaten und sein Ehrgeiz, die Indianer auszurotten, bleiben zugunsten der Botschaft des Films ausgespart. Denn den GIs auf den europäischen und nordafrikanischen Schlachtfeldern sollte gegen die Nazis die entsprechende moralische Überlegenheit vermittelt werden: bis zum letzten Mann für die Freiheit der westlichen Welt.

Und noch eins: Im Kampf gegen die Indianer findet sich die Nation. Vor der letzten Schlacht will Custer einen seiner Offiziere zurück ins Fort schicken, weil er Engländer ist. Der Offizier weist das empört zurück, denn er fühlt sich als Amerikaner und will lieber mit seinen Kameraden sterben. Das Umschreiben der Geschichte fiel angesichts einer solch gewichtigen Botschaft nicht weiter schwer.

Später wurde das schwieriger. 1967 setzte der Sender ABC nach neun Episoden eine Custer-Serie ab. ABC reagierte damit auf den massiven Protest indianischer Bürgerrechtsgruppen, die Custer als Adolf Eichmann des 19. Jahrhunderts bezeichneten.

Der Indianer auf der Leinwand der 30er Jahre ist eine wilde, ungezähmte und grausame Bestie. Alle positiven Eigenschaften der Bühnenfigur des edlen und noblen Wilden, die zu Anfang im Stummfilm noch hier und da adaptiert wurden, gehen jetzt auf die Pioniere über, dienen der Verherrlichung des Pioniergeistes. Indianer sind nur noch Verhinderer des Fortschrittes.

Es stellt sich die Frage, wozu eine Nation, die ihre Identität bereits gefunden hat, die nicht mehr der Ausrottung ihrer Minderheiten bedarf, um sich als Nation zu finden, zumal die Zeit der Nationalstaaten-Idee gleichfalls vorüber ist, auf der Leinwand immer noch eines klar definierten, eindimensionalen Feindes bedarf. Die 30er Jahre hatten mit der Weltwirtschaftskrise begonnen (1929–1932), was wiederum zu einem Umschwung zu staatlicher Wirtschaftsplanung, dem »New Deal« unter Präsident Roosevelt (1933–1945), geführt hatte, sowie zu umfassenden Sozialprogrammen. Gleichzeitig hatte Roosevelt mit den

Neutralitätsgesetzen von 1936 noch einmal die seit den 20er Jahren geltende Politik des Isolationismus in der Außenpolitik bekräftigt. Andererseits wissen wir, daß die Aufarbeitung nationaler Traumata in künstlerischen Werken immer der Zeit hinterherhinkt. Der Vietnamfilm ist hierfür ein Beispiel. Die Funktionalisierung der Bestie in den 40er Jahren zum Zwecke der Kriegspropaganda (Kriegseintritt der USA in den Zweiten Weltkrieg nach dem Überfall auf Pearl Harbor 7.12.1941) ist da viel eindeutiger. Hier wurde zum erstenmal offensichtlich, daß die Indianer der Projektion dienten. Und damit wird auch eine andere Projektion deutlich: daß die zügellose, grausame Bestie der 30er Jahre, die wie ein Naturereignis auftritt, die Erfahrung wiedergibt, die die Nation mit der Weltwirtschaftskrise gemacht hatte. Das Vorgehen der Pioniere ist ein Muster für das Vorgehen gegen Rezession und Depression: mit staatlicher Planung, ordnender Hand und umfassenden Sozialplänen.

The Squaw Man
Cecil B. DeMille und die Roten

Cecil B. DeMilles Filmkarriere begann, als die Kunstform noch jung war. 1913 tat er sich mit dem Vaudeville-Musiker Jesse L. Lasky und dem Handschuhverkäufer Samuel Goldfish (später Goldwyn) zusammen. Die drei gründeten eine Filmfirma, aus der später Paramount Pictures wurde, und da DeMille Theatererfahrung mitbrachte, wurde er der Regisseur der Firma, die über ein Kapital von etwa 20.000 Dollar verfügte. Die Partner kündigten an, Spielfilme von einer Stunde und mehr drehen zu wollen. Das war damals etwas Neues. Einige wenige längere Streifen gab es in den USA erst seit 1912, die meisten waren zwischen fünf und 20, manchmal 30 Minuten lang.

Die Firma kaufte die Rechte des Stücks *The Squaw Man*, das

THE SQUAW MAN (1914) – Lieber tot als verheiratet

einige Jahre zuvor am Broadway ein Hit gewesen war, und nahm den Bühnenstar Dustin Farnum unter Vertrag. DeMille fand zudem, daß ein Indianerfilm auch im Indianerland gedreht werden sollte. Also setzte er sich mit dem Star Farnum, seinem Koregisseur Oscar Apfel, der schon ein paar kurze Filme gedreht hatte, dem Kameramann Alfred Gandolfi, der selbst eine Kamera besaß, und 5.000 Dollar in den Zug und fuhr nach Flagstaff, Arizona.

DeMille kannte die Werke von Ince und Griffith. Der Wilde Westen, das war für ihn Südkalifornien; Flagstaff kam ihm vor wie Nordafrika. Er setzte sich kurz entschlossen wieder in den Zug und fuhr weiter bis zur Endstation, nach Los Angeles. In einem abgelegenen Flecken, durch acht Meilen Landstraße von Los Angeles getrennt, mietete er für 75 Dollar im Monat eine Scheune, um dort sein Filmstudio einzurichten. Der Ort hieß Hollywood.

Captain James Wynnegate, der Titelheld von THE SQUAW MAN (1914), nimmt die Schuld seines Cousins (der hat Geld unterschlagen) auf sich, weil er dessen Frau Diana liebt, verläßt England und geht nach Wyoming. Dort legt er sich gleich mit Cash Hawkins an, dem größten Schurken des Wilden Westens, beschützt die Indianerin Nat-U-Rich und wird schwer verletzt.

Nat-U-Rich pflegt ihn gesund, bekommt ein Kind von ihm, wird seine Frau und tötet Hawkins. Da kommt Lady Diana. Ihr Mann ist bei der Großwildjagd ums Leben gekommen, hat aber vorher seine Schuld gestanden. Wynnegate ist rehabilitiert, erbt eine Grafschaft und geht mit Lady Di und seinem Sohn zurück nach England.

Das ist möglich, weil Nat-U-Rich im richtigen Moment Selbstmord begeht. Gute Indianer, das ist nicht nur in THE SQUAW MAN so, wissen eben, wann es Zeit ist abzutreten. Das Publikum war so begeistert, daß DeMille die Geschichte gleich noch zweimal verfilmte (1918 und 1931).

Cecil B. DeMille gilt als »der große Primitive« unter den Regisseuren Hollywoods. Jedenfalls kann man ihm eine gewisse Unbekümmertheit nicht absprechen, mit der er zu Werke geht und das ausdrückt, was andere vielleicht oft nur denken. Sein Indianerbild blieb im Lauf der Jahrzehnte bemerkenswert konstant, und der in Selbstaufopferung sterbenden Nat-U-Rich folgte

Gary Cooper in THE PLAINSMAN *(1937) – hängt ihn höher*

nichts Besseres nach. Die enorme Popularität seiner Filme hat denn auch sicher damit zu tun, daß sie altbekannte Stereotypen verfestigen.

In THE PLAINSMAN (*Der Held der Prärie,* 1937) ist gerade der Bürgerkrieg zu Ende, die Männer kommen zurück nach Hause, und man weiß nicht, wohin mit ihnen. In Washington hat man eine Idee: Sie sollen nach Westen gehen, um dort das Land endlich sicher für den Pflug zu machen. Dort fängt nämlich der Krieg erst an: Die Indianer haben gerade die halbe Garnison eines Forts getötet (ein Grund wird nicht genannt). Der frisch vermählte Buffalo Bill Cody (James Ellison), der »seinen ersten Indianer« im Alter von zwölf Jahren getötet hat, will eigentlich ein Hotel eröffnen, wird aber bald in die Kämpfe mit den Indianern hineingezogen. Kein Mann kann da zurückstehen. Das sieht auch Codys Gattin ein, nachdem Wild Bill Hickok (Gary Cooper) ihr von Rothäuten erzählt hat, die Frauen vergewaltigen und Babies an die Wand schmettern.

Wenn DeMilles Weiße einen Kojoten heulen hören, kann man sicher sein, daß gleich ein paar Indianer zum Fenster reinschauen. Vom Tier trennt sie in deren Augen nur wenig. In einer Szene dringen sie in ein Haus ein, setzen Frauenhüte auf und betrachten sich blöde glotzend im Spiegel. In der nächsten Szene schleppen sie Calamity Jane (Jean Arthur) in ihr Lager, um dort Unaussprechliches mit ihr anzustellen.

DeMilles Indianer sind lächerlich und bedrohlich, kindisch und barbarisch zugleich. Häuptling Yellow Hand hat sein Zelt mit Skalps ausstaffiert, und gefoltert wird erst, wenn der Mond aufgeht. Die Indianer sind bei ihm triebbestimmte Geschöpfe der Nacht.

Dem weißen Mann, der auch in THE PLAINSMAN unverdrossen die Zivilisation in die Wildnis bringt, wären sie eigentlich nicht gewachsen. Aber es gibt da ja noch die skrupellosen Waffenhändler, die nach dem Bürgerkrieg neue Absatzmärkte suchen und die Indianer mit hochmodernen Repetiergewehren beliefern. Erst das macht sie der Kavallerie überlegen. Und nur deshalb können sie Custer, den man als tüchtigen, zupackenden Offizier kennenlernt, am Little Big Horn besiegen.

Als Hickok den Anführer der Waffenschieber erschießt und weitere Lieferungen unterbindet, kann auch der Film aufhören, denn es versteht sich von selbst, daß die Stämme von Yellow Hand und Sitting Bull der anrückenden Armee keinen nennenswerten Widerstand mehr entgegensetzen werden.

Zuvor erfährt man allerdings noch, daß Charley, der scheinbar so »freundliche Indianer«, in Wirklichkeit Sitting Bulls Verbindungsmann zu den Waffenhändlern ist. Im Universum des Cecil B. DeMille gibt es seit Nat-U-Richs Tod keine guten Indianer mehr.

Zwei Jahre später, in UNION PACIFIC, läßt auch DeMille seine transkontinentale Eisenbahn bauen und landet damit einen der größten Kassenerfolge des Jahres 1939. Die Indianer spielen darin eine besonders untergeordnete Rolle. In Filmen über den Bau der Eisenbahn haben sie ohnehin nur wenig zu bestellen. Das mag damit zu tun haben, daß das, was als die Überlegenheit der Weißen geschildert wird, besonders groß geworden ist. Für die Indianer bleibt dabei nur die Rolle der Schießbudenfigur. In UNION PACIFIC wird das gleich am Anfang klargestellt, wenn ein weißer Fahrgast einen neben dem Zug herreitenden Krieger vom Pferd schießt. Der Schütze wird zur Strafe vom Bahnpolizisten aus dem Zug geworfen, denn das könnte Ärger mit den Indianern geben und den Bau der Eisenbahn verzögern. Weitere Überlegungen werden nicht angestellt. UNION PACIFIC ist in dieser Hinsicht keine Ausnahme. Wer als Weißer einen Indianer tötet, wird weniger als Mörder betrachtet, sondern vielmehr als einer, der einen Krieg mit den anderen Rothäuten heraufbeschwört. Es geht um Pragmatismus, nicht um Moral.

Da mit den Indianern der USA seit dem Bau der Eisenbahn nichts mehr los ist, schickt DeMille 1940 seinen Lieblingshelden Gary Cooper in der Rolle des Texas Rangers Dusty nach Kana-

Heute wird geplündert – UNION PACIFIC (1939)

da. In NORTH WEST MOUNTED POLICE *(Die scharlachroten Reiter)* haben sich nämlich Indianer und Halbblut-Indianer verbündet. Sie reklamieren einen Teil Kanadas für sich und starten eine Rebellion. Die wird von Anfang an kriminalisiert, denn einer der beiden Anführer ist ein von Dusty mit Haftbefehl gesuchter Mörder, dem es nur darum geht, »sich von den verhaßten Gesetzen der englischen Königin freizumachen«. Es wird also nicht vom Kampf unterdrückter Minderheiten erzählt, sondern von den Untaten einer mordgierigen Verbrecherbande.

Die Indianer sind wieder einmal mehr die traurigen Repräsentanten eines zum Untergang verurteilten Volkes. Am Ende geht der Häuptling, nach einigen verbalen Kraftakten, wie ein Kind, das nicht folgsam war, reuig vor dem Vertreter der »großen weißen Mutter« (der englischen Königin) in die Knie und darf dann auch wieder der Freund der Mounties sein. Das Ganze wird um so kritikwürdiger, wenn man weiß, daß es für den Plot eine historische Parallele gab. Nachdem sich Sitting Bull 1876 nach der Schlacht am Little Big Horn mit seinen Kriegern nach Kanada zurückgezogen hatte, vereinbarte 1877 das Kriegsministerium mit der kanadischen Regierung, eine Kommission in Begleitung der Royal Canadian Mounted Police über die Grenze zu schicken, um Sitting Bull zu zwingen, Kanada zu verlassen. Tatsächlich versuchten die Amerikaner und die Kanadier, den großen Hunkpapa-Häuptling so in die Knie zu zwingen, wie in der Szene aus NORTH WEST MOUNTED POLICE. Doch es gelang ihnen nur im Film.

Viel schlimmer aber als die Indianer in diesem Film sind die Halbblut-Indianer, die fast in allen Filmen alle schlechten Eigenschaften beider Rassen in sich vereinigen und den Aufstand durch ihr Verlangen nach einem unzivilisierten, rechtsfreien Raum erst vom Zaun brechen. Denn Indianer sind zumindest tapfer und scheuen nie den Zweikampf mit dem weißen Helden, obwohl sie eigentlich wissen müßten, daß sie nie gewinnen können. Der halbindianische Rädelsführer aber hat dazu nicht den Mut, er tötet feige von hinten. So einer ist den weißen Gegnern auf Dauer aber erst recht nicht gewachsen. Dusty braucht nur das Maschinengewehr zu zerstören, das den Verbrechern den entscheidenden Vorteil verschafft hat, und schon bricht der Aufstand zusammen.

Das Werk heimtückischer Bestien in UNCONQUERED *(1947)*

Louvette (Paulette Goddard), die dunkelhaarige Tochter des
Anführers, ist schön, verführerisch und todbringend: eine Femme fatale im Squaw-Outfit. Sie verlockt den Bruder der blonden
Heldin dazu, seine Pflicht zu vernachlässigen, wodurch er verantwortlich für ein Massaker an den Mounties wird. Als der
Ranger Dusty ihr in die Quere kommt, dingt sie – wie der Vater,
so die Tochter – einen Mörder, damit dieser ihn aus dem Hinterhalt erschießt. Doch der Heckenschütze tötet versehentlich
Louvettes Geliebten, die Gerechtigkeit siegt. Louvette bleibt
allein im Wald zurück, der Rolle gemäß.

Dort gehört sie auch hin. Als sie mit ihrem Liebhaber über das bevorstehende Massaker an den Mounties spricht, meint sie grinsend, daß sich bald die Wölfe holen werden, was von den Rotröcken noch übrig ist, und verschlingt einen gebratenen Vogel dabei. Damit dies auch wirklich verstanden wird, nennt Dusty sie später dann noch einmal explizit »das Wolfsmädchen« und warnt vor ihr: »Traue nie einer blauäugigen Squaw.«

In DeMilles letztem Western ist die Sache der Indianer von Anfang an als verloren anzusehen, denn schon in den ersten Bildern sehen wir, was aus dem Land geworden ist, um das in Un-conquered (*Die Unbesiegten,* 1947) gekämpft wird: die Stahlstadt Pittsburgh. Gary Cooper spielt diesmal Captain Holden, der Mitte des 18. Jahrhunderts – Amerika ist noch britische Kolonie – die Zivilisation vorantreibt und mit Blick auf den Wald Sätze sagt wie diesen: »Hier ist das Ende der Gegenwart und der Beginn der Zukunft.«

Für die Bewohner des Waldes ist dort längst kein Platz mehr, denn ihr Land hat nicht einmal Grenzen, und die weißen Führer bekräftigen, daß es solcher endlich bedarf. Die Häuptlinge mehrerer Stämme treffen sich denn auch schon bald, und im Western heißt das immer, daß sie Weiße töten wollen. Sie setzen diesen Plan alsbald in die Tat um, töten Siedler und entführen Paulette Goddard, die diesmal als Abby Hale eine Weiße sein darf. Im Lager der Seneca werden unter dem Vorsitz Boris Karloffs (Häuptling Guyasuta), wohlbekannt als Frankensteins Monster, wilde Kriegstänze aufgeführt. Abby wird an den Marterpfahl gestellt, aber Holden kommt unbewaffnet ins Lager, beruft sich auf das indianische Recht der Gastfreundschaft und kann sie retten.

Auch das ist eine Konstante im Western der ersten fünf Jahrzehnte. Die Weißen interessieren sich für die Gebräuche der Indianer – aber nur, um daraus einen Vorteil zu ziehen. Man ist pragmatisch und zielgerichtet.

Bevor Abby mit Holden das Lager verlassen kann, reißen ihr einige Squaws noch schnell die Kleider vom Leib. Einige Hunde helfen dabei mit und lassen das tierische Verhalten der Rothäute anschaulich werden.

Die Indianer beginnen jetzt, die Forts der Weißen (Bastionen am Rande der Barbarei) einzunehmen und die Insassen zu massakrieren. Eine besonders heimtückische List hilft ihnen dabei: Sie tragen eine weiße Fahne und geben vor, in friedlicher Absicht zu kommen. Wer ihnen glaubt, ist dem Untergang geweiht. Das Blut der Opfer färbt die weiße Fahne rot.

Das ist jetzt natürlich auch politisch gemeint. 1947, als der Film in die Kinos kam, war aus dem heißen Krieg gegen die Nazis ein kalter geworden, ein Krieg gegen den Kommunismus. Im Bunde mit DeMilles Rothäuten steckt der Händler Martin Garth. Er versorgt sie mit Waffen und will, daß die Garnisonen der Weißen verschwinden, weil das seinen Geschäften nutzen würde. Er hat sogar heimlich die Tochter des Häuptlings der Seneca geheiratet und ist dessen Blutsbruder. Die Weißen in Fort Pitt versucht er nun davon zu überzeugen, daß die Indianer Freundschaft schließen wollen und man ihnen vertrauen könne. Dabei stehen sie mit ihrer weißen Fahne schon draußen vor den Toren und wetzen die Messer.

Eben soll ihnen geöffnet werden, da entlarvt Holden den Verräter, und die Roten werden vertrieben. Holden kann jetzt Abby heiraten und weiter nach Westen ziehen.

Der Film entläßt uns mit einem Zitat von Benjamin Franklin: »Wo die Freiheit wohnt, da ist mein Land.« Franklin, einer der Väter der amerikanischen Verfassung, erwies sich in der Ausformulierung seiner politischen Grundsätze übrigens als ein gelehriger Schüler des Volks der Irokesen, das über ein hervorragend funktionierendes Präsidialsystem verfügte. Aber darüber schweigt der Film sich aus.

In UNCONQUERED geht es ohnehin nicht um die Vergangenheit, sondern um die Gegenwart. Dabei wird die Fiktion manchmal von der Realität eingeholt. Und oft werden Filme kalkulierter besetzt, als man das gemeinhin annimmt. 1947, als UNCONQUERED die Kinos füllte, sagte Gary Cooper als »freundlicher Zeuge« vor Senator McCarthys Ausschuß zur Untersuchung »unamerikanischer Umtriebe« aus und gab über seine Meinung zum Kommunismus zu Protokoll: »Nach dem, was ich gehört habe, mag ich ihn nicht, denn er ist nicht ehrlich.«

Howard Da Silva wiederum, in UNCONQUERED sein Gegenspieler und Blutsbruder des Häuptlings, war bekannt für sein Engagement für linke Organisationen. Er landete wenig später auf der schwarzen Liste Hollywoods. Die schwarze Liste führte die

Namen derjenigen Filmkünstler auf, von denen man wußte oder annahm, daß sie Kommunisten seien, und die nicht weiter beschäftigt werden sollten, um das amerikanische Volk so vor kommunistischer Indoktrination zu schützen.

Mit einer realistischen Darstellung der Indianer hat das alles natürlich nichts zu tun. Ihrem Ansehen in der Öffentlichkeit schadete es trotzdem. Für einen beachtlichen Teil der amerikanischen Kinogänger, die die Indianer nur von der Leinwand kannten, hatten sie jetzt auf diffuse Weise etwas mit dem Kommunismus zu tun. Aber man hatte ihnen ja schon immer alles zugetraut.

Exkurs:

Rote Neger und weiße Rote

Indianer und ihre Darsteller

Als Thomas A. Edison in New York 1894 praktisch mit der Western-Produktion begann, indem er die Indianer aus Bill Codys Wild-West-Show ins Studio bat, lag das Massaker von Wounded Knee, die letzte große bewaffnete Auseinandersetzung zwischen Rot und Weiß, gerade erst vier Jahre zurück, und in Arizona jagte die Kavallerie immer noch versprengte Apachenbanden. Der Unterschied zwischen verfilmter Wirklichkeit und der Realität war mindestens so groß wie die Entfernung von Ost- und Westküste. Er wurde nicht geringer, nachdem D. W. Griffith 1910 wegen des besseren Klimas mit seiner Filmcrew von New York nach Kalifornien umgezogen war und Thomas Ince 1911 auf einer Ranch in der Nähe von Los Angeles seine eigene Westernstadt errichtet hatte. Dort drehte er mit fest verpflichteten Cowboys und Indianern seine Filme und nahm so den späteren Studiobetrieb vorweg. Gerade Ince ließ sich immer wieder gern mit »seiner« Indianertruppe fotografieren.

Während im Westen die Erinnerungen an die Auseinandersetzungen zwischen Rot und Weiß noch recht frisch waren, hatte im Osten die Erfindung des romantischen Bühnen-Indianers und die Mythologisierung der »Frontier« in Dramen, Romanen und zum Schluß Dime Novels bereits eine 100jährige Tradition. Der Film übernahm ohne Umschweife diese Tradition und rekrutierte seine ersten Stars aus Trickreitern und Kunstschützen der Wild-West-Shows oder Rodeos. Zur Legende gewordene Helden wie Buffalo Bill traten selbst vor die Kamera, aber auch Gesetzesbrecher wie Emmett Dalton oder der Zugräuber Al Jennings spielten in diesen frühen Werken »die Rolle ihres Lebens«. Soldaten und Indianer, die sich noch als Gegner aus den Indianerkriegen kannten, tauschten die Realität gegen die Fiktion ein. Und der berühmte Gesetzeshüter Wyatt Earp arbeitete als Berater für Westernfilme. Unter den Native Americans in Inces Truppe waren alte Krieger wie der Sioux Dady Lone Bear, der selbst noch gegen Custer in den Black Hills Schlachten geschlagen hatte. Dark Cloud, dessen Vater als Häuptling bei Little Big Horn gekämpft hatte, war Model für den Indianermaler Frederick Remington gewesen und arbeitete für Griffith und Pathe. Aber bald schuf sich auch der Film seine Helden selbst, und diese Art von Operetten-Cowboys brauchte keine Verbindung mehr zur Realität zu haben. Tom Mix, der erste dieser edlen Ritter im Fransenkostüm, war zumindest Rodeochampion und Kunstschütze gewesen.

Dies betraf auch die Darsteller der Indianer. Am Anfang der Kinematographie, als sie nur als grausame Wilde Planwagen überfielen und Frauen und Kinder schändeten oder Kanonenfutter für die Kavallerie abgaben, rekrutierte man wie Ince gerne willige Native Americans. Charles Stevens (1893–1964), ein Enkel von Geronimo, der seine Filmkarriere 1915 in Griffiths BIRTH OF A NATION begann und 1930 den Indianer-Joe in TOM SAWYER spielte, brachte es dabei in der Stummfilmzeit auf einen einsamen Rekord: In den meisten Doug-Fairbanks-Filmen spielte er mit verschiedenem Make-up bis zu sechs verschiedene Indianerrollen. Als aber aufwendigere Spielfilmproduktionen auch hier tragende und mit Aufkommen des Tonfilms sogar sprechende Rollen verlangten, und weil man zudem den Heroen des Westens wie Buffalo Bill, Kit Carson oder Wild Bill Hickock ebenbürtige Gegner gegenüberstellen mußte, griff man viel lieber auf weiße Darsteller zurück, die von ihrer Herkunft als exotisch genug gelten konnten, um als Indianer durchzugehen. Dabei kam es zu wirklich exotischen Karrieren.

Boris Karloff war schon 1920 in THE LAST OF THE MOHICANS als einer von vielen indianischen Schurken hinter weißen Frauen hergewesen und wurde in UNCONQUERED (1947) dank seines Erfolgs als Monster zum Häuptling befördert. Ähnlich geeignet erschien Bela Lugosi als Uncas in einer deutschen Version vom LETZTEN MOHIKANER aus dem Jahre 1922.

Rock Hudson hatte 1950 in WINCHESTER 73 eine kleine Rolle als Häuptling Young Bull, überfiel die Kavallerie und wurde von James Stewart vom Pferd geschossen. Dafür durfte er dann aber 1954 in TAZA, SON OF COCHISE, einer Fortsetzung von BROKEN ARROW, die Titelrolle des edlen, auf Ausgleich und Frieden setzenden Apachen übernehmen. Sein Filmvater Cochise war wieder Jeff Chandler.

Das Monster mit der Perücke – Boris Karloff in UNCONQUERED *(1947)*

Einer der Rekruten in WINCHESTER 73 ist Tony Curtis. 1960 mutiert er, eine eher ungewöhnliche Laufbahn, vom Weißen zum Pima-Indianer in THE OUTSIDER, entkommt dafür aber dem historischen Gefängnis des 19. Jahrhunderts und ist einer der Soldaten, die im Zweiten Weltkrieg in Iwo Jima die amerikanische Flagge aufrichten.

Charles Bronson, der als Sohn eines Litauers besonders »indianisch« aussah, fing 1954 in APACHE als ein von Burt Lancaster (dem großen Apachen) verachteter Indianerscout an, steigerte sein Renommee als Angehöriger der Sioux in RUN OF THE ARROW (1956), arbeitete sich zum Halbblut hoch (CHATO'S LAND, 1971; VALDEZ IL MEZZOSANGUE/*Wilde Pferde,* 1973) und stand endlich als Wild Bill Hickok in THE WHITE BUFFALO (1971) einem richtigen Indianer gegenüber: Da hatte Will Sampson die Rolle von dessen Widersacher Crazy Horse übernommen.

Woody Strode in DIE GEFÄHRLICHEN VIER *(1966): rote Neger ...*

Eine wohl einmalige Leistung vollbrachte der farbige Woody Strode. In SERGEANT RUTLEDGE (1960) kämpfte er als schwarzer Sergeant gegen die Apachen, trat in TWO RODE TOGETHER (1961) als Comanche auf und wurde 1968, nun wieder schwarz, von Charles Bronson erschossen (C'EST UNA VOLTA IL WEST/ *Spiel mir das Lied vom Tod,* 1968).

Debra Paget wurde in BROKEN ARROW (1950) als Apachin und Braut von James Stewart erschossen, tauchte 1954 als Cheyenne in WHITE FEATHER wieder auf, heiratete jetzt Robert Wagner und überlebte. Schließlich korrigierte sie 1958/59 den histori-

schen Irrtum des Christoph Kolumbus, indem sie in Fritz Langs
DER TIGER VON ESCHNAPUR zur Inderin wurde.

Unübertroffen aber dürften Anthony Quinns Einsätze sein,
Hollywoods Ethno-Schauspieler par excellence. 1937, in THE
PLAINSMAN, berichtete er Wild Bill Hickok und Buffalo Bill als
namenloser Indianer von Custers Niederlage am Little Big
Horn. Für diesen wichtigen Auftrag soll er Cecil B. DeMille als
nur native-sprechender Indianer, der kein Wort Englisch ver-
stünde, samt Freund, der als »Dolmetscher« fungierte, verkauft
worden sein. 1941 durfte er dann in THEY DIED WITH THEIR

... weiße Rote: Anthony Quinn in THE PLAINSMAN (1936)

BOOTS ON (1941) als Crazy Horse Custer selbst töten, kämpfte darauf 1944 als Yellow Hand auch noch mit Buffalo Bill im gleichnamigen Film und fand zwischendurch immer wieder Zeit, einige Mexikanerrollen einzustreuen. Nach der Darstellung von Italienern, Franzosen und vielen anderen schien er die Übersicht zu verlieren. Carol Reeds FLAP (*Der letzte Indianer,*

Indianer im Sitzstreik, weil für die Produktion THEY DIED WITH THEIR BOOTS ON *ortsfremde Natives angeheuert wurden*

Jack Palance – BESTIE DER WILDNIS (1953)

1969) ist nicht zuletzt deshalb so mißlungen, weil Anthony Quinn als ewig besoffener Indianer immer wieder zum Sirtaki ansetzt, ehe ihm einfällt, daß das zum Griechen Alexis Sorbas gehört.

Einen gewissen anderen Exotenbonus brachte Jack Palance mit. Ihm war die Bösartigkeit von Natur ins Gesicht geschrieben, und so prädestinierte ihn das nicht nur für die Darstellung als

Leinwandschurken, sondern auch zur Bestie der Wildnis wie dem bösartigen Apachenhäuptling Toriano in ARROWHEAD (1953).

Die Exotenregel funktioniert sogar noch in den 90er Jahren, wo ein 1962 auf den Philippinen geborener Lou Diamond Phillips exotisch genug ist, um in RENEGADES (1989) als junger Lakota-Indianer Hank zu agieren, in der Tony-Hillerman-Verfilmung THE DARK WIND (1991) den Navajo-Officer Jim Chee zu spielen und in SHADOW OF THE WOLF (1991) als Inuit und Häuptlingssohn Agaguk aufzutreten. Die Pressehefte zu RENEGADES und DARK WIND verkaufen Lou Diamond Phillips dabei als einen Stadtindianer aus Arlington, Texas, bis das Presseheft zu SHADOW den Irrtum auflöst: Phillips ist auf den Philippinen geboren und in Arlington aufgewachsen. Im gleichen Film kann der in China geborene Japaner Toshiro Mifune ohne Schwierigkeiten das korrupte Inuit-Oberhaupt spielen – so weit entfernt ist Japan wirklich nicht von der Arktis.

Besonders die Darstellung von Indianern durch Schauspieler, die dem WASP-Ideal (White Anglo-Saxon Protestant) entsprechen, konnte diese in den Augen eines ethnozentrisch orientierten Publikums aufwerten. Jedenfalls wurde das in den 50er Jahren von vielen so empfunden.

Selbst John Wayne mimte 1953 in John Farrows HONDO ein Halbblut, und als Wayne zwei Jahre später in THE SEA CHASE (1955), einem Film aus der Zeit des Zweiten Weltkriegs, auch noch den deutschen Kapitän Ehrlich spielte, nahmen konservative Kommentatoren diese beiden Wayne-Filme als Beleg für die angebliche Tendenz Hollywoods, Amerikas Feinde auf heimtückische Art zu Freunden zu machen – eine Manipulation, der entschlossen begegnet werden müsse. Woraus man immerhin ersehen kann, daß für viele in den 50er Jahren die Übergänge zwischen Kommunisten, Nazis, Indianern und dem Antichrist fließend waren.

BROKEN ARROW (1950), in dem der Weiße Jeff Chandler mit besten Absichten als Cochise besetzt worden war, macht zugleich die Schattenseite dieses Vorgehens deutlich. Während der »gute«, auf Ausgleich und gegenseitiges Verstehen bedachte Cochise von einem Weißen dargestellt wird, spielt der Native American Jay Silverheels (besser bekannt als der treue, aber nicht eben wortgewandte Begleiter Tonto des maskentragenden Helden in der Fernsehserie THE LONE RANGER) Cochises Gegenspieler, den mordgierigen Geronimo – den bösen Indianer. Auf diese Weise werden rassistische Vorurteile nicht bekämpft, sondern verstärkt. Zumindest wenn man davon ausgeht, daß das seit Jahrzehnten mit Klischeerothäuten gefütterte Kinopublikum 1950 einen echten Indianer auch als solchen erkennen konnte, wenn es denn einen sah.

Burt Lancaster, Anthony Quinn, Chuck Connors – sie alle mimten große historische Chiefs wie Ulzana, Sitting Bull, Red Cloud, Crazy Horse, Cochise oder Geronimo mit fast so lächerlichen Verrenkungen, wie Weiße früher sich mit Schuhcreme beschmierten, um Farbigen-Rollen gerecht zu werden. Anthony

Wer hat noch keinen Flitzebogen? – Indianerstatisten in den 50er Jahren werden ausgerüstet

Quinn wurde samt Dolmetscher als Native Speaker verkauft, und Chuck Connors vertrug die Linsen nicht, die seinen strahlendblauen Augen die richtige braune Farbe verleihen sollten.

1915 brachte ein Autor namens Dench in einem Buch über die Produktion von Filmen *(Making the Movies)* eine Meinung zu Papier, die sich Regisseure und Produzenten während der folgenden Jahrzehnte stillschweigend zu eigen machten: »Einige weiße Schauspieler haben sich auf Indianerrollen spezialisiert. Sie sind Meister in solchen Rollen, denn sie haben das Leben der Indianer genau studiert, und weil sie so geschickt geschminkt sind, kann man sie kaum von den echten Rothäuten unterscheiden. Sie übernehmen die größeren Rollen, denen die Indianer selten gewachsen sind. Dabei ist es die leichteste Sache von der Welt, einen Indianer zu spielen, denn die Rothaut ist praktisch reglos.«

Dench meinte damit die Reglosigkeit der Gesichtszüge, denn eine Rothaut hatte entweder stoisch zu sein wie ein Tabak-Indianer, oder sie ritt hinter Weißen her und war dann nur in Totalen zu sehen. Aus dem stoischen roten Mann wurde der betroffene und gequälte rote Mann und hin und wieder auch der besoffene rote Mann aus dem Reservat, aber wer die bekanntesten Filme rasch an sich vorbeiziehen läßt, kann leicht den Eindruck gewinnen, es sei immer ein Schauspieler mexikanisch-irischer Abstammung namens Anthony Quinn gewesen oder Burt Lancaster aus der Upper East Side in Manhattan oder vielleicht Tony Curtis aus der Bronx. Dann, wenn sie mehr als ein oder zwei einfache Sätze sagen durften.

Vielleicht ist die ganze Besetzungsdiskussion auch etwas übertrieben. Selbst Indianer sind nur Menschen. Unter ihnen gibt es auch seit längerem eine Diskussion darüber, wer überhaupt als Native American zu zählen ist. Der größte Stamm ist inzwischen der Stamm der Stadtindianer, die sich teilweise keinem eigenen Tribe zuordnen lassen. Manchmal kommt es durchaus zu absurden Situationen, wenn etwa in Kalifornien beheimatete Indianer beklagten, daß ihnen Stammesbrüder aus dem Norden die Arbeit wegnähmen, oder wenn Chief Thundercloud in den 30er Jahren einen DeMille-Tribe eintragen lassen wollte, der aus den von DeMille verpflichteten und in Kalifornien ansässig gewordenen Indianern bestehen sollte.

Native Actors

Einer der Indianer, die in den Anfängen der Flimmerkiste direkt von der Buffalo-Bill-Show zu Cecil B. DeMilles Indianertruppe stießen, war Nipo Strongheart (Yakima, 1884–1966), neben seinem Filmjob ein berühmter indianischer Geschichtenerzähler, genauso wie Chief Many Treaties, ein graduierter Blackfeet mit bürgerlichem Namen William Hazlett. Hauptdarsteller des Semi-Dokumentarfilms THE SILENT ENEMY (1930), der indianisches Leben vor dem Erscheinen der Weißen rekonstruierte, war Buffalo Child Long Lance. 1908 als Schwarzfußindianer in Montana geboren und in Kanada aufgewachsen, nahm er als Reiter und Lassowerfer an Buffalo Bills Wild-West-Show teil, wurde 1914 als bisher einziger Indianer zum Kadetten von West Point ernannt, kehrte hochdekoriert aus dem Ersten Weltkrieg heim und wurde von seinem Stamm zum Häuptling gewählt. 1928, ein Jahr vor den Dreharbeiten zu THE SILENT ENEMY, schrieb er seine Erinnerungen über sein Stammesleben nieder, die in deutschen Schulen ein beliebter Lesestoff für die Mittelstufe sind (*Häuptling Büffelkind Langspeer erzählt sein Leben*). Nachdem er nach Hollywood umgezogen war, wurde er am 20.3.1932 auf dem Landsitz eines befreundeten Minenunternehmers unter mysteriösen Umständen erschossen.

Ebenfalls über seine Engagements in Wild-West-Shows kam Iron Eyes Cody (Cherokee) 1921 nach Hollywood, tingelte aber zwischen den Filmen immer wieder als berühmter Tänzer von Rodeo zu Rodeo und glänzte in dieser Rolle 1934 sogar vor dem englischen Königspaar. Neben diversen Auftritten in Western und TV-Produktionen hatte er 1951/52 seine eigene Show im Fernsehen. Über 50 Jahre lang war er als Darsteller tätig, von THE IRON HORSE (1924) bis A MAN CALLED HORSE (1970). Als Fotograf, Sammler von indianischen Objekten und sachkundiger Artikelschreiber versuchte er zeitlebens gegen die Indianerstereotypen anzugehen, die er in seinen Filmen verkörpern mußte.

Nach dem Umzug eines Großteils der Filmindustrie nach Hollywood wurden trotzdem auch im Osten noch Indianer gebraucht. Einer von ihnen war Frank Lackteen (1894–1968). Sein indianisches Aussehen war fies genug, um ihn nicht nur die grausamen

Chief Thundercloud – privat ...

Roten spielen zu lassen, sondern auch gleich jede Art von weißen Banditen.

Indianer werden vom Pferd geschossen, einer ist wie der andere, und im nächsten Film werden sie wieder vom Pferd geschossen. In den 20er Jahren schlossen sich indianische Filmdarsteller in Los Angeles zu einer Standesvertretung zusammen und nannten diese »The War Paint Club«. Da der Club pragmatische Ziele verfolgte, nämlich die Sicherung und Verbesserung der Beschäftigung seiner Mitarbeiter, wurden weniger Schauspielkurse (und später, in der Tonfilmzeit, Sprechtraining) als primär

... und in Maske

die Ausbildung zum Stuntman angeboten. Ein Indianer mußte nicht sprechen, er mußte spektakulär sterben können. Dabei hatten viele der indianischen Darsteller nicht nur bewegte Lebensläufe aufzuweisen, sondern auch Universitätsabschlüsse und neben ihren Filmjobs vielfältige Aktivitäten für die Belange der Native Americans. Trotzdem blieben es ihre speziellen Eigenschaften, die sie anscheinend befähigten, im Studiosystem zu überleben. So arbeitete sich Monte Blue (1890–1963), ein Halbblut-Cherokee, 1915 vom Stuntman bei Griffith über India nerrollen bis zum weißen Sheriff empor, genauso wie Chief

Thundercloud (Cherokee, 1899–1955), der nicht nur als Indianerdarsteller seinen Hals riskierte (AMBUSH, 1949), sondern
auch viele Stars doubelte. Auch Rodd Redwing (Chickasaw,
1905– 1971) war vorher ein berühmter Kunstschütze und begann als Stuntman. Sein größtes Kunststück war der gleichzeiti-
ge Umgang mit Messer und Revolver, wobei er mit dem Revolver in das gleiche Loch traf, das das zuvor geworfene Messer in
die Wand gebohrt hatte. Der Messerkampf blieb sein Spezialge-
biet, aber auch jede Art von Schußszenen, die er schließlich als
Supervisor koordinierte. Über 30 Jahre lang zeigte er seinen
weißen Cowboy-Kollegen, wie man mit Schußwaffen umgeht,
und brachte ihnen das Schießen bei.
Besondere Qualitäten brachte auch der Chief Yowlachie
(1890–1966) mit. Neben seinen Filmauftritten zum Beispiel als
Quo in RED RIVER (1948), jenem Küchengehilfen, der dem
Koch des Viehtriebs (Walter Brennan) beim Pokerspiel seine
zweiten Zähne abluchst, studierte der Yakima-Häuptlingssohn
mit der ausgeprägten Baß-Bariton-Stimme bei Pasquale Amato,
dem Star der Metropolitan-Oper, in New York Gesang, trat auf
diversen Musikfestivals auf, u. a. auch mit den Philharmonikern
in Los Angeles. Daß übrigens immer wieder eine verhältnis-
mäßig hohe Anzahl von Mitgliedern der Cherokee Nation in
den Besetzunglisten vorkam, kann in der speziellen Geschichte
dieser Nation liegen. Dieses Apalachen-Bergvolk des Südostens
hatte bereits vor dem Kontakt mit den Engländern ein blühendes Staatswesen mit Präsidialdemokratie, Zweikammer-Legisla-
tivsystem, weiblichem Wahlrecht und prosperierendem Wirt-
schaftssystem. Aus dem Kontakt mit den Weißen übernahmen
die Cherokee, was sie brauchte. Sie entwickelten eine eigene
Schrift, hatten ihre eigene Zeitung und alle Errungenschaften
eines vollkommenen Wohlfahrts- und Sozialstaats, bei dem am
Ende des Unabhängigkeitskrieges die Banken und der Staat
Georgia Großgläubiger waren. Selbst nach ihrer Vertreibung
und dem »Weg der Tränen« nach Oklahoma konnten sie trotz
der großen Verluste auch hier im Indianerterritorium ein
blühendes Staatswesen aufbauen. Ihr Antrag auf Anerkennung
eines souveränen Indianerstaates zusammen mit den anderen
Zivilisierten Nationen nach dem Muster des Mormonenstaates
Utah scheiterte schließlich am politischen Desinteresse in Wa-

shington, obwohl die Fünf Zivilisierten Nationen seit mehr als 150 Jahren die vollkommene Anpassung an die sogenannte höhere Zivilisation erreicht hatten. Trotzdem sind die Cherokee auch heute noch mit 300 000 Mitgliedern der größte Stamm Nordamerikas, während die stolzen Sioux »nur« noch an die 100 000 zählen.

Der wohl populärste Native Actor mit eigenem Profil war Jay Silverheels (Mohawk), geboren 1919 in der gleichen Six Nations Reservation in Ontario, Kanada, wie Gary Farmer und Graham Greene. Wenn man bedenkt, wie oft die Legende vom letzten Mohikaner über die Leinwand lief und mindestens drei berühmte Vertreter dieser Nation recht lebendig in diversen Rollen agieren, erscheint einem diese Geschichte um so absurder. Populär wurde Jay Silverheels als ständiger treuer Begleiter Tonto seines Partners Lone Ranger, Retter der Witwen und

Jay Silverheels in THE LONE RANGER (1956)

Chief Dark Cloud und seine Frau Dove Eye Dark Cloud

Jim Thorpe mit Carl Laemmle bei BATTLING WITH BUFFALO BILL
(1931)

Waisen. Diese beliebte Radio- und Fernsehserie wurde 1956 von
Stuart Heisler als THE LONE RANGER und noch einmal 1958 mit
THE LONE RANGER AND THE LOST CITY OF GOLD für die Lein-
wand verfilmt.
Nur wenige weibliche Darstellerinnen wie Winona, Princess
Whynemah oder Princess Leping Deer wurden genauso be-
kannt wie ihre männlichen Kollegen. Dafür brachten viele Män-

ner gleich ihre Frauen mit ins Filmgeschäft: Dark Cloud und seine Frau Dove Eye, Young Eye und seine Frau Red Wing oder Art Ortega und Princess Mona Darkfeather. Im Pocahontas-Mythos wird der weiße Captain Smith von einer roten Frau begehrt und gerettet. Natürlich kann so etwas nur eine Prinzessin tun. Ganz in diesem Sinne wurden auch beim Film die Indianerinnen mit diesem Titel aufgewertet. Dasselbe gilt für die Männer. Entsprechend der Tradition der Regierung, die früher ihnen genehme Indianer als Häuptlinge titulierte, um mit ihnen wohlfeile Verträge zu schließen, machte Hollywood seine verdienten Schauspieler gleichfalls zu »Chiefs«, wie Chief Yowlachie, Chief Thundercloud (bürgerlich Scott T. Williams), den Tonto und Namensvetter Chief Thunder Cloud (bürgerlich Victor Daniels), Chief Nipo Strongheart und Chief Standing Bear oder Chief John Big Tree, der fast in allen Ford-Filmen mitspielte.

Es gab aber auch tatsächliche Häuptlinge wie Dan George, Chief der kanadischen Squamish-Indianer und Präsident ihres Stammesrates in Vancouver, vor allem bekannt als Old Lodge Skins und Mentor von Dustin Hoffman in LITTLE BIG MAN (1970).

Eine tragische Figur war Jim Thorpe (Sauk/Fox, 1889–1953), gefeierter und vermutlich größter amerikanischer Sportler des Jahrhunderts, der bei den Olympischen Spielen in Stockholm 1912 sowohl den Zehn- als auch den Fünfkampf gewann, dem aber wenig später beide Medaillen wieder abgenommen wurden, als seine Teilnahme am Profi-Baseball aus dem Jahre 1910 bekannt wurde. Anschließend wurde er sowohl im Basketball als auch im American Football Profi. Nach dem Ende seiner Sportkarriere 1929 mit 41 mußte er feststellen, daß Ex-Helden nicht gefragt waren, und um nicht gänzlich der Depression zu verfallen, startete er eine bescheidene Filmkarriere und spielte meistens den Häuptling in zweit- und drittklassigen Western. Im Serial BATTLING WITH BUFFALO BILL (1931) raucht er mit dem Helden die Friedenspfeife. Und in John Fords WAGONMASTER (1950) ist er einer der Navajos, die eine Bestrafung des Weißen verlangen, der eine ihrer Frauen angefallen hat. Tragisch endete sein Leben – zerbrochen durch den Verlust seiner Goldmedaillen wegen jener geringfügigen Verstöße gegen das Amateurstatut, durch die Scheidung von seiner weißen Frau und durch das Hinundhergerissensein zwischen zwei Kulturen – als Alkoholiker. Typischerweise wurde der Film über sein Leben, JIM THORPE – ALL AMERICAN (1951), mit einem Weißen besetzt: Burt Lancaster. Erst 20 Jahre später war der umgekehrte Weg möglich, als Robert Redford die Rolle des Paiute-Protagonisten in TELL THEM WILLIE BOY IS HERE (*Blutige Spur,* 1969) spielen sollte und einen echten Indianer für geeigneter hielt. Der bei der ausführenden Produktionsfirma Universal unter Vertrag stehende Robert Blake übernahm daraufhin die Rolle von Willie Boy. Eines der vielen unbekannt-bekannten Gesichter war Chief John Big Tree (1875–1967). Der als Isaac Johnny John geborene, mächtig gebaute Seneca posierte nicht nur 1912 für das Porträt auf einer Nickelmünze, sondern gab in mehr als 100 Filmen und in fast allen Ford-Western immer wieder den aristokratischen Häuptling mit dem begrenzten Sprachschatz, vergleichbar der hölzernen Indianerfigur vor den Zigarettenläden, an der sich die Cowboys die Zündhölzer für ihre Zigarrillos anzündeten.

Viele andere wie Noble Johnson (SHE WORE A YELLOW RIBBON, 1949), John War Eagle (der 1972 als Blue Elk in WHEN THE LEGENDS DIE den kleinen wilden Tom in die Schule bringt), George Sky Eagle, Charles Brunner, Joe W. Cody oder Willow Bird wären noch zu nennen, die meistens nur durch ihre eigenartigen Namen in den Besetzungslisten auffielen, aber in den wenigsten Fällen ein Gesicht bekamen. Oder solche wie der Cowboy Will Rogers (Cherokee), dessen Native-Abstammung niemand bewußt war, genauso wie bei Stars wie Cher ($\frac{1}{2}$ Irokese), Johnny Cash, Val Klimer ($\frac{1}{16}$ Cherokee) oder Don Johnson, Regisseuren wie Sam Peckinpah oder Walter Hill, die nicht berühmt geworden sind, weil ihre Native-Abstammung bekannt war – sondern wenn, dann eher umgekehrt (PS: Die Amerikaner geben ihr Blutgemisch gerne in Brüchen wieder).

Mit Chief Dan George engagierte Arthur Penn zum erstenmal einen echten Indianer für eine tragende Rolle. Die Tatsache, daß das erwähnt werden muß, spricht für sich. Bevor er als Old Lodge Skin in LITTLE BIG MAN (1970) die bis dahin größte Sprechrolle eines echten Indianers in der Geschichte des Films übernahm, hatte er in den 60er Jahren in unzähligen kleinen Western mitgespielt.

Chief Dan George, 1899 in British Columbia geboren und ein Nachkomme von sechs Generationen von Tse-lal-watt-Häupt-

Chief Dan George an der Seite von Dustin Hoffman in LITTLE BIG MAN (1970)

lingen, war zudem, wie bereits erwähnt, ein gewählter Häuptling seines Volkes. Seine erste Filmrolle hatte er 1969 in der Disney-Produktion SMITH! *(Smith! – Ein Mann gegen alle)* gespielt, in der er sich als Chief Joseph mit einigen blumigen Worten Glenn Ford ergab.

Als Chief Dan George für einen Oscar als bester Nebendarsteller nominiert wurde, erkannte auch Hollywood zum erstenmal an, daß zum einen zur Darstellung eines Indianers mehr als nur viel Schminke und ein ausdrucksloses Gesicht gehören und daß zum anderen weiße Schauspieler doch nicht die besseren Indianer sind.

Viele Native Americans blieben allerdings mißtrauisch und argwöhnten, man habe nicht den Schauspieler geehrt, sondern das

oft und immer noch gern benutzte Stereotyp des alten Häuptlings, der den weißen Helden an der Weisheit seines Volkes teil-
haben läßt, immer verständnisvoll und ein wenig resigniert sein
wird, statt für aktive Gegenwehr einzutreten.

Weiße Kritiker reagierten auf solche Einwände oft mit Unver-
ständnis. Den Indianern, hieß es, könne man es nie recht machen. Besonders die Cheyenne beklagten sich, denn in LITTLE
BIG MAN werden sie von Crows gespielt. Die Crows aber sind
die traditionellen Feinde der Cheyenne und dienten Custer als
Scouts, was heute noch für Spannungen zwischen den beiden
Völkern sorgt. Traditionsbewußte Indianer registrieren solche
Fehler und fühlen sich durch sie verletzt. Ein Franzose hätte
auch kein Verständnis dafür, wenn er in Schottenrock und Tiro-
lerhut dargestellt würde.

Der erste native Indianerdarsteller, der wirklich als Schauspieler
und Persönlichkeit bekannt und als Individuum identifiziert wurde, war allerdings Will Sampson. Vor ihm meinte man, bei den
friedenspfeiferauchenden Häuptlingen so manches Gesicht un-

Meist du, der ist echt? – Chief John Big Tree, der ewige Häuptling in
DER TEUFELSHAUPTMANN (1949)

ter der Federhaube schon in diversen anderen Western gesehen zu haben (wie eben Chief John Big Tree). Bezeichnend dabei ist, daß ihn nicht seine zahlreichen Darstellungen roter Männer in diversen Western (z. B. THE WHITE BUFFALO, 1977) in Erinnerung brachten, sondern erst seine Rolle als Chief Bromden neben Jack Nicholson in ONE FLEW OVER THE CUCKOOS NEST (1975). Erst danach waren Karrieren wie die von Gary Farmer oder Graham

Will Sampson zusammen mit Jack Nicholson in ONE FLEW OVER THE CUCKOO'S NEST/EINER FLOG ÜBER DAS KUCKUCKSNEST *(1975)*

Indianischer Aktivist als Rothaut-Darsteller – Russell Means (li.) als Chingachgook in THE LAST OF THE MOHICANS/DER LETZTE MOHI-KANER *(1992)*

Greene möglich. Deshalb erscheint es auch nur als konsequent, daß Will Sampson in den 80er Jahren begann, eine Agentur für Native Actors, The American Indian Talent Directory (AITD), aufzubauen, deren Ziel es war, einerseits Native Actors in ihren Rechten zu unterstützen, andererseits zu mehr und besseren Rollen zu bringen.

Betrachtet man die 90er Jahre, dann scheinen sich die Visionen von Will Sampson erfüllt zu haben, denn eine Reihe von rein-blütigen Native Actors wie Wes Studi, Gary Farmer und insbe-sondere Graham Greene haben den Sprung zum Star geschafft. Gerade letzterem werden inzwischen sogar weiße Rollen ange-boten.

Das macht noch einmal die paradoxe Situation deutlich, in der Native Americans als Darsteller seit Anbeginn der Filmge-schichte steckten. Sie spielten sich selbst, wie die Navajos in den

Ford-Western, die Crows in LITTLE BIG MAN oder die Sioux in A MAN CALLED HORSE, wohl wissend, daß sie eine Rolle verkörpern, die nicht im entferntesten etwas mit ihrer Realität zu tun hatte und die zudem eine Verfälschung ihrer Geschichte darstellte. Das hatte schon mit ihrem ersten Auftreten auf der Leinwand, mit dem Auftritt der Sioux aus Buffalo Bills Show in SIOUX GHOST DANCE (1894) begonnen. Tatsächlich taten sie es in den meisten Fällen, um finanziell über die Runden zu kommen, und manchmal hat man den Eindruck, sie taten es, um auf der Leinwand auch als Menschen überleben zu können, um welchen Preis auch immer. Selbst heute spielen sie manchmal noch gegen besseres Wissen mit, so wie bei SON OF THE MORNING STAR (1991), einer immer noch nicht aufrichtigen Custer-Miniserie. Aber wenigstens beginnen sie jetzt schon während der Dreharbeiten am Set zu murren, wenn sie merken, innerhalb welcher Stereotypisierungen sie wieder einmal verbraten werden sollen.

In den 90er Jahren tritt zudem ein gänzlich neues Phänomen auf. Indianeraktivisten wie der AIM-Mitbegründer Russell Means (DER LETZTE MOHIKANER, 1992, POCAHONTAS, 1995), der langjährige AIM-Vorsitzende und Musiker John Trudell (THUNDERHEART, 1992) oder der Sänger und Liedermacher Floyd Westermann (u. a. DANCES WITH WOLVES, CLEARCUT, THE DOORS, NATURAL BORN KILLER) scheinen die Muster ihrer Vorgänger wie Iron Eyes Cody umzukehren. Die überlebten damals auf der Leinwand, um nebenbei für die Rechte ihrer Völker zu wirken. Ihre Enkel aber nutzen ihren Bekanntheitsgrad, damit sie auf die Leinwand kommen, um, wie sie sagen, die Sache der Indianer noch besser vertreten zu können.

Rot bleibt Rot

Die klassische Epoche des Western in den 50er Jahren

1950–1954 standen viele Regisseure, Drehbuchautoren, Produzenten und Schauspieler auf der schwarzen Liste, was einem Berufsverbot in Hollywood gleichkam. Das waren die Auswirkungen der Hexenjagd gegen kommunistische Unterwanderungen, die der Kongreßabgeordnete McCarthy in Gang gesetzt hatte. Trotzdem oder gerade deshalb wurden die Nachkriegsjahre zur Blütezeit des Westerns. John Wayne, Randolph Scott, James Stewart, Glenn Ford, Richard Widmark, Kirk Douglas, Burt Lancaster, Henry Fonda, Gregory Peck oder Gary Cooper, alle die großen Heroen des Westerns kamen in dieser Zeit zu Weltruhm. Der Western brachte seine großen Klassiker hervor. Er wird von Fred Zinnemann mit HIGH NOON (*Zwölf Uhr mittags,* 1952) veredelt und endgültig zur Kunstform erhoben.

Zuerst einmal veränderte sich das Bild der Indianer in der klassischen Periode des Westerns nur unwesentlich. Weiterhin verlassen sie als rachedurstige Teufel ihre Reservationen wie in THE HALF-BREED (*An der Spitze der Apachen,* 1952), überfallen als mörderisches Gesindel Wagentrecks und unschuldige Siedler wie in THE CARIBOO TRAIL (*Todesschlucht von Arizona,* 1950) oder ARROW IN THE DUST (*Pfeile in der Dämmerung,* 1954), entführen weiße Frauen und Kinder wie in COMANCHE (*Um jeden Preis,* 1956) und werden dafür von weißen Helden ungerührt wie in der Schießbude abgeknallt wie in DISTANT DRUMS (*Die Teufelsbrigade,* 1951), und zu allem Überdruß reitet in letzter Sekunde auch noch die rettende US-Kavallerie ein. Doch langsam begannen sich in Nuancen Verschiebungen abzuzeichnen.

Als die amerikanische Öffentlichkeit von Auschwitz und Treblinka erfuhr, begann man, nachdenklicher im Umgang mit Minderheiten zu werden, zumindest was ihre Darstellung betraf. Das führte dazu, daß die Indianer jetzt häufiger als Opfer statt als Täter gesehen wurden.

Anthony Mann erzählt in seinem ersten Western DEVIL'S DOORWAY (1950) in düster-expressionistischen Bildern die Geschichte des Schoschonen Lance Poole (Robert Taylor), der im Bürgerkrieg gekämpft und für seine Tapferkeit den höchsten Orden des Kongresses erhalten hat. In seiner Heimat Wyoming, in die er nach Ende des Krieges zurückkehrt und in der Indianer und Weiße bisher friedlich zusammengelebt haben, besitzt er eine Farm. Als aber immer mehr Siedler ankommen, die den Rassenhaß und die Gier nach Land mitbringen, soll Lance sein Land abgeben. Er wendet sich an die Gerichte und muß erfahren, daß er keinen Anspruch auf Grundbesitz hat, weil Indianer keine amerikanischen Staatsbürger sind. Sollte er sein Land behalten dürfen, wäre das nur ein Gnadenbeweis der Weißen.

Lance verschanzt sich auf seinem Besitz und sieht sich bald nicht nur der Bürgerwehr gegenüber, sondern auch der US-Armee, die ihm vor kurzem noch einen Orden umgehängt hat. Jetzt ist er selbst der Feind. Die Kugeln der Weißen töten ihn. »Die Zivilisation«, sagt er einmal, »ist eine tolle Sache.«

Mann überhöht seinen indianischen Helden, zeigt ihn, wann er nur kann, aus Untersicht, überlebensgroß. Doch die Geschichte wird lakonisch erzählt, ohne Umschweife und Schönfärberei.

Das »Teufelstor«, das dem Film seinen Originaltitel gegeben hat (der deutsche Titel *Fluch des Blutes* verschiebt die Akzente ins Rassistisch-Nebulöse), ist ein enges Tal, durch das das Land der Indianer von dem der Weißen getrennt wird. Der Film läßt keinen Zweifel darüber, auf welcher Seite des Tores der Teufel seine Wohnung genommen hat. Bei den Indianern jedenfalls nicht. Ein Erfolg an der Kinokasse war DEVIL'S DOORWAY nicht beschieden. Das Publikum war sensibilisiert für die Mißhandlung von Minderheiten, aber so genau wollte man es dann doch nicht wissen.

Wie gesagt, hatten die Erfahrungen mit Nazi-Deutschland die Öffentlichkeit gegenüber jeglichen Formen von Rassismus hellhörig gemacht. BROKEN ARROW (*Der gebrochene Pfeil*, 1950) von Delmer Daves gilt als der erste Western, der eine neue Darstellung im Konflikt zwischen Rot und Weiß einschlägt, die rassistischen Vorurteile abbaut und damit einen Umschwung im Indianerbild des Westerns einleitet. Die nachfolgenden Indianerwestern wie APACHE (*Massai, der große Apache*, 1954), THE

Für den dekorierten Bürgerkriegshelden gibt es keinen Platz mehr –
DEVIL'S DOORWAY/FLUCH DES BLUTES *(1950)*

WHITE FEATHER (*Die weiße Feder,* 1955) oder THE LAST WAGON
(*Der letzte Wagen,* 1956) und auch CHEYENNE AUTUMN (*Cheyenne,* 1963) werden in dieser Tradition gesehen.
Das Muster, mit dem auch BROKEN ARROW beginnt, ist immer das gleiche: Ein Weißer kommt zu den Indianern, lernt sie besser kennen, wird ihr Freund und versucht, im Konflikt zwischen Rot und Weiß zu vermitteln. Das erinnert an DeMilles UNCONQUERED (1947), nur andersherum. Denn zu Zeiten des Kommunistenjägers McCarthy wichen Filmemacher, denen es um die Vermittlung liberaler Botschaften ging, noch stärker als sonst in die allegorische Darstellung, sprich Reservate, aus. Damit waren sie weniger angreifbar.

Bereits mit der Eingangssequenz von BROKEN ARROW wird das Grundthema entwickelt. Der ehemalige Soldat Tom Jeffords (James Stewart) findet einen verwundeten Apachenjungen, und statt ihm, den er für »weit gefährlicher [hält] als eine Schlange«, den Skalp abzuziehen, pflegt er ihn gesund. Über das Kindlichkeitsschema oder auch aus bloßem Mitleid wird der andere Zugang zu den Indianern eröffnet: »Die Apachen sind wilde Tiere, hatte man mir gesagt.« Bei seinem ersten Zusammentreffen mit einem Angehörigen dieses verhaßten Volkes kann er dagegen aus eigener Anschauung feststellen, daß der Junge auch nur ein Mensch ist wie er selbst. Indem er sich um den kleinen Jungen kümmert, stellt er Gleichheit her. Nach dem Muster: auch ein Apachenjunge muß pünktlich daheim sein, sonst sorgen sich Vater und Mutter um ihn –, wird der Wille und Vorsatz zum Verstehen des anderen und seiner Kultur eingeleitet. Das geht über die bisher in den Filmen gezeigten Affekte wie Mitleid und Sympathie für ein verschwindendes Volk und seine bunte Folklore weit hinaus. Es ist auch mehr als der in Fords Kavallerie-Western gezeigte Respekt gegenüber den großen indianischen Kriegsführern. Zum erstenmal macht sich ein weißer Held den Ansatz von Anthropologen zu eigen, um Zugang zu den Apachen und ihrem Häuptling Cochise (Jeff Chandler) zu erlangen. Tom Jeffords betreibt sozusagen Feldforschung. Er nimmt Unterricht bei einem »zivilisierten« Apachen, um Sprache, Gebräuche und Riten der Indianer zu lernen. Mit diesem Wissen erwirbt er nicht nur den Respekt von Cochise, er kann ihn zudem von seinen lauteren Absichten überzeugen und zu einem Friedensvertrag überreden. Jeffords besiegelt den Bund zwischen Rot und Weiß, indem er die schöne Sonseeahray (Debra Paget) heiratet.

Das freilich geht zu weit. Einige Weiße, die neue Kämpfe vom Zaun brechen wollen, um an Land und Gold der Indianer zu kommen, töten die schöne Apachin. Jeffords fordert Rache, aber Cochise bleibt besonnen und wahrt den Frieden. Zum Begräbnis der Toten kommen auch weiße Trauergäste, um ihre Betroffenheit zu zeigen. Jeffords reitet einsam weiter; der Frieden zwischen den Rassen aber hat eine Chance erhalten.

Mit BROKEN ARROW erhalten die Indianer zum erstenmal ein eigenständiges kulturelles Leben.

Außer daß die Apachen im Film nicht ihre eigene Sprache, sondern Englisch sprechen, um vom Zuschauer auch verstanden zu werden. Das hat immerhin zur Folge, daß die Indianer jetzt zu normal sprechenden und denkenden Individuen werden, statt in gebrochenem Englisch simple Gedanken zu formulieren. Das war nicht als Selbstverständlichkeit vorauszusetzen, nicht in einem Indianerfilm des Jahres 1950, denn Indianer waren bis dahin in aller Regel nur eine Meute wilder Krieger.

Der Film behauptet, alles habe sich genau so zugetragen. Das fordert eine Überprüfung heraus. Jeffords lernt die Sitten der Indianer kennen, der Zuschauer erlebt eine Hochzeitszeremonie mit, doch ein echter Apache würde weder das Ritual noch den Schmuck der Braut wiedererkennen, denn beide sind frei erfunden.

Eine Einführung in indianisches Leben – Broken Arrow/Der gebrochene Pfeil *(1950)*

Weiße und Indianer werden als grundsätzlich gut und verständigungsbereit dargestellt. Für Konflikte sind einige wenige Wirrköpfe und Verbrecher auf beiden Seiten verantwortlich. Die Kavallerie erscheint als Repräsentant eines Staates, der über Weiß und Rot gleichermaßen wacht und dafür garantiert, daß beide Seiten zu ihrem Recht kommen. In Wirklichkeit war die Kavallerie ausführendes Organ einer auf Vertreibung und Vernichtung der Indianer abzielenden Politik der US-Regierung und verantwortlich für zahlreiche Massaker. Und natürlich durften Cochises Apachen nicht ihr angestammtes Gebiet behalten, sondern wurden in die Reservate verschleppt.

Der Film bringt also keineswegs historische Realität auf die Leinwand, sondern überschreibt die Geschichte, um eine Utopie entwerfen zu können, die mit einer erhofften und propagierten Verständigung zwischen den politischen Blöcken des Jahres 1950 mindestens genausoviel zu tun hat wie mit Aussöhnung zwischen Rot und Weiß.

Um ein Ende zu ermöglichen, dessen Optimismus durch den Gang der Geschichte längst und eindeutig widerlegt war, werden die Unterschiede zwischen den beiden Kulturen möglichst gering gehalten. Dabei kommt die alte Gewohnheit wieder ins Spiel, Indianer als Komparsen zu besetzen, Sprechrollen aber bevorzugt an Weiße zu vergeben. Auch Cochise wird selbstverständlich von einem Weißen gespielt.

Was aber bleibt für eine Vision übrig, wenn die dargestellte Geschichte Geschichtsklitterung ist und das Interesse des Helden an einem besseren Verständnis für die fremde Kultur nur Mittel zum Zweck ist, eine friedlichere Assimilation und Eingliederung in die weiße Zivilisation zu ermöglichen? Wenn die sentimentale Zeichnung der Liebesbeziehung zwischen dem Postreiter Jeffords und dem Apachenmädchen nur Ausdruck für eine neue, romantisierende Stereotypisierung ist? Die Antwort liegt in Jeffords Begegnung mit dem großen Führer Cochise. Hier entsteht ein neues altes Bild vom »guten Indianer«: Die Indianer honorieren wahre Mannestugenden wie Mut, Furchtlosigkeit und Stolz. Sie verachten Feigheit, Hinterhältigkeit und Schmeicheleien. Sie lieben die Wahrheit über alles und halten ihr Wort, so oft sie es geben. Sie haben einen ausgeprägten Gerechtigkeitssinn und handeln dementsprechend mit alttesta-

Steh auf, nimm deinen Hut und geh – HONDO (1953)

mentarischen Strafen. Und die Führer wie Cochise haben ihre
Krieger unter Kontrolle, während auf seiten der Weißen Frie-
densabsichten und Vertragszusagen vom Mob, von Banditen
oder skrupellosen Geschäftsleuten hintergangen werden.
Hinter diesem Bild vom guten Indianer mit all seinen positiven
und alttestamentarischen Tugenden verbirgt sich die Sehnsucht
nach einer vermeintlich besseren alten Zeit, in der hierarchische
Strukturen und ein verbindlicher Moral- und Sittenkodex für
Recht und Ordnung sorgten. Die Utopie vom guten Indianer
wird dem Sittenverfall und dem vermeintlichen Untergang des
Abendlandes gegenübergestellt.
Man könnte meinen, das Publikum wollte irgendwann auch ein-
mal wissen, wie diese Indianer sich fortpflanzen, die ständig nur
in Männerbünden unterwegs waren. Vielleicht ist das der
Grund, weshalb in Anthony Manns THE LAST FRONTIER (1955)

einer der Charaktere sich aufgerufen fühlt, das Fehlen von Frauen und Kindern zu erklären. Indianer, führt er aus, lassen ihre Angehörigen zu Hause, wenn sie auf den Kriegspfad gehen. Da die gerade zu beobachtenden Indianer ohne Frauen seien, seien sie also auf Krieg aus. Ein Argument von zwingender Logik, und leicht zu verallgemeinern. Sieht man Indianer ohne Frauen, weiß man, daß sie Schlimmes im Schilde führen. Und da Indianer in Filmen fast immer ohne Frauen herumlaufen, sind sie also immer von Mordgelüsten getrieben.

In THE LAST FRONTIER (1955) wird diese Haltung in einen noch größeren Zusammenhang gestellt, denn ein Offizier erklärt, man müsse zu jemandem gehören, um zivilisiert und kein Wilder zu sein. Die Apachen in BROKEN ARROW haben in dieser Hinsicht also wenigstens Fortschritte gemacht, denn sie haben Familie, gehören also zu jemandem.

In Richard Brooks' THE LAST HUNT (*Die letzte Jagd/Satan im Sattel*, 1955) wird die fast vollständige Ausrottung der Büffel als Verbrechen an den Indianern, an der Natur und auch an der Zivilisation dargestellt. Ökologie im Western war nichts Neues, aber hier wurde es zum Thema. Robert Taylor spielt den Bürgerkriegsveteranen Charley, der das Töten nicht lassen kann und deshalb Jagd auf Büffel und Indianer macht. Für beide bezahlt die Regierung eine Prämie.

Das Abschlachten der Büffel – eine Schlächterei, durch die Buffalo Bill immerhin zum Kulturhelden avancierte – wurde nach dem Bürgerkrieg von den Kommandierenden der Armee tatsächlich nach besten Kräften gefördert, weil man dadurch den Indianern die Lebensgrundlage raubte und sie vielleicht zu Angriffen provozierte, die man dann mit massiven Gegenschlägen beantworten konnte.

Der Film spricht das deutlich aus. Charley führt Krieg gegen die Natur wie gegen die Indianer. Und er stellt das als Selbstverteidigung hin: »Wenn du sie nicht tötest, töten sie dich!« Dabei schert es ihn wenig, daß es Indianer fast nur noch im Reservat gibt, wo sie zum Überleben schon Pferde und Hunde schlachten mußten und jetzt langsam verhungern, weil die versprochenen Lebensmittel nicht eintreffen. In einer Szene vergewaltigt Charley eine Indianerin, während sich seine Gefährten darüber unterhalten, wie man einem Büffel am besten die Kugel gibt.

In THE LAST HUNT ist die Prärie ein einziges Schlachtfeld. Überall liegen die Skelette getöteter Büffel herum, und es könnten ebensogut die Überreste ermordeter Indianer sein. Das letzte, was man in Altmans BUFFALO BILL AND THE INDIANS (1976) von Sitting Bull zu sehen bekommt, sind ein paar Knochen. Als der Winter kommt, wird alles mit einer weißen Schneeschicht bedeckt, aber man denkt an das Knochenmehl, von dem vorher die Rede war. Wer die Büffel und die Indianer tötet, so die Moral des Films, tötet am Ende sich selbst. Charley zieht einem frisch geschossenen Büffel das Fell ab, wickelt sich darin ein und erfriert. Sein Partner Sandy (Stewart Granger), der nicht mehr töten will und die Indianerin (Debra Paget) gerettet hat, überlebt den Winter.

BROKEN ARROW war der Vorreiter für eine Reihe von Filmen, in denen Weiße zu den Indianern gehen, diese kennen- und sehr schnell auch liebenlernen. Zu den schönsten dieser Filme zählen William Wellmans ACROSS THE WIDE MISSOURI (1951), Howard Hawks' THE BIG SKY (1952) und Kurt Neumanns MOHAWK (1956).

In ACROSS THE WIDE MISSOURI (*Colorado,* 1951) heiratet ein Trapper (Clark Gable) nur deshalb eine Blackfoot-Indianerin, um im Gebiet ihres Stammes in den Rocky Mountains jagen zu dürfen, verliebt sich dann aber in sie und beschließt nach ihrem Tod, den gemeinsamen Sohn zunächst bei den Indianern großzuziehen, bevor er ihn auf die weiße Schule bringt.

THE BIG SKY (*Der weite Himmel,* 1952) erzählt eine ganz ähnliche Geschichte. Eine bunt zusammengewürfelte Gesellschaft fährt in einem Boot den Missouri hinauf, um bei den Blackfeet Pelze einzutauschen. Mit an Bord ist eine Blackfoot-Indianerin, die als Geisel dient und sich in einen der Trapper verliebt, der bei ihr und ihrem Volk bleibt, während die anderen reich beladen zurück nach St. Louis fahren.

Und der Held von MOHAWK (1956) setzt endlich das in die Tat um, was der Maler in DeMilles NORTHWEST PASSAGE (1939) nur angekündigt hatte: Er porträtiert die Indianer, statt sie umzubringen, und heiratet am Ende eine von ihnen. Bevor dies geschieht, gibt es allerdings die fast obligatorischen Kampfhandlungen zwischen Rot und Weiß. Der Film hat aber eine solch heitere, feindbildfreie Grundstimmung, daß alle Bilder von in-

Bleib bei mir! – THE LAST HUNT / DIE LETZTE JAGD (1955)

dianischen Grausamkeiten aus John Fords DRUMS ALONG THE MOHAWK (1939) übernommen wurden und wie ein Fremdkörper wirken. Selbst Henry Fondas Wettlauf mit den drei furchteinflößenden Kriegern ist zu sehen, nur daß die Großaufnahmen von Fonda durch solche des Malers ersetzt wurden.

Ein solches Verfahren war übrigens keineswegs ungewöhnlich und half, bei Filmen mit geringem Budget die Kosten niedrig zu halten. Das hat manchmal eigenartige Konsequenzen.

Im Farbfilm BUGLES IN THE AFTERNOON (1952) beobachtet Ray Milland durch seinen Feldstecher Custers Untergang, und wir sehen dazu Einstellungen aus THEY DIED WITH THEIR BOOTS ON – in Schwarzweiß.

Diese kleinen, schnell und ohne großes finanzielles Risiko hergestellten Filme konnten sich oft mehr trauen als teure Prestigeproduktionen. In WAR DRUMS (1957) macht sich Lex Barker schon einmal für seine Auftritte in den Winnetou-Filmen warm und spielt einen Apachenhäuptling, der eine Halbindianerin raubt und zu seiner Frau macht. Diese begehrt auf, will sich nicht mit der üblichen Frauenrolle begnügen und läßt sich von ihrem Apachen zur Kriegerin ausbilden, die an der Seite ihres Mannes in den Krieg gegen die Weißen zieht.

Am üblichen Klischee von der armen, geknechteten Indianer-squaw ändert das freilich wenig, denn während der Häuptling und seine Kampfgefährtin Schießübungen machen, müssen die anderen Frauen das Leder für die Mokassins der Männer weichkauen.

Indianische Frauen hatten dagegen im Stammesverband ein großes Mitspracherecht und eine gesellschaftliche Stellung, von der ihre weißen Zeitgenossinnen nur träumen konnten. Nötige Arbeiten wurden von Mann und Frau gemeinsam erledigt, die meisten Völker waren sowieso matriarchalisch organisiert, nur war dies meistens für die oberflächlichen Blicke der Weißen nicht ersichtlich. Bei den sechs zivilisierten Nationen der Iroke-sen beispielsweise repräsentierten zwar die jeweiligen männli-chen Friedens- und Kriegshäuptlinge nach außen, wurden aber vom Rat der weisen Frauen gewählt und bei Versagen auch wie-der abgewählt. Bei den Cherokee wiederum, die bereits ein Zweikammerwahlsystem pflegten, als in Frankreich noch der Absolutismus herrschte, besaßen die Frauen das aktive Wahl-recht, längst bevor ihre europäischen Geschlechtsgenossinnen das passive überhaupt einklagten. Die Squaw, die sich um Kind und Kochtopf kümmert, während der Krieger nur für Jagd und Kampf lebt, entspringt somit eher der Macho-Phantasie weißer Filmemacher als der Wirklichkeit.

THE BIG SKY (1952) und MOHAWK (1956) bilden hiervon mit ihren aktiven, selbstbewußten Indianerinnen eine Ausnahme. Am Pocahontas-Komplex aller im Gefolge von BROKEN ARROW entstandenen Filme leiden jedoch auch sie. Jeder weiße Held, der zu den Indianern kommt, wird unweigerlich die Tochter des Häuptlings zur Frau erhalten. Die Arroganz der Weißen sitzt tief.

Nicht alle Indianerfilme der 50er Jahre entwarfen ein positives Bild vom roten Mann. Eine starke Gegenströmung arbeitete mit den altbekannten Stereotypen, auch wenn sie auf den ersten Blick durchaus Neues zu bieten hatten. Denn in den 50er Jahren entdeckte man, daß es mehr indianische Völker gab als Sioux, Cheyenne, Apachen, Comanchen und hin und wieder Irokesen. Doch das Interesse an neuen Stämmen hatte eher etwas damit zu tun, daß dem Publikum eine Abwechslung geboten werden sollte. Die Seminolen waren ihrer farbenprächtigen Trachten in filmischer Hinsicht besonders geeignet, und da sie in den Sümpfen Floridas wohnten, kam sogar noch ein neuer Schauplatz hinzu. Die Regisseure orientierten sich dabei dann allerdings mehr am Afrika-Film, wo Bilder von exotischer Fauna und Flora, von seltsame Tänze vollführenden Schwarzen und trompetenden Elefanten für das Lokalkolorit sorgten.

In Raoul Walshs DISTANT DRUMS (1951) dringt der alte Haudegen Gary Cooper mit 40 Soldaten in die Sümpfe der Everglades ein und findet dort neben Flamingos und Alligatoren Eingeborene, die auf Bäumen sitzen, wenn sie nicht gerade gebückt durch den Urwald rennen oder in ihrem frauen- und kinderlosen Lager weiße Gefangene den Alligatoren zum Fraß vorwerfen. Einmal ist die Rede von den Indianern, sofort ist eine Schlange zu sehen, und dann wird auch schon einer der Soldaten von einem Alligator gefressen. Diese Art der Gedankenverbindung kennt man.

Am Ende graben Cooper und seine Männer sich unter Palmen am weißen Sandstrand ein, um dort die Seminolen zu erwarten. Das erinnert sofort an die vielen Kriegsfilme, in denen amerikanische GIs im Pazifik gegen die Japaner kämpfen. DISTANT DRUMS ist auch das Remake von Walshs OBJECTIVE BURMA! (1945). Dort spielte Errol Flynn, der Custer-Darsteller aus THEY DIED WITH THEIR BOOTS ON, die Cooper-Rolle. So dient das Interesse an neuen Stämmen mehr dem filmischen Spektakel und auch die neuen Indianer verschmelzen wieder zum altbekannten Einheitsgegner. Mit den Seminolen war Raoul Walsh zudem schlecht beraten. Er hat sich bitter über die Schwierigkeiten beklagt, die sie ihm bei den Dreharbeiten in den Everglades bereitet haben. Vielleicht hätte ihn vorher jemand darüber aufklären sollen, daß die Seminolen bis heute die einzige indianische Nation sind, die mit den Vereinigten Staaten immer noch keinen Friedensvertrag abgeschlossen hat.

Lex Barker jetzt schon in der richtigen Kluft – LEDERSTRUMPF: DER WILDTÖTER (1957)

ARROWHEAD/DIE BESTIE DER WILDNIS (1953) wird handgreiflich

Der berüchtigtste dieser nach wie vor auf das alte Feindbild setzenden Filme ist ARROWHEAD (1953) von Charles Marquis Warren. Charlton Heston spielt darin den Armee-Scout Ed Bannon, der bei den Chiricahua-Apachen aufgewachsen ist, ihre Verschlagenheit und Hinterlist kennengelernt hat und sie für »das übelste Gesindel im Westen« hält. Die Offiziere der Kavallerie glauben daran, daß die Indianer sich friedlich nach Florida ins Reservat bringen lassen werden, aber Bannon weiß es besser. Und tatsächlich: Bannons Gegenspieler Toriano (Jack Palance) hetzt seine Stammesbrüder mit Hilfe der Geistertanz-Bewegung gegen die Weißen auf und legt eine blutige Spur des Schreckens durch den Staat Texas. Der Film ist eine rechte Allegorie auf den kalten Krieg. Bannon, der wegen seiner dauernden Warnungen vor den Roten von allen für paranoid gehalten wurde, ist jetzt rehabilitiert. Im Laufe der Handlung bilden sich immer deutlicher zwei feindliche Lager heraus. Nur die Weißen wollen den Frieden, aber um sich zu schützen, müssen sie Spione in das Lager der Indianer schicken, wo gerade neue Schandtaten ausgeheckt werden. Toriano wird dabei immer gespenstischer, wird zur *Bestie der Wildnis,* wie der deutsche Verleihtitel treffend ausdrückt.

Diese Bestie ist eigentlich ein rotgeschminkter Nazi, ein Rassist erster Güte. Um die Schande auszulöschen, mit einem Weißen sein Blut vermischt zu haben, tötet er seinen weißen Blutsbruder. Zwei Halbblutindianer müssen sterben, weil sie nicht »reinrassig« sind. Und als wäre das noch nicht genug, erfahren wir schließlich, daß Toriano, ein Anhänger der Euthanasie, seinen kleinen Bruder getötet hat, weil er gelähmt zur Welt kam.

Jetzt aber ist Schluß. Der Befehlshaber der Kavallerie hat mittlerweile die Hälfte seiner Männer verloren, weil er Vertrauen zu den Indianern hatte, und stellt sich unter Bannons Kommando. Der fordert Toriano zum Zweikampf und bricht ihm das Genick. Die Apachen, ihres Führers beraubt, gehen demoralisiert zurück ins Lager und warten auf den Abtransport nach Florida.

ARROWHEAD hat in den letzten Jahren eine Aufwertung erfahren. Wer BROKEN ARROW wegen seiner Schönfärberei für verlogen hält, kann argumentieren, daß hier die wirkliche Haltung der Weißen gegenüber den Indianern gezeigt wird. Das katastrophale Indianerbild ist aber nicht nur das einer einzelnen Figur, der Film teilt es. So bleibt ein übler Nachgeschmack.

Charlton Heston, nicht eben berühmt für seine Liberalität, hatte übrigens schon ein Jahr zuvor einen Weißen gespielt, der bei den Indianern aufwächst und zwischen die Kulturen gerät. George Marshalls THE SAVAGE (1952) hatte das Thema allerdings ungleich differenzierter behandelt.

Indianer unter sich

Die ersten Indianerfilme

Mit einigen Ausnahmen wie LAST OF THE LINE (1914) von Thomas Ince waren die Indianer bisher stets durch die Augen des weißen Helden gesehen worden. Es gab in der Stummfilmzeit allerdings auch Filme, die nur in der Indianerwelt spielten, die RAMONA-Verfilmungen seien hier als Beispiel genannt. In den 50er Jahren wurden nun auch in den Western einige bemerkenswerte Versuche unternommen, einen Indianer selbst zum Helden zu machen. An der Tatsache, daß hinter der Kamera immer noch Weiße standen, änderte das freilich nichts.

Der eindringlichste dieser Filme ist Robert Aldrichs APACHE (*Massai,* auch: *Der große Apache,* 1954). Burt Lancaster, der den Apachen Massai spielt, hatte schon Erfahrung als Indianer. 1951 hatte er die Titelrolle in Michael Curtiz' Filmbiographie JIM THORPE, ALL-AMERICAN übernommen. Nach der Rolle in Sportkleidung und Straßenanzug ist Burt Lancaster jetzt ganz Apache des Jahres 1886. Geronimo hat kapituliert, und wir sehen, wie er mit der Friedenspfeife auf die Soldaten zugeht. Das hat so bestimmt nicht stattgefunden, denn die Apachen besaßen keine Friedenspfeifen, aber der Film behauptet auch nicht, daß alles genau so passiert sei. Während Frauen, Kinder und alte Männer im Reservat in New Mexico bleiben, werden Geronimo und seine Krieger mit dem Zug in die Gefangenschaft nach Florida geschafft. Massai kann unterwegs fliehen. Auf dem Weg zurück zu seinem Stamm lernt er in Oklahoma einen Cherokee kennen, der eine eigene Farm besitzt.

Die Cherokees lebten ursprünglich im Gebiet der heutigen Bundesstaaten Tennessee und Georgia. Sie hatten ein eigenes Alphabet, eine geschriebene Verfassung, ein Parlament, Schulen und die erste Porzellanmanufaktur Amerikas. Sie hatten alles, was man unter Zivilisation versteht, und außerdem fruchtbares Land und Bodenschätze. Doch 1830 unterzeichnete Präsident Andrew Jackson den Indian Removal Act. Die Indianer, hieß es darin, sollten zu ihrem eigenen Besten aus der Nähe der Weißen entfernt werden, weil der Kontakt mit der überlegenen Rasse den vorgezeichneten Untergang nur beschleunigen würde. Genau dieser Gedanke sollte später in THE VANISHING AMERICAN (1925) wieder auftauchen. Das Volk der Cherokees verlor alles und wurde gezwungen, nach Oklahoma zu marschieren, auf dem »Weg der Tränen«. Tausende starben.

In APACHE (1954) also trifft Massai einen Cherokee, und weil er eine Farm besitzt, denkt man, er habe sich vom Jäger zum Bauern gewandelt, sei also nach den Wertmaßstaben des Westerns zivilisierter geworden.

Wer kennt schon die Geschichte der Cherokees? Es ist denn auch leicht zu verstehen, warum und mit welcher Hartnäckigkeit Native Americans seit den 70er Jahren historische Genauigkeit fordern und sich darüber beklagen, daß immer nur ein kleiner Ausschnitt ihrer Geschichte (etwa 1850–1890) auf die Leinwand kommt, aus einem Zeitraum von 20 000 Jahren und mehr.

APACHE (1954) in Fesseln

Das aber kann man Robert Aldrich und seinem Film nicht anlasten. Der zeigt, wie man die Apachen im Reservat zu Sklavenarbeit zwingt, wie sich der Indianer-Agent an ihrem Hunger ein sattes Zubrot verdient und die Weißen den Alkoholismus des alten, zerbrochenen Häuptlings Santos befördern, weil sie dann leichtes Spiel mit ihm haben. Als Massai zurück zu seinem Stamm kommt, wird er von Santos an die Soldaten verraten.

Der Film zeigt weiter, daß die Weißen die Sozialstruktur der Indianer zerstört haben. Massai hat von dem Cherokee aus Oklahoma einen Beutel Saatgut für Mais bekommen und will die jungen Männer dafür begeistern, den Mais anzupflanzen und friedlich neben den Weißen zu leben. Doch der alte Armee-Scout Al Sieber (John McIntire) sagt, der Apache bliebe immer ein Krieger, und Massai solle weg, nach Florida. Der gefügige Alkoholiker Santos ist den Weißen lieber.

Also setzt Massai seinen Kampf fort, von dem er weiß, daß er nur im Tod enden kann. Er flieht, entführt Santos' Tochter Nalinle (Jean Peters), geht mit ihr in die Berge und beginnt einen erbitterten Guerillakrieg gegen die Weißen.

Massais Beziehung zur schönen Nalinle bietet Raum zur Entwicklung üblicher Macho-Phantasien. Sie liebt ihn, weil er ein echter Mann ist, und als er sie zurücklassen will, kriecht sie ihm auf Knien hinterher. Als Frau, sagt Nalinle, sei sie nur gut zum Kochen und zum Kinderkriegen, und deshalb brauche sie einen richtigen Mann wie ihn. Massai überzeugt das, sie werden ein Paar.

Al Sieber findet später die Spuren einer »indianischen« Hochzeitszeremonie und wittert den Sieg: Jetzt werde es gelingen, den Apachen zur Strecke zu bringen. Massai aber wird erst einmal nur menschlicher, scherzt und lacht. Das erinnert an eine Szene in BROKEN ARROW (1950), wo Cochise einen Witz macht und das richtig schockierend wirkt, weil man so etwas von Indianern nicht gewohnt ist.

Als Nalinle ein Kind erwartet, wird Massai endlich seßhaft. Er baut eine primitive Hütte in den Bergen und Mais an. Doch gerade das Maisfeld verrät ihn. Das Zeichen der Anpassung bringt den Untergang.

Sieber findet das Versteck, die Kavallerie rückt an und treibt Massai in das Maisfeld. Massais ganzes Tun ist darauf gerichtet,

Umzingelt: BROKEN ARROW/DER GEBROCHENE PFEIL (1950)

unabhängig von der Gnade der Weißen zu sein. Deshalb ist er
ihnen als Bauer genauso im Weg wie als Krieger. Alles scheint
auf seinen Tod zuzusteuern.

Ursprünglich war das als Ende des Films auch vorgesehen. Massai sollte das Schreien seines neugeborenen Kindes hören, sich
zu ihm umdrehen und von hinten erschossen werden. Aber die
Produzenten Ben Hecht und Burt Lancaster änderten ihre Meinung, sie wollten ein versöhnliches Ende.

So kommt Massai doch noch in den Genuß weißer Gnade, darf
zu Frau und Kind in die Hütte gehen und endlich zum Vorbild
für seine orientierungslosen Stammesbrüder werden. Er entgeht
der tödlichen Kugel, und die Weißen kommen noch einmal darum herum, am Ende als gnadenlose Mörder dazustehen.

Lancaster und Hecht glaubten, das ursprüngliche Ende ihrem Publikum nicht zumuten zu können. Für den deutschen Zuschauer hält das Ende des Films noch eine weitere Überraschung bereit. Wer Massai nur von deutschen Leinwänden oder Bildschirmen kennt, darf miterleben, wie er Getreide anpflanzt und am Schluß Mais erntet. Indianische Magie? Nein, weiße Synchronisation. In der deutschen Fassung hat man das Wort »corn« (= Mais) irrtümlich mit »Korn« übersetzt.

Bis auf das Ende ist APACHE ungewöhnlich konsequent und kompromißlos in seiner Darstellung weißer, auf Ausrottung abzielender Indianerpolitik. Andere Filme sind da wesentlich moderater und bemühen wieder die Opposition vom guten und vom bösen Indianer.

In Douglas Sirks TAZA, SON OF COCHISE (1954) wird dem auf Anpassung und Unterordnung bedachten Titelhelden (Rock Hudson) ein unbelehrbarer Bruder an die Seite gestellt, der sich Geronimo anschließt und von Taza getötet werden muß, damit das Volk der Apachen überleben kann. Geronimo, der ewige Agitator, wird nach Florida geschickt, wo er niemanden mehr aufwiegeln kann.

Rock Hudson als TAZA, SON OF COCHISE *(1954)*

Rock Hudson spielt in TAZA einen Sympathieträger, ist aber das, was man später einen »Apfel« nannte: außen rot und innen weiß. Als eine Art Juniorpartner des weißen Kavallerie-Offiziers wird Taza Chef der Indianer-Polizei. Zu den Apachen fällt dem Film nur ein, daß man ihnen das Recht geben muß, von den eigenen Leuten kontrolliert und bestraft zu werden – der Indianer als Delinquent.

Taza steht vor der Wahl, ein weiser Friedensstifter wie Cochise oder ein uneinsichtiger Teufel wie Geronimo zu werden.

Exkurs:

Auf dem Kriegspfad

John Ford und die Indianer

John Ford ist bekannt als *der* Regisseur von Western-Filmen, obwohl sie tatsächlich nur einen relativ kleinen Teil seines Gesamtwerks ausmachen. Dafür aber begleiten die Western-Produktionen sein Filmschaffen vom Anfang bis zum Ende und setzten immer wieder Meilensteine in der Entwicklung des Genres, so daß sein Name schließlich beispielhaft für die Epoche des klassischen Westerns stand. Ford drehte bereits Indianer-Geschichten in der frühen Stummfilmzeit (A FIGHT FOR LOVE, 1919) und verherrlichte mit IRON HORSE (1924) die Frontier und den Pioniergeist, machte den Western 1939 mit STAGECOACH wieder hoffähig, etablierte mit seiner Trilogie von Kavalleriewestern (FORT APACHE, 1948; SHE WORE A YELLOW RIBBON, 1949; RIO GRANDE, 1950) den klassischen männlichen Heroen homerischer Größe, um ihn in THE SEARCHERS (*Der schwarze Falke,* 1956) dann selbst wieder zu demontieren, und versuchte zum Schluß mit CHEYENNE AUTUMN (*Cheyenne,* 1963) eine Art Wiedergutmachung für das im Western massenweise vergossene Indianerblut.

Dabei lieferte er seinen Kritikern sogar noch selbst die Munition, als er Peter Bogdanovich während der Dreharbeiten zu CHEYENNE AUTUMN in einem Interview bekannte, er habe die Indianer in seinen Filmen nicht nur konstant schlecht behandelt und falsch dargestellt, sondern auch mehr von ihnen umgebracht als Custer und die anderen Indianerkämpfer zusammen. Wenigstens mit dem ersten Teil dieser Selbsteinschätzung lag John Ford nicht ganz falsch. Man kann gegen Griffith und seine Darstellung der Indianer eine Menge einwenden, aber in Filmen wie THE MASSACRE (1912) läßt er ihnen menschliche Attribute zukommen und zeigt, wie sie sich bei der Kriegführung geschickt die Natur zunutze machen. Und weil sie sich so gut tarnen, kommt es den Weißen vor, als seien sie die Natur. Aber das ist nur der Eindruck einer bestimmten Gruppe im Film THE MASSACRE.

In Fords STAGECOACH (1939) dagegen macht sich der Film dann selbst diese Einschätzung zu eigen. Das ist der Unterschied. Die Indianer *sind* jetzt die Natur, haben dieselbe Wertigkeit wie Wind und Wetter. Dies ist um so erstaunlicher, als es gerade Ford war, der statt Mexikanern oder angemalten Weißen echte Navajos in seinen Western beschäftigte.

John Ford verstand die Sprache der Navajos ein wenig, die Filmgagen verbesserten deren wirtschaftliche Situation, und sie nahmen ihn wohl auch deshalb unter dem Namen Natani Nez, »großer Soldat«, in ihren Stamm auf.

Es heißt, Ford habe viel von indianischer Kultur gewußt. In seinen Filmen ist davon wenig zu sehen. Seine Indianer sind Teil einer faszinierenden Landschaft, die einen begeistern kann, aber auch zerstören.

Im Film SHE WORE A YELLOW RIBBON (1949) wird die Kavallerie von Indianern angegriffen, dann gibt es ein Gewitter, hinterher starten die Indianer wieder eine Attacke. Es ist, als seien sie

Ford und die Indianer bei THE IRON HORSE (1924)

Blitzen verwandt, die von der Natur geschickt werden, um die weißen Menschen zu prüfen.

In FORT APACHE (*Bis zum letzten Mann,* 1948) hört man vor der Schlacht zwischen Weißen und Apachen Pferdegetrappel, das zu einem Donnern anschwillt, dann fegen die Indianer wie ein Sturm über die Soldaten hinweg, am Ende verschwinden sie in einer Staubwolke, das Donnergeräusch wird leiser. Das Ganze wirkt wie ein Sturm, der weiterzieht.

Als Naturgewalt zum Element reduziert, führen sie die Handlung weiter, machen die Konflikte zwischen den Weißen sichtbar und treiben sie einer Lösung entgegen. Dadurch werden sie ihrer Kultur, ihrer Individualität und ihrer Menschlichkeit beraubt.

Die Niederlage von General Custer am Little Big Horn River (25. Juni 1876) verbreitet zu Anfang von SHE WORE A YELLOW RIBBON (*Der Teufelshauptmann,* 1949) eine wahre Hysterie im Südwesten. Die Kavallerie wird als kleine Schar tapferer Männer geschildert, die gegen eine Übermacht von 10 000 Indianern die Stellung hält. Tatsächlich beginnen die Indianer zu rauben, zu morden und zu plündern. Ein skrupelloser Krämer versorgt sie zudem mit Winchester-Gewehren, und der große Aufstand scheint bevorzustehen. Da löst Captain Brittles (John Wayne) die Situation ohne Blutvergießen mit einem simplen Indianertrick: Er treibt den vereinigten Indianerstämmen ihre Ponyherde davon. Neben der gezeigten Grausamkeit der Indianer kommt die ihnen zugeschriebene zweite Eigenschaft zum Tragen: ihre Dummheit. Weil sie zu stolz sind, um zu Fuß zu gehen, bleibt ihnen nichts anderes übrig, als ihren Ponys ins Reservat zu folgen; Captain Brittles wird als Retter des Westens gefeiert.

In der Geschichte von der Eroberung des nordamerikanischen Kontinents werden zwei Eigenschaften zu Nationaltugenden erhoben: Pioniergeist und Individualismus. Letzterem erweisen die Kavallerie-Western Fords ihre Reverenz.

In FORT APACHE (1948) sah Captain York nur unbeteiligt zu, wie Lieutenant Colonol Thursday à la Custer seine Soldaten zur Schlachtbank führt, in SHE WORE A YELLOW RIBBON (1949) handelt Captain Brittles bereits eigenmächtig, allerdings innerhalb seiner ohnehin ablaufenden Dienstzeit. In RIO GRANDE (1950) hingegen verfolgt Lieutenant Colonel Kirby die Apachen

*Und sie fallen wieder – FORT APACHE/BIS ZUM LETZTEN MANN
(1948)*

außerhalb des Staatsgebietes auf mexikanischem Boden und riskiert dafür ein Verfahren vor dem Kriegsgericht.

Am Anfang von RIO GRANDE (1950) kehrt die Kavallerie von einem Einsatz gegen die Apachen zurück ins Fort, und wir sehen die Frauen der Soldaten, die ängstlich warten, ob ihre Männer heil zurückkommen. Eine entsprechende Szene im Lager der Indianer sehen wir nicht, erwarten wir auch nicht, denn die Kraft des Klischees ist groß.

Was bei Ford fehlt, wird erst im Vergleich mit BROKEN ARROW klar, der in den 50er Jahren eine Wende im Indianerbild einleitete. In BROKEN ARROW gibt es eine Szene, in der Cochise nach dem Kampf mit den Weißen die Namen seiner Krieger aufruft und feststellt, wer gefallen ist. So etwas wird man bei John Ford nicht finden. Bei ihm erfährt man nur die Namen der weißen Getöteten und hin und wieder, in einer sentimentalen Sterbeszene, auch Schicksal und Herkunft eines Opfers.

In STAGECOACH weiß man, daß Ringo (John Wayne) am Ende die Plummer-Brüder (Hank, Luke und Ike) erschießt. Die Apachen aber bleiben namenlos wie jene Frau in Burt Kennedys THE CANADIANS (1961), die so lange bei den Sioux gelebt hat, daß sie nur noch »weiße Squaw« genannt wird. Das Problem ist nicht Ford-spezifisch.

Individualismus bleibt somit eine Eigenschaft des weißen Mannes, während die Indianer weiterhin als amorphe Masse, dumm und grausam auftreten. Lediglich ihren geistigen und militärischen Führern wird Respekt gezollt. Doch die einzigen wirklich guten Indianer sind die alten und weisen Häuptlinge, die wie Häuptling Pony-That-Walks in SHE WORE A YELLOW RIBBON (1949) Captain Brittles mit »Halleluja« empfangen.

Das alles trägt sich bei John Ford in Monument Valley zu, wo er immer gedreht hat und wo deshalb auch seine Indianer leben und auf Raubzüge gehen. Der Schauspieler Will Sampson hat einmal gesagt, das sei so, als spielten alle Filme über Europäer in Paris.

Von Authentizität kann also keine Rede sein, nur weil im Hintergrund echte Indianer mitmachen. Das ist ein Irrtum, dem man schon bei der Produktion von THE COVERED WAGON erlag, als ein Indianerexperte, Colonel Tim McCoy, mehrere Hundertschaften zusammenkarrte, um sie den Wagentreck überfallen zu lassen.

Wenn Authentizität also das Kriterium ist, nach dem Indianerfilme beurteilt werden sollten, so braucht man über Fords Bemühungen auf dem Gebiet kein weiteres Wort zu verlieren. Doch das wäre zu einfach. Denn auch wenn er in Interviews hin und wieder so etwas gesagt hat, Ford strebte eine authentische Darstellung nicht an, weil er sie nicht für möglich hielt. Seine Indianer sind durch und durch mythische Gestalten. In STAGECOACH (1939) genügt ein Kameraschwenk nach links oder rechts, schon sind sie da. Sie kommen aus dem Nichts, und so schnell wie sie aufgetaucht sind, verschwinden sie auch wieder. In THE SEARCHERS (1956) kauert sich ein kleines Mädchen mit seiner Puppe an einen Grabstein, als plötzlich ein dunkler

Schatten auf sie fällt. Dann zeigt uns die Kamera den Häuptling der Comanchen, der zum Zeichen des Angriffs in ein Horn bläst.

Er ist der erste Indianer, den wir in dem Film zu Gesicht bekommen, und er ist wie eine Figur aus dem Märchen oder dem Horrorfilm, wie der schwarze Mann, mit dem man Kindern Angst einjagt, und zugleich eine Gestalt, die etwas über das Leben und die Welt der Erwachsenen erzählt.

Mit einem Helm könnte er auch ein Wikinger sein, der nicht die Farm der Weißen, sondern eine Burg in England überfällt. So gesehen fällt es auch nicht weiter ins Gewicht, wenn der Häuptling in THE SEARCHERS und TWO RODE TOGETHER vom blauäugigen Henry Brandon gespielt wird, der eigentlich Kleinbach hieß und deutscher Abstammung war.

THE SEARCHERS (1956, dummer deutscher Titel: *Der schwarze Falke*) ist Fords bester Western, vielleicht der beste Western überhaupt, und mit diesem Film ändert sich vieles im Leinwand-Universum des Regisseurs. Aber schon vorher zeichnet sich in den Kavellerie-Western im Verhältnis zwischen Indianern und Soldaten eine langsame Veränderung des Indianerbildes ab, wie sie mit Delmer Daves BROKEN ARROW für die Indianerwestern der 50er Jahre entscheidend werden sollte. So gibt Ford in FORT APACHE (1948) den Indianern zum erstenmal einen Grund für ihr Tun in die Hand. Die Apachen von Häuptling Cochise brechen aus dem Reservat aus, weil der Indianer-Agent sie langsam verhungern läßt, und Krieg gibt es, weil der Kommandant des Forts versagt. Das Thema des neuen Befehlshabers, der arrogant, verbittert und karrieresüchtig seine Truppe in eine aussichtslose Situation manövriert, würde allerdings auch in jeden beliebigen Kriegsfilm passen, der wiederum umgekehrt als Demontage der Legende Custer interpretiert werden könnte. Insofern sind auch die Apachen wieder nur Hintergrundstaffage für das Thema des Films. Ungehörig allerdings muß erscheinen, daß ein indianischer Führer einem amerikanischen Offizier in militärischer Taktik als überlegen erscheint und die Indianer zum Schluß den richtigen Mann zum Nachfolger im Regiment krönen.

In SHE WORE A YELLOW RIBBON (1949) aber sind sie wieder die alten Wilden, die so charakterisiert werden, daß sie Custer getötet haben, dadurch ermutigt jetzt alle Weißen umbringen wollen und von John Wayne fast im Alleingang besiegt werden können, weil sie der Kavallerie doch nicht gewachsen sind. Und auch in RIO GRANDE sind sie die bekannten Teufel, die rauben, töten, kleine Kinder zu Tode foltern wollen und wie Tiere in einen Käfig gesperrt werden müssen.

In THE SEARCHERS gibt es eine berühmte Szene, in der die Texas Rangers auf der Suche nach den Indianern durch Monument Valley reiten und plötzlich feststellen, daß diese oben auf dem Hügel parallel zu ihnen reiten, fast wie ein Spiegelbild.

Scar, der Häuptling, ist der Doppelgänger von Ethan Edwards (John Wayne). Ethan liebt seine Schwägerin Martha so sehr, daß er sich sieben Jahre lang von der Familie seines Bruders fernhält, der sie geheiratet hat und genau weiß, wie Ethan empfindet. Kaum ist Ethan wieder da, taucht Scar auf, tötet Ethans Bruder, vergewaltigt und ermordet Martha und entführt ihre Tochter Debbie. Ethan verbringt jetzt weitere sieben Jahre mit der Suche nach Scar, mit dem er auch all das töten will, was er an sich selbst haßt und verachtet.

Der Indianer wird so zur reinen Projektionsfläche für die Ängste, Wünsche und geheimen Sehnsüchte des Weißen. Als er ihn nicht töten kann (das erledigt ein anderer), skalpiert er in einem Akt symbolischer Kastration wenigstens die Leiche.

Die Figur des Scar sagt uns also nichts über die Indianer, wie sie wirklich waren und sind, aber sehr viel über die Psyche des Rassisten Ethan Edwards – und wohl auch über die Psyche John Fords, der Ethan zum Repräsentanten eines gewalttätigen, mit Verdrängung und Ausgrenzung operierenden Amerikas macht. Die Spirale der Gewalt in THE SEARCHERS beginnt in der Vergangenheit und bei den Weißen. Bei einem Genre, das traditionell am Anfang die Indianer als Aggressoren einführt, ist es wichtig, das festzuhalten. Die Weißen haben die Söhne des Comanchen-Häuptlings getötet; dafür nimmt er Rache. Seinen Namen, Scar, hat er von einer Narbe im Gesicht, die ihm vom Kampf mit den Weißen geblieben ist.

In der deutschen Synchronfassung, die der Entwicklung wieder einmal hinterherhinkt, hat man sich an die alten Indianer-Tieranalogien erinnert und Scar umgetauft in »Schwarzer Falke«. In der deutschen Fassung schaut Ethan dem Comanchen deshalb in einer Szene ins Gesicht, sieht die Narbe und sagt, er wisse jetzt endlich, wieso er Schwarzer Falke heiße.

Das ist peinlich, paßt aber andererseits gut zu einem Film, in dem die Weißen die Indianer anschauen, ohne sie zu sehen. Ford exemplifiziert das am Schicksal der Indianerin Look, die Ethans Gefährte Martin Pawley (Jeffrey Hunter) versehentlich heiratet, weil er die Gebräuche ihres Volkes nicht kennt. Ford inszeniert die »Hochzeitsnacht« als komisches Intermezzo in der mehrjährigen Suche nach Scar.

Look ist das Stereotyp einer dicken, irgendwie lächerlichen und jedenfalls nicht ernstzunehmenden Squaw. Der Film lädt uns ein, auf ihre Kosten zu lachen, und am nächsten Morgen ist sie verschwunden, wie Indianer das so an sich haben. Als sie wieder

Nach dem Kaffee muß sie gehen – THE SEARCHERS/DER SCHWARZE FALKE (1956)

auftaucht, ist sie tot – Opfer eines Massakers der Kavallerie, für die Indianer keine Menschen sind. Martin hat jetzt Mitleid mit ihr, und dem Zuschauer wird bewußt, daß er durch sein Lachen über Look zum Komplizen geworden ist.

Unschuldige Reaktionen gibt es nicht in THE SEARCHERS. Ford zeigt uns die Indianer als Projektionen weißer Phantasien, und er zeigt uns, wozu diese Phantasien führen.

Die Kavallerie ist bei Ford zuerst ein positives Symbol des weißen Amerika. In ihr finden sich neu Eingewanderte und im Land Geborene, Nord- und Südstaatler im Kampf gegen die Indianer zu einer geeinten Nation zusammen.

In FORT APACHE verfinstert sich das Bild. Henry Fonda spielt dort als Colonel Thursday eine Custer-Figur, für die die Indianer verachtenswerte Wilde sind und nur ein Mittel zum Zweck: Er riskiert einen Krieg, um durch einen Sieg über die Apachen in die Zeitung zu kommen und seine seit dem Bürgerkrieg ins Stocken geratene Karriere wieder in Gang zu bringen.

In THE SEARCHERS attackiert die Kavallerie nicht mehr eine Bande wilder Krieger, die hinter weißen Frauen in Postkutschen her sind, sondern richtet ein Gemetzel unter Frauen und Kindern an. Am Ende wird Scars Lager von den Texas Rangers überfallen, auch einer jener Organisationen, zu denen die Weißen sich zusammenschließen, um ihre Version von der Zivilisation durchzusetzen. Ford zeigt uns dazu Kinder und alte Männer, die verzweifelt versuchen, sich vor den Kugeln der Rangers und den Hufen ihrer Pferde in Sicherheit zu bringen.

In CHEYENNE AUTUMN geht er noch einen Schritt weiter. Um nicht zu verhungern oder wenigstens in Würde zu sterben, bricht das, was von den Cheyenne noch übrig ist (von über 1000, die sich ein Jahr zuvor der Armee ergeben haben, leben noch 286), aus dem Reservat in Oklahoma aus und versucht, zurück in die alte Heimat im Yellowstone-Gebiet zu kommen. Die Kavallerie verfolgt den Stamm, und der kommandierende Offizier läßt mit Kanonen auf die Flüchtlinge schießen.

Nach langer, beschwerlicher Flucht ergibt sich ein Teil der Cheyenne halb verhungert Captain Wessels (Karl Malden), der sie trotz eisiger Temperaturen in einen ungeheizten Lagerraum steckt, in dem sie nicht überleben können.

Wessels ist Deutscher, besitzt eine ganze Bibliothek über Indianer und bewundert die edlen Wilden, die er aus Coopers Romanen kennt. Die Cheyenne in seinem Lagerraum läßt er erfrieren, weil den Anweisungen aus Washington gehorcht werden muß. Befehl ist Befehl. Ford stellt damit die Verbindung zu Auschwitz und zum Völkermord an den Juden her. Schließlich ist es ein anderer deutscher Einwanderer, Innenminister Carl Schurz (Edward G. Robinson), der für eine friedliche Lösung des »Cheyenne-Problems« sorgt (so wird eine gewisse Ausgewogenheit gewahrt).

In Filmen wie THEY DIED WITH THEIR BOOTS ON versuchte die Kavallerie, trotz gegenteiliger Bemühungen einiger korrupter Politiker und Geschäftemacher die Rechte der Indianer auf (wenig) Land und Leben zu wahren. In CHEYENNE AUTUMN ris-

Unterm Sternenbanner die Hungerleider CHEYENNE AUTUMN (1963)

127

Eine Lehrerin wie Pech und Schwefel – CHEYENNE AUTUMN (1963)

kiert der Innenminister das Ende seiner Karriere und die politische Isolation, als er die Kavallerie daran hindert, die Angelegenheit auf ihre Weise zu bereinigen, durch die endgültige Ausrottung der Cheyenne. Vieles ist anders 1964, als Ford seinen letzten Indianerfilm dreht.

Mit CHEYENNE AUTUMN, so Ford, wolle er Wiedergutmachung leisten, den Indianern endlich Gerechtigkeit widerfahren lassen und die Geschichte aus ihrer Perspektive erzählen. Die Antwort der Kritiker kam prompt: Er könne sich nicht in die Indianer hineinversetzen, deshalb sei der Film ein Fehlschlag. Tatsächlich erinnern die Cheyenne eher an den Chor der griechischen Tragödie, und die Sprechrollen gingen wieder an nichtindianische Schauspieler (Ricardo Montalban, Gilbert Roland, Sal Mineo).

Ein Interview ist das eine, der Film das andere. Nichts an CHEYENNE AUTUMN läßt darauf schließen, daß Ford das versuchen wollte, was er in Interviews zum besten gab. Am Anfang sagt einer der Cheyenne-Führer, die Sprache der Weißen sei immer die Sprache der Lüge. Die Figur der Schullehrerin und Quäkerin (Carroll Baker), die die Cheyenne auf ihrer Flucht begleitet und jede Gelegenheit nutzt, um den Kindern weiter Sprachunterricht zu erteilen, wird dadurch zur problematischeren Figur als Captain Wessels, der Karikatur einer autoritären Persönlichkeit. Der erste Akt des Widerstands besteht darin, daß die Cheyenne ihre Kinder aus der Schule nehmen. Aber während sie der Kavallerie immer wieder entwischen können, läßt sich die Lehrerin nicht abschütteln.

John Ford bietet uns kein authentisches Bild der Indianer. Er glaubt auch nicht, daß das möglich ist, denn als Weißem steht ihm nur die »Sprache der Lüge« zur Verfügung. Also versucht er statt dessen, die Lüge (das Stereotyp vom »Indianer«) zu analysieren, sie auf ihre Funktion und Auswirkungen zu befragen.

Die wirklichen Indianer darstellen zu wollen, maßt er sich nicht an. Das überläßt er ihnen selbst, und auch da ist er skeptisch, nicht nur weil zu seiner Zeit das indianische Bewußtsein noch nicht erwacht war und indianische Filmemacher nicht in Sicht waren und deshalb auf dem Sektor nichts bewirken konnten, sondern weil die weiße Lehrerin auch weiterhin rigoros und bis heute ihren Unterricht abhält.

Die Stimme des Blutes
Indianerwestern in den 60er Jahren

Das Fernsehen Ende der 40er Jahre und die nationalen europäischen Kinobewegungen Ende der 50er Jahre hatten begonnen, die Vorherrschaft der Hollywood-Studios in Frage zu stellen. Anfang der 60er Jahre fanden die interessanten Neuerungen an anderen Orten statt, so beim Free Cinema in England oder der Nouvelle Vague in Frankreich. Für Hollywood waren es Jahre der Stagnation, des Niedergangs und des Umbruchs. Weiteren Einfluß hatte der kalte Krieg, der bald nach Kriegsende einsetzte und mit dem Mauerbau 1961 seinen Höhepunkt erreichte. Nach der Klassikerphase der 50er Jahre zeigen die ersten Parodien, die entstehen (z. B. CAT BALLOU, 1965), an, daß das Genre seinen Höhepunkt überschritten hat und der Niedergang beginnt. Und selbst mit John Ford war bereits Ende der 50er Jahre kaum noch zu rechnen.

Die psychologisierenden Spätwestern der klassischen Phase benutzten die Indianer zwar gleichfalls als Naturereignis, nahmen allerdings in deren Bild eine Verschiebung vor. Die Indianer waren als Gegenpart des Helden weiterhin wild und damit ein Teil der Natur, an der sich der Held beweisen mußte. Darüber hinaus erhielten sie weibliche Attribute, und diese vertraten den weiblichen Anteil im männlichen Alter ego, den es zu bezwingen galt, sollte der weiße Held weiterhin autark bleiben. Denn, das ist unbestritten, der Western ist und bleibt die Domäne der Männer.

In der nachklassischen Phase taucht nicht nur die Parodie des Genres wie z. B. CAT BALLOU auf, der Verfall zeigt sich auch darin, daß man mit dem Verhältnis zu den Indianern spielt – im Sinne einer liberalen Lockerung und Versöhnlichkeit. Neue Töne werden angeschlagen.

1960 nehmen sich Don Siegel mit FLAMING STAR *(Flammender Stern)* und John Huston mit THE UNFORGIVEN *(Denen man nicht vergibt)* eines ähnlichen Sujets an. In FLAMING STAR steht Elvis Presley als Halbblut Pacer Burton zwischen den Weißen, die seine Kiowa-Mutter (Dolores Del Rio) umbringen, und den

Kiowas, die seinen Vater töten. Hin- und hergerissen zwischen seinen beiden Abstammungen, die meiste Zeit nur zur Reaktion verdammt, kann er seinen Frieden erst im Tod finden: Er stirbt wie ein Indianer und versöhnt sich mit seinem weißen Halbbruder wie ein Christ. Der Konflikt zwischen den Kulturen ist un-

Audrey Hepburn und Burt Lancaster in THE UNFORGIVEN/DENEN
MAN NICHT VERGIBT *(1960)*

lösbar und findet seine Lösung nur im Tod. Finanziell wurde das Ganze trotz Presleys schauspielerischer Leistung ein Flop und spielte gerade mal die Kosten ein, genauso wie Hustons erster Western THE UNFORGIVEN.

In THE UNFORGIVEN ist die Position von Audrey Hepburn als Rachel Zachary etwas anders. Sie wächst in einer weißen Familie auf, ohne daß sie oder ihre Umwelt weiß, daß sie eine Kiowa ist. Die Probleme beginnen, als sie von ihrer Herkunft erfährt – ihre Pflegeeltern haben sie im Endeffekt als Baby gestohlen. Die Weißen sind intolerant, und die Kiowas wollen sie zurückhaben. Während des Indianerüberfalls tötet sie ihren natürlichen roten Bruder und kann jetzt ihren Stiefbruder Ben (Burt Lancaster) ohne Probleme lieben.

Auch hier steht wie bei FLAMING STAR die Familienidylle, das Bild von der heilen und sich selbst genügenden Familie am Anfang. Die geschlossene, auf sich selbst konzentrierte Familienenge wird in beiden Fällen mit dem Anteil roten Blutes in den Familien begründet. Die Psychoanalyse würde hier die Grundkonstellation für eine inzestuöse Beziehung feststellen, wie sie zu Anfang bei Ben und Rachel tatsächlich auch gegeben ist.

Verquere Familienbande gibt es auch bei Fords TWO RODE TOGETHER (1960) unter den von den Comanchen Quannah Parkers verschleppten Familienangehörigen: Eine Ehefrau will nicht mehr zurück zu ihrem tyrannischen weißen Ehegatten, und einen weißen Jungen wollen die Siedler nicht mehr wiederhaben, weil er inzwischen zu verwildert ist.

Weiß liebt Rot, Rot liebt Weiß
– und was dabei herauskommt

Indianische Frauen mußten als Sexualobjekte herhalten, seit Kolumbus Amerika entdeckte. Die Tendenz, die Indianern angetane Gewalt nachträglich durch Phantasien und Unterstellungen zu rechtfertigen beziehungsweise aus Opfern Täter zu machen, läßt sich auch hier finden.

Ein Auszug aus einem Brief eines Edelmanns, der Columbus auf seiner zweiten Amerikareise begleitete, an einen Freund macht das deutlich:

»Bei meiner Ausfahrt im Boot fing ich eine sehr schöne Karibenfrau, und nachdem ich sie in meine Hütte mitgenommen hatte und sie gemäß ihrem Brauch nackt war, ergriff mich das Begehren, der Lust zu frönen. Ich wollte mein Begehren in die Tat umsetzen, aber sie wollte es nicht und traktierte mich mit ihren Fingernägeln. Doch als dies geschah, nahm ich ein Tau und bläute sie kräftig durch, worauf sie ein so unerhörtes Geheul anstimmte, daß Du Deinen Ohren nicht getraut hättest. Schließlich kamen wir dann zu solchem Einvernehmen, daß ich Dir sagen kann, man hatte den Eindruck, sie sei in einer Hurenschule aufgezogen worden.«

Das Verfahren ist bekannt. Eine Frau wird vergewaltigt, die Schuld aber wird bei ihr gesucht (weil sie nackt ist), und am Ende wird sie zur Hure erklärt, der man mit Verachtung begegnet. Indianische Frauen sind nicht mehr als ein Stück Vieh, an dem man sich nach Belieben vergehen kann. Daraus wird dann der Indianer, der immer und überall weißen Frauen auflauert, sie verschleppt, vergewaltigt und zu schlimmsten Lustmorden imstande ist.

Spätestens seit die Puritaner die Indianer zu Dämonen der Wildnis erklärten, gibt es eine Unmenge von Predigten, Romanen, Theaterstücken und Filmen, die sich diesen Phantasien widmen. Es sind aber dennoch viele Fälle belegt, in denen weiße Frauen freiwillig bei Indianern lebten, weil sie respektvoller behandelt wurden und keineswegs das Schuhleder der Männer kauen mußten, wie immer behauptet wird. Das hatte zur Folge, daß noch schlimmere Horrorgeschichten über die Indianer verbreitet wurden – weil nicht sein konnte, was nicht sein durfte. Und wenn in Filmen eine gefangene weiße Frau nicht zurückwill, dann dient das als Beweis dafür, daß das Leben bei den Wilden sie verrückt gemacht hat.

Selbstverständlich wurden weiße Frauen auch wirklich von Indianern verschleppt. Das aber diente dann natürlich als willkommener Vorwand, mit aller Brutalität gegen die Ureinwohner vorzugehen. Im 19. Jahrhundert hatte sich das Stereotyp vom frauenschändenden Indianer so sehr in den Köpfen festgesetzt, daß es zu einem Teil der Strategie der Ausrottung wurde. Selbst fragwürdigste Operationen gegen die Indianer fanden sofort die Zustimmung einer breiten Öffentlichkeit, wenn es vordergründig darum ging, gefangene Frauen zu befreien. Inoffiziell war die Sache komplizierter, da die kollektiven Phantasien über Indianer sich mehr und mehr verselbständigten.

General Sheridan, der schon im Bürgerkrieg seine Erfolge durch äußerste Brutalität errungen hatte und nun mit denselben Mitteln das »Indianerproblem« lösen sollte, hat in seiner Privatkorrespondenz aufschlußreiche Dokumente hinterlassen. Für ihn, Custer und viele andere stand fest, daß verschleppte Frauen eine Massenvergewaltigung durchleiden mußten.

Jeder kennt die Szene im Western, in der der Held beim Angriff der Indianer die letzte Kugel für die Heldin aufbewahrt, um ihr das Schicksal zu ersparen, das schlimmer als der Tod ist. Im Film kommt dann die Kavallerie, gerade noch rechtzeitig. Wenn sie in der Realität zu spät kam oder das zumindest glaubte, so konnte das für die Frauen oft den Tod bedeuten. Natürlich gab es keine Befehle, beim Überfall auf ein Indianerlager gezielt auf gefangene Frauen zu schießen, aber wenn sich eine Kugel »verirrt« hatte, wurde das als ein Zeichen der Vorsehung verstanden. Ehrbare Frauen, so die Erwartung, wollten nach Erlebnissen dieser Art ohnehin nicht mehr weiterleben. Den Tod einer Frau konnte man dann wieder den Indianern anlasten, und das rechtfertigte weitere Strafexpeditionen. Ein Teufelskreis.

Natürlich hat das Angstbild vom Geschlechtsverkehr weißer Frauen mit Indianern auch eine rassistische Komponente. In William S. Harts THE ARYAN (1916) mag der Held eigentlich keine Frauen, rettet aber schließlich einen Wagentreck vor Indianern, weil eine Frau ihn überzeugt, daß er die Pflicht hat, arisches Blut vor Verunreinigung zu schützen.

Das Muster ist bekannt: Die Frau übernimmt die Männerphantasie vom vergewaltigenden Indianer, macht sie zu der ihren und überzeugt den Mann davon, daß sie stimmt und er jetzt entsprechend handeln muß. Eine Titelkarte aus THE ARYAN formuliert das erste Gebot:

»Oft in blutigen Buchstaben geschrieben, tief in das Antlitz der Vorsehung gekerbt, auf daß es alle Männer lesen mögen, lautet der Kodex der arischen Rasse: ›Wir wollen unsere Frauen schützen.‹«

Das Klischee ist so stark, daß im Film bis heute positiv besetzte Beziehungen zwischen weißen Frauen und indianischen Männern so gut wie nicht vorkommen. Burt Kennedys Film THE CANADIANS (1961) ist typisch für viele andere.

Eine Weiße, die nie einen Namen erhält, wurde vor Jahren von den Sioux verschleppt, mußte einen Krieger heiraten und bekam ein Kind von ihm. Dieses Kind wird gleich am Anfang getötet, die Mutter befreit. Am Ende trifft auch sie die tödliche Kugel, und sie weiß, was von ihr erwartet wird: »Es ist gut so. Es ist die einzige Lösung für mich.«

So ist es – alles ist relativ – schon als Fortschritt zu werten, wenn aus indianischer Gefangenschaft befreite Frauen am Ende des Films nicht durch die eine oder andere Drehbuchkonstruktion ums Leben gebracht, ja vielleicht sogar vom Ehemann oder einem anderen weißen Mann aufgenommen werden wie in Budd Boettichers COMANCHE STATION (1960), Jerry Thorpes DAY OF THE EVIL GUN (1967) oder Robert Mulligans THE STALKING MOON (1968). Erst einige Filme der 70er Jahre entlarven das Klischee. In Ralph Nelsons SOLDIER BLUE (1970) läßt der Häuptling der Cheyenne Candice Bergen frei, weil er sie nicht glücklich machen kann.

Auch Arthur Penn macht sich in LITTLE BIG MAN (1970) darüber lustig. Jack Crabb und seine Schwester werden von den Cheyenne aufgenommen, als sie ihre Eltern verlieren. Jacks Schwester denkt, sie werde jetzt sofort von allen Kriegern vergewaltigt, aber nichts passiert. Also denkt sie, die Indianer hätten noch nicht bemerkt, daß sie eine Frau ist, und sie wartet. Schließlich verläßt sie enttäuscht das Lager. Jahre später – aus dem kleinen Jack ist mittlerweile der nicht wesentlich größere Dustin Hoffman geworden – schläft ihr Bruder mit einem ganzen Zelt voller Squaws, und sie sind alle begeistert. Was heißen soll: Indianer vergewaltigen weiße Frauen in Rudeln, weiße Männer aber sind so potent, daß sie gleich mehrere Indianerfrauen glücklich machen. Penn versucht, die Klischees zu zerstören, indem er sie der Lächerlichkeit preisgibt. Doch sie sind so stark, daß indianische Filmmänner das 19. Jahrhundert verlassen müssen, wenn sie weiße Frauen heiraten und nicht nur vergewaltigen wollen. Aber das geht dann trotzdem noch schief, wie in THE OUTSIDER und JIM THORPE.

Umgekehrt klappt es besser, denn, wie gesagt, weiße Männer sind gute, zärtliche Liebhaber. Indianische Frauen sollten sich

Die weiße Squaw Candice Bergen in SOLDIER BLUE/WIEGENLIED VOM TOTSCHLAG (1970)

Willst du mit mir gehen – LITTLE BIG MAN (1970)

trotzdem vor ihnen hüten, denn mit der Heiratsurkunde unterschreiben sie oft auch ihr Todesurteil.

James Stewart (BROKEN ARROW), Gary Cooper (DISTANT DRUMS), Kirk Douglas (LAST TRAIN FROM GUN HILL, 1958), Richard Widmark (THE LAST WAGON, 1956), Clark Gable (ACROSS THE WIDE MISSOURI), Richard Harris (A MAN CALLED HORSE, 1970), Dustin Hoffman (LITTLE BIG MAN), Robert Redford (JEREMIAH JOHNSON, 1972) – sie alle werden Witwer, weil die Drehbuchautoren ihre indianischen Frauen auf die eine oder andere Weise töten.

In King Vidors DUEL IN THE SUN (1946) ist Jennifer Jones zwischen Joseph Cotten und Gregory Peck hin- und hergerissen, aber sterben wird auch sie. Winnetous Schwester Nscho-tschi muß schon für ihre Sehnsucht, von Old Shatterhand geliebt zu werden, mit dem Leben bezahlen.

Überhaupt, die Sterblichkeitsrate der Indianerinnen ist hoch. Ein Happy-End gibt es für sie – aber das sind die Ausnahmen – in Hawks' THE BIG SKY, Neumanns MOHAWK und André de Toths THE INDIAN FIGHTER (1955). Dort überrascht Scout Kirk Douglas am Anfang die schöne Sioux Onahti (Elsa Martinelli) beim Baden, und am Ende sitzt er selbst bei ihr im Fluß und schaut grinsend dem Siedlertreck hinterher, der mit seinen Äxten, Pflügen und blonden Heldinnen weiterzieht.

Das Frauenopfer – Kirk Douglas und Ziva Rodann in LAST TRAIN FROM GUN HILL/DER LETZTE ZUG VON GUN HILL (1958)

Aber so heiter geht es selten zu, und so leicht wird man die Zivilisation nicht los. Da diese erschreckend konsequent auf ihre Reinheit bedacht ist (THE ARYAN formuliert es nur besonders drastisch), sterben die Indianerinnen zumeist, ehe sie dem weißen Helden ein Kind schenken können. Wer als Squaw einen Indianer heiratet, darf weiterleben wie Jean Peters in APACHE, Barbara Rush in TAZA und Kamela Devi in GERONIMO. Die Indianer bleiben ja auch unter sich.

Das Hochzeitsfoto – Clark Gable und Maria Elena Marques in
COLORADO *(1951)*

Die liberalen Western der 50er Jahre spielen die Unterschiede zwischen den Kulturen herunter, propagieren die Akkulturation und suggerieren, notfalls durch Umschreiben der Geschichte, daß es schon klappen wird, wenn die Indianer nur dazu bereit sind. Dieser nicht immer ganz ehrliche Ausblick in die Zukunft durch Filme wie BROKEN ARROW wird Ende der 50er Jahre zunehmend in Frage gestellt. In Don Siegels FLAMING STAR (1960) spielt Elvis Presley den Halbblut-Indianer Pacer Burton, der einen weißen Halbbruder aus der ersten Ehe des Vaters hat und sein ganzes Leben auf der Farm seiner Familie zubrachte.

Pacers Mutter (Dolores Del Rio) ist eine Kiowa, und als deren Stamm das Kriegsbeil ausgräbt, um die alten Jagdgründe zurückzuerobern, bricht der Rassismus der weißen Nachbarn wieder voll aus. Die Burtons werden bezichtigt, mit den India-

»Du hast uns verraten« – Indianer unter sich – TAZA, SON OF COCHISE (1954)

140

Die Squaw als Scout – YELLOWSTONE KELLY/MAN NANNTE IHN KELLY (1959)

nern unter einer Decke zu stecken, für die Rassisten ist Pacer seines indianischen Blutes wegen automatisch einer der Mörder, und einer von ihnen erschießt bei Nacht Pacers Mutter, weil für ihn im Dunkeln alle Indianer gleich aussehen.

FLAMING STAR zeigt eine rassistische Gesellschaft, die einen Menschen letztlich nur nach seiner Abstammung und Hautfarbe beurteilt. Die Familie Burton, die symbolhaft zwischen den Kulturen lebt, wird aufgerieben.

Im Ernstfall gibt es weder Ausgleich noch die Möglichkeit der Akkulturation. Pacer wird von den Weißen vertrieben, und ein Versuch, bei den Indianern zu leben, die ihm im Grunde fremd sind, scheitert. Am Ende reitet er, tödlich verwundet, in die Berge, um dort einsam zu sterben.

Vor ihm hat das Alan Ladd gemacht, als Revolverheld in George

Stevens' SHANE (1953). Aber Shane mußte sterben, weil er ein Relikt einer gewalttätigen Vergangenheit war, das nicht mehr in die Welt friedliebender Siedler paßte. Der Tod Pacers signalisiert eine Umdrehung des zivilisatorischen Prozesses; in der Welt der Siedler regieren wieder Haß und Gewalt.

John Hustons THE UNFORGIVEN, ebenfalls 1960 entstanden, erzählt eine ganz ähnliche Geschichte wie FLAMING STAR und kommt zu ähnlich düsteren Ergebnissen. Audrey Hepburn spielt Rachel, die von den Zacharys stillschweigend als ihr Kind aufgezogen wurde, tatsächlich aber eine Kiowa ist.

Als die Wahrheit herauskommt, wenden sich die Nachbarn von den Zacharys ab, weil sie mit einer Indianerin und deren Freunden nichts zu tun haben wollen. Rachel hat, seit sie denken

Charlton Heston zwischen Weiß und Rot – THE SAVAGE/DER WEISSE SOHN DER SIOUX (1952)

kann, als Weiße gelebt, doch für die Nachbarn zählt nur die Hautfarbe. In einer demütigenden Szene muß sie sich zur Klärung des Sachverhalts vor den anderen Frauen ausziehen, danach ist sie eine Ausgestoßene.

Alles wird noch komplizierter, als ein Kiowa-Trupp erscheint, um Rachel zurück zu »ihrem« Volk zu holen. Da ihr »Bruder« Ben (Burt Lancaster) das auf keinen Fall zulassen will, kommt es zum Kampf, und Rachel zeigt erst, zu wem sie gehört, als sie einen Kiowa tötet.

In der Welt von THE UNFORGIVEN wird nichts durch eine friedliche Verständigung der Völker und alles durch brutale Gewalt erreicht. Am Ende steht die kleine Familie der Zacharys vor dem primitiven Farmhaus am Rande der Wildnis und ist entschlossen, wieder von vorn anzufangen.

Familienbande und Seelenfrieden

Trotzdem, auch wenn die Frauen sterben, so ist im Indianerwestern der 60er Jahre allgemein ein Versuch der Versöhnung festzustellen. Denn eines ist klar: Der Western ist ein Männergenre, und das Bild der Frau hat sich nicht nur für die rote Frau im Western, sondern generell im Hollywood-Kino bis heute nicht viel gewandelt. Am deutlichsten wird es, wenn Westernsujets in historischen Filmen wie BRAVEHEART (1995), Abenteuerfilmen wie INDIANA JONES (1983) oder Ethno-Samplern wie CROCODILE DUNDEE (1986) über die Zeiten gerettet werden und weiterlebten: Der Mann bleibt der starke, tapfere Held und rettet die wehrlose attraktive Frau aus der Gefahr.

Mit den multikulturellen Familien in FLAMING STAR und UNFORGIVEN kehrt ein altes Motiv wieder, das Motiv des Halbblutes als dem Grenzgänger zwischen den Kulturen. Damit ist gleichzeitig ein neuer Held geboren, der den alten Indianerhasser und -töter ablöst. Das Thema Halbblut wird jetzt jedoch trivialisiert zugunsten eines neuen Rächertyps wie bei Henry Hathaways NEVADA SMITH (1966), in dem Steve McQueen Charles Bronsons Rolle in CHATO'S LAND (1972) vorausnimmt, wenn er die Mörder seines weißen Vaters und seiner roten Mutter zur Strecke bringt. Damit ist ein neuer Prototyp geschaffen. In BORN LOSERS ist es Tom Laughlin als Halbblut Billy Jack, der als einziger gegen eine terroristische Biker-Gang vorgeht. Für die neue Figur des Rächers werden plötzlich wieder die guten Eigenschaften und Potentiale des Halbbluts entdeckt, das in beiden Kulturen zu Hause ist. Allerdings interessieren hier vornehmlich seine Fähigkeiten als Jäger. Mit der Technologie und dem zivilisatorischen Vorsprung der Weißen sowie dem Instinkt der Roten ist er fast unschlagbar; ein neuer Supermann ist geboren.

Die 60er Jahre sind aber auch die Zeit der Bürgerrechtsbewegungen, und selbst die Western steuern ihren Beitrag dazu bei. Zunehmend werden Rassendiskriminierung und Verlogenheit angeprangert und zur besseren Verdaulichkeit mit komödiantischem Touch präsentiert. In THE SCALPHUNTERS (*Mit eisernen*

Fäusten, 1967) von Sidney Pollack gibt sich der entflohene Ne-
gersklave Lee als Comanche aus, um nicht in die Sklaverei
zurückgeschickt zu werden. Statt dessen wird er von den Kiowas
gefangengenommen, und der Kiowa-Häuptling Two Crows
wiederum zwingt diesen dem Trapper Joe (Burt Lancaster) als
Tausch gegen seine Pelze auf. Gemeinsam jagen daraufhin
Schwarz + Weiß den Pelzen hinterher, zu dritt verbünden sich
schließlich Schwarz + Weiß + Rot gegen eine Bande von Skalp-
jägern. In ONE HUNDRED RIFLES (1968) von Tom Gries schließlich ist die endgültige Verbündung mit den Indianern deswegen
so einfach, weil die beiden Buddies ein Halbblut (Burt Reynolds) und ein schwarzer Hilfs-Sheriff (Jim Brown) sind und der
Freiheitskampf der Yaqui-Indianer sich in Mexiko abspielt.
Versöhnliche Töne findet man auch bei THE CANADIANS (*Die
rote Schwadron*, 1961) von Burt Kennedy. Hier beschützt die be-

Ein schlechter Tausch – THE SCALPHUNTERS/MIT EISERNEN FÄU-
STEN *(1967)*

145

rittene königlich-britische Polizei die nach der Schlacht von Little Big Horn nach Kanada geflohenen Sioux vor der Rache der Rancher. Das gleiche gilt für GERONIMO (1961), wo den aufständischen Apachen ein fairer Friedensvertrag angeboten wird und sich Chuck Connors als Geronimo einem friedlichen Familienleben zuwendet. Zudem erfuhr der bisher als wilder Dämon gehandelte Geronimo eine Aufwertung. In Arnold Lavens GERONIMO (1961), der in Deutschland unter dem irreführenden Titel *Das letzte Kommando* lief, weil man erst langsam begriff, daß jetzt die Indianer im Mittelpunkt standen, wird er sogar zum Kämpfer für Freiheit und Menschenwürde erklärt, noch ehe die Handlung beginnt.

Alles fängt wieder damit an, daß Geronimo aus Mexiko zurück in die USA kommt, sich ergibt und ins Reservat gebracht wird. Die Apachen haben dort aus Ödland fruchtbare Weiden gemacht, die der bigotte Indianer-Agent um des Profits willen an weiße Viehzüchter vergibt. Das macht auch diejenigen Apachen, die Bauern werden wollten, wieder zu Kriegern.

Geronimo bricht mit 50 Mann und deren Familien aus dem Reservat aus, geht zurück nach Mexiko und erklärt den Vereinigten Staaten den Krieg. Aus der instinktgesteuerten Kampfmaschine früherer Jahre ist ein kühl kalkulierender Taktiker geworden. Er weiß, daß sein Kampf gegen die Armee aussichtslos ist, aber er hofft auf die Macht der öffentlichen Meinung. Je länger er aushält, desto bohrender werden die Fragen der Presse im Osten nach der Behandlung der Apachen im Reservat. Die Zeitungen schreiben von einem ehrlosen Krieg, der Kongreß setzt eine Untersuchungskommission ein, und am Ende kommt Geronimo als Sieger zurück, weil die Vertreter der Regierung ihm ein Leben in Würde versprochen haben.

In Filmen wie GERONIMO nimmt der Indianer die Stelle ein, die früher der Cowboy innehatte. Das ist immerhin eine interessante Entwicklung.

Als Owen Wister 1902 seinen später u. a. mit Gary Cooper verfilmten Roman *The Virginian* veröffentlichte, sorgte er für die kulturelle Akzeptanz des bis dahin gesellschaftlich deklassierten Cowboys, indem er ihn den zivilisatorischen Einflüssen einer Schullehrerin aussetzte.

In GERONIMO übernimmt die Indianerin Teela diese Rolle. Sie

Chuck Connors – der Indianer mit den blauen Augen in GERONI-
MO/DAS LETZTE KOMMANDO *(1961)*

unterrichtet die Kinder des Stammes in Lesen und Schreiben,
wird die Frau des Häuptlings und schenkt ihm ein Kind, nachdem er die rauhen Sitten des Kriegers wenigstens teilweise ab-
gelegt hat. Zurück in die Vereinigten Staaten kommt er als Fa-
milienvater.

Explizit hatte John Ford angekündigt, mit seinem letzten Western CHEYENNE AUTUMN (1963) wolle er seinen Frieden mit
den Indianern schließen. In der Western-Komödie THE HALLE-
LUJAH TRAIL (*Vierzig Wagen westwärts,* 1965) von John Sturges
sind die Brüder endlich vereint, denn rote wie weiße Männer
wollen nur das eine: Whisky. In APACHE UPRISING (1966) verbinden sich Weiße und Apachen sogar gegen eine Bande von
Gangstern.

Nur der manchmal als Bastardsohn von John Ford bezeichnete
Sam Peckinpah ist unversöhnlich. Er zeigt in MAJOR DUNDEE
(1965), was das Handwerk der Weißen wirklich ist: das Ab-

schlachten der Apachen. Insofern ist Peckinpah ein Dinosaurier. Denn die klassische Phase des Westerns ist so gut wie vorbei.

THE DAY OF THE EVIL GUN (*Totem,* 1967), in dem sich Glenn Ford auf die Suche nach seiner von den Apachen entführten Familie macht, plagiiert unvollkommen Fords THE SEARCHERS (1956), und THE WILD BUNCH (*Sie kannten kein Gesetz,* 1969) von Sam Peckinpah ist bereits eine Antwort auf den Italo-Western. Aber das ist an dieser Stelle fast so etwas wie ein Vorgriff, denn die wenigen wichtigen Produktionen ab Mitte der 60er Jahre sind ein Versprechen, das erst in den 70er Jahren richtig eingelöst wird.

Mitte der 60er Jahre war der Western, auch als Folge der politischen Umwälzungen jener Zeit, tot und mit ihm die Indianer, weil ihr Erscheinen in der Öffentlichkeit stark an ihre Leinwandpräsenz gebunden war. Die politische Entwicklung war an den Indianern vorbeigegangen. Während die Schwarzen über charismatische Führungspersönlichkeiten verfügten, die sich lautstark für die Rechte ihrer Minderheit einsetzten und ihrer Sache Gehör verschafften, nahm das Interesse der Medien an den Native Americans, wie sie sich jetzt analog zu den Afro-Amerikanern nannten, zunehmend ab. Die Schwarzen gehörten zum Bild moderner amerikanischer Städte, die Indianer aber wollte man weiter im Western und im 19. Jahrhundert sehen.

Der Western war seiner liebsten Bösewichter und bald auch vieler seiner besten Regisseure (Ford, Hawks, Walsh) beraubt. Action auf der Leinwand wurde jetzt nicht mehr von Cowboys und Indianern, sondern von Geheimagenten und Privatdetektiven geliefert. Jedenfalls in Amerika.

Einzelne Ausnahme-Western ab der Mitte der 60er wie HOMBRE (1966), BORN LOSERS (1967) oder TELL THEM WILLIE BOY IS HERE (1969) waren Randerscheinungen, indem sie eigentlich einen neuen Typus kreierten, ein neues Genre, einen neuen Frühling, der erst in der neuen Epoche der 70er Jahre zum Tragen kam. Inzwischen überwinterte der Western in Europa.

Exkurs:

Winnetou darf nicht sterben

Cowboy-und-Indianer-Spiele bei Winnetou, der DEFA und in Cinecittà

In Bad Segeberg gibt Pierre Brice die Häuptlingswürde in Erbfolge weiter, erst an seinen eigenen Sohn, dann an sein ostdeutsches Gegenstück, den ehemaligen DDR-Winnetou Gojko Mitíc, und die Harald-Reinl-Gedächtnisindianer garantieren im deutschen Fernsehen gute Einschaltquoten bis in alle Ewigkeiten. DEFA-Indianer fochten für das Recht auf Arbeit, und Stadtindianer fanden unterm Pflaster den Strand. Von Friedrich Engels bis zu den Nazis, vom Schwarzen Block bis Motzki: Deutschland gestern und heute, Ost und West sind vereint als eine Gemeinde romantischer Indianerfreunde. Gemeinsam schwärmen sie vom Edlen Wilden, der Verkörperung des Aufrechten, Gesunden, Starken und Schönen, ob im 1000jährigen Reich, auf dem Boden der freiheitlich-demokratischen Grundordnung oder für die internationale Solidarität im Arbeiter-und-Bauern-Bruderstaat. Und in der Remake-Welle des deutschen Fernsehens muß Großvater Brice noch einmal in den Sattel steigen: Winnetou darf nicht sterben!

Die Schreiber unter den Stalingrad-Heimkehrern erfanden Perry Rhodan und übertrugen das, was nicht mehr opportun war, in die Weite des Weltalls: Weltmachtsgelüste und Eroberungsdrang. Der Nachkriegsfilm verlegte sich aufs Unverbindliche: Heimatfilm und Sexklamotten – und dann kam Winnetou! In Westdeutschland hatte der Produzent Horst Wendlandt mit den Edgar-Wallace-Filmen große Erfolge gefeiert. 1962 nahm er, einer Anregung seines Sohnes folgend, die Verfilmung von Karl Mays Roman *Der Schatz im Silbersee* in Angriff. Als Old Shatterhand wurde Lex Barker engagiert, der in WAR DRUMS schon Erfahrungen als Apache gesammelt hatte, dem deutschen Publikum aber besser als Tarzan-Darsteller bekannt war. Als Winnetou war ursprünglich ein mexikanischer Schauspieler vorgesehen, doch als der dem Produzenten nicht indianisch genug aussah, wurde gleich der Franzose Pierre Brice engagiert. Der war weiter entfernt von den Jagdgründen, sah dafür indianischer aus, oder das, was man dafür hielt. Authentizität sollte man auch hier nicht erwarten. Die Regie übernahm Harald Reinl, der für Wendlandt die ersten Wallace-Filme inszeniert und 1949 mit BERGKRISTALL bereits die Heimatfilm-Welle eingeleitet hatte. Der Zweite Weltkrieg war vorbei, Westdeutschland steckte mitten im Wirtschaftswunder, die Deutschen bereisten andere europäische Länder nun als Touristen, und die Apachen reisten mit. Bei Griffith und Ince hatten sie in Kalifornien gehaust, Ford hatte sie ins Monument Valley gebracht, und jetzt wurden sie in die Karstlandschaft Istriens verpflanzt. Aber weder Reinl noch Wendlandt rechneten mit dem großen, über sie hereinbrechenden Erfolg, als sie Winnetou zum erstenmal an der Seite Old Shatterhands über weiße Gebirgslandschaften und grüne Wiesen des damals noch existierenden Jugoslawien reiten ließen.

DER SCHATZ IM SILBERSEE (1962) beginnt denn auch eher defätistisch, wenn eine Erzählerstimme aus dem Off vom »letzten Häuptling der Apachen« berichtet, »der bedingungslos sein Leben einsetzt, wenn es gilt, dem Recht zum Siege zu verhelfen, den aber bereits die Tragik seiner sich im Todeskampf noch einmal aufbäumenden Rasse überschattet«. Auch klingt es hart und ist ein wenig überraschend, denn Winnetou und sein Blutsbruder Old Shatterhand werden in der Geschichte, die der promovierte Jurist Reinl da inszeniert hat, als eine Art Prärie-Polizei eingeführt. Am Anfang finden sie die Spuren eines Verbrechens, und gleich beschließen sie, den Fall zu klären und die Schuldigen zu bestrafen. Dazu paßt, daß wir anschließend sofort die Tramps sehen, eine berüchtigte Verbrecherbande, die die Postkutsche ausrauben.

»Ich bin«, sagt Old Shatterhand einmal, »ein Freund aller Indianer«, und der Film ist es auch. Da auch für Deutschland die Faustregel gilt, daß jeder sich die Indianer schafft, die er braucht, liegt es auf der Hand, daß diese jetzt außer der Landschaft auch in andere Zusammenhänge gestellt werden. Im amerikanischen Western ist der Konflikt stets schon vorprogrammiert, weil für die Besiedlung immer mehr Land gebraucht wird, das man dann den Indianern wegnimmt. Im DER SCHATZ IM SILBERSEE, das sagt schon der Titel, geht es zunächst einmal um

Gold und Geld. Die Tramps (schon ihr Name besagt, daß sie sich keineswegs im Indianergebiet niederlassen wollen) sind hinter einem sagenhaften Schatz her, und ein Publikum, das zum einen von sagenhaften, in Bergseen versenkten Nazischätzen gehört hatte und zum anderen über wachsende Sparguthaben verfügte, konnte mit dieser Thematik durchaus etwas anfangen.

Das für Hollywood so wichtige Problem der Landnahme ist in den Karl-May-Filmen entweder von geringem Interesse, oder es wird elegant umschifft wie in WINNETOU I (1963). Da wird zwar die Eisenbahn gebaut, aber der Konflikt mit den Apachen ist das Ergebnis einer Manipulation skrupelloser Geschäftemacher. Santer (Mario Adorf) hat einen Ingenieur bestochen, die Streckenführung der Eisenbahn zu ändern und durch Indianerland zu legen, um dadurch die Great-Western-Eisenbahngesellschaft um »mehrere hunderttausend Dollar« zu betrügen (dasselbe geschieht in Fords THE IRON HORSE). Nachdem Old Shatterhand die Manipulation aufgedeckt hat, macht sich Santer in

Faschingsperücken bei UNTER GEIERN *in Bad Segeberg – Indianer-und-Cowboy-Spiele in den 60ern*

der zweiten Hälfte des Films wieder daran, den Indianern ihr Gold wegzunehmen.

DER SCHATZ IM SILBERSEE brachte Produzenten und Verleihern hohe Gewinne, eine Erfolgsserie war gestartet, und trotzdem beginnt der zweite Winnetou-Film defätistisch wie der erste. »Er war Freund und Beschützer aller Hilflosen«, sagt der Erzähler über den Häuptling der Apachen, »aber unerbittlicher Gegner aller Ungerechten.« Das läßt sich hören.

Doch sofort ist wieder vom »letzten verzweifelten Aufbäumen der roten Völker gegen die weißen Eroberer« die Rede. »Immer weiter«, sagt der Erzähler, als entledige er sich einer traurigen Pflicht, »drangen die Pioniere nach Westen vor. Abenteurer, Banditen und Desperados folgten ihren Spuren. Die Mescaleros-Apachen« (in weiteren Fortsetzungen wird das »s« gestrichen) »waren den Weißen freundlich gesinnt, und trotzdem war ihr Schicksal besiegelt, denn sie besaßen, was die Eindringlinge am höchsten schätzten: Land und Gold.«

Die Betonung liegt auf Gold. »Abenteurer, Banditen und Desperados« sind die unmittelbar Schuldigen am Untergang der roten Rasse, aber die Pioniere haben ihnen den Weg bereitet.

Es führt in der Regel nicht weit, von Filmen, die in vergangenen Epochen spielen, eine historisch exakte Rekonstruktion dieser Vergangenheit zu erwarten. In diesen Filmen werden vielmehr Konflikte der Gegenwart ausagiert, diskutiert, vielleicht versuchsweise einer Lösung zugeführt.

In WINNETOU I (1963) wird Klekih-petra erschossen, Old Shatterhand steht dabei, und Nscho-tschi (Marie Versini) läßt später dessen Entschuldigung nicht gelten, nicht er, sondern Santer sei es gewesen: »Wer ein Unrecht nicht verhindert, der ist genauso schuldig wie der, der es begeht, sagt das Gesetz der Apachen.«

Das Gesetz der Deutschen ist da nicht so streng, aber immerhin begann kurz vor Weihnachten 1963 der Frankfurter Auschwitz-Prozeß und dauerte an, während Reinl WINNETOU II (1964) sowie III (1965) drehte und Alfred Vohrer 1964 UNTER GEIERN beisteuerte. Old Shatterhand muß miterleben, wie Klekih-petra, sein deutscher Landsmann, getötet wird, aber er befolgt dessen Vermächtnis: »Rettet Winnetou. Werdet Freunde.«

In DER SCHATZ IM SILBERSEE (1962) tastet Reinl noch die Möglichkeiten ab. Winnetou ist nicht sehr wortgewandt und hat

Nibelungentreue Blutsbrüder – WINNETOU I (1963)

weniger Dialogsätze als Lex Barker in seiner Tarzan-Zeit. Das ändert sich rasch. Schon in WINNETOU I (1963) wird er wortgewandter, und Kämpfe gegen weiße Verbrecherbanden, die immer neue Bodenschätze (Kupfer, Öl) der Indianer wollen, wechseln sich mit Gesprächen mit anderen Stämmen ab, die Winnetou zum Frieden mit dem weißen Mann aufruft, weil nur durch Anpassung das Überleben der roten Rasse gesichert werden könne. Winnetou und seine Freunde Old Surehand (Stewart Granger) und Old Shatterhand reiten zu den Ponkas, Ogalallas, Utahs, Assiniboin, Osagen, Jicarillos, Comanchen und vielen anderen, die in WINNETOU II (1964) vielleicht auch deshalb zu einem großen Bund des Friedens vereint werden können, weil sie alle gleich aussehen. Winnetou muß dafür allerdings seiner

Liebe zu Ribanna (Karin Dor) entsagen, die ihn zuvor in die geheime Grotte der Assiniboin geführt hat. Die Häuptlingstochter Ribanna wird in einem symbolischen Akt mit dem Sohn des weißen Kommandanten verehelicht (Mario Girotti, aus dem später Terence Hill wurde): »Winnetous Herz trägt schwere Last. Seine Sonne hat sich verdunkelt.«

Das alles ist mitunter sympathisch naiv, oft anrührend und nicht ohne Sentimentalität, zu der Martin Böttchers Musik ein gerüttelt Maß beiträgt. Wer Karl May kennt, der weiß, daß Winnetou am Ende von Teil III (1965) sterben muß. Von bösen Vorahnungen geplagt, schlägt er mit Old Shatterhand die letzte Schlacht um den Fortbestand der Apachen, wirft sich schützend vor seinen weißen Blutsbruder und wird von der tödlichen Kugel getroffen, die eigentlich für jenen bestimmt war.

So stirbt der Häuptling der Apachen, und doch erfüllt sich Klekih-petras Vermächtnis, denn während der eine getötet wird, überlebt die ganze Gruppe. Old Shatterhand zum Abschied: »Mein Bruder kann ohne Sorge sein. Das Volk der Apachen ist gerettet und in Sicherheit.«

Ohnehin wurde gleich nach Drehschluß mit der Arbeit am nächsten Winnetou-Film begonnen. Aber irgendwie war der alte Elan weg, und mittlerweile hatte auch Produzent Artur Brauner versucht, sich an den Erfolg anzukoppeln. Von Brauner hat Joe Hembus einmal gesagt, seine Spezialität sei das Schlachten zu melkender Kühe. Es entstanden noch einige Winnetou-Filme, in denen der Apachenhäuptling der Abwechslung halber in wechselnden Paarungen ritt (u. a. WINNETOU UND SEIN FREUND OLD FIREHAND, 1966). Harald Reinl selbst versuchte es 1965 noch einmal mit der Verfilmung von James Fenimore Coopers *Der letzte Mohikaner*, in der Joachim Fuchsberger in der Uniform eines Nordstaatlers (so genau hatte man es mit Adaption und Authentizität eh nie genommen, Hauptsache: Fransen) den Charme eines deutschen Unteroffiziers entwickelte, aber das einmal erfolgreiche Muster war totgeritten, und ein neues wurde nicht gefunden.

Das lag auch daran, daß das erfolgreiche Muster einfach ein begrenztes ist und irgendwann langweilig wird. In den Karl-May-Verfilmungen der 60er Jahre siegte immer nur das Gute. Der Westen wird sozusagen noch mal gewonnen und erobert, um das Böse aus der Welt zu schaffen. Das funktioniert jedoch nur, weil die Sicht der Dinge eingegrenzt ist, wie bei einer Modelleisenbahn. Es sind immer nur lokale Konflikte, die in den Filmen entbrennen. Zwar werden die negativen Begleitumstände des Zivilisationsprozesses wie die Habgier der Weißen, Vertragsbrüche oder karrieresüchtige Offiziere dargestellt. Aber sogleich tauchen die Prärie-Polizisten Old Shatterhand und Winnetou auf und verhindern mit deutscher Gründlichkeit das Schlimmste. Und statt der Kavallerie kommen in letzter Minute die Indianer angeritten.

Harald-Reinl-Gedächtnisindianer: DER LETZTE MOHIKANER (1965)

155

Außerdem sind die amerikanischen Nationaltugenden Pionier-geist und Individualismus durch die deutschen Tugenden von Fleiß und Rechtschaffenheit ersetzt.

Die Antwort des Ostens auf Pierre Brice hieß Gojko Mitíc. In UNTER GEIERN (1964) spielte der Jugoslawe bei Alfred Vohrer noch den Schoschonen Wokadeh. Danach wechselte er die Seiten und übernahm ab 1965 die Hauptrollen in allen Indianerfilmen der DEFA, angefangen bei DIE SÖHNE DER GROSSEN BÄRIN (1965), wobei er im übrigen genau das gleiche Kostüm wie sein westliches Vorbild Winnetou trägt, bis ULZANA, DER UNBESIEGTE HÄUPTLING (1974).

Beiden deutschen Staaten scheint gemeinsam zu sein, daß sie den Geschichten und Bildern ihrer Indianerfilme nicht recht trauten und deshalb am Anfang gern eine Erzählerstimme ein-setzten, die das Wichtigste kurz zusammenfaßte.

In der DDR war das vorzugsweise eine Rekapitulation der po-litischen Zusammenhänge. Richard Groschopps CHINGACH-GOOK, DIE GROSSE SCHLANGE (1966) zeigt allerdings zuerst ein indianisches Ritual, das aussieht, als hätten das Fernsehballett und eine Volkstanzgruppe einen gemeinsamen Auftritt im Pa-last der Republik – keine Gnade für die Delawaren.

Danach hört man dies: »*Die Ereignisse, die wir schildern, spielen in den frühen Tagen der Kolonien. Die Delawaren, wie alle Indi-anerstämme, treiben Handel mit den europäischen Siedlern. Die Indianer haben keinen Vergleich für den Wert ihrer kostbaren Pelze. Für Geräte aus Eisen, Tomahawks und Gewehre, aber auch für die ersten Pferde müssen sie einen vielfachen Gegenwert be-zahlen. Dieser unehrliche Handel zwingt die Indianer immer mehr in wirtschaftliche Abhängigkeit. Die um den Besitz des Landes streitenden Kolonialmächte nutzen ihre Macht. Die roten Männer erkennen nicht, daß sie ihre Freiheit verlieren und ihre Stammesfeindschaften verhängnisvoll zugespitzt werden. So wer-den die Delawaren erbitterte Feinde der Huronen.*«

Der Text kommt zwar nicht ohne logische Sprünge aus, faßt den Ansatz der DEFA-Filme aber gut zusammen: Kritik am Kapita-lismus (wo möglich repräsentiert durch die USA) mit einem Schuß Rhetorik des kalten Krieges. Letztere hatten natürlich auch die Karl-May-Filme zu bieten; Tashatunga in WINNETOU II: »Es ist ehrenvoller zu sterben, als in Knechtschaft zu leben.«

Für die internationale Solidarität: ULZANA, DER UNBESIEGTE HÄUPT-
LING *(1974)*

CHINGACHGOOK, DIE GROSSE SCHLANGE (1966) ist eine Verfilmung von Coopers Roman *The Deerslayer,* und schon die Än-
derung des Titels macht die Akzentverschiebung deutlich. In der
DDR steht nicht der Weiße Wildtöter im Mittelpunkt, sondern
sein indianischer Freund. Da die DEFA-Indianer grundsätzlich
immer Opfer (des Kapitalismus) sind – und gut, verfolgen sie interessanterweise dieselbe Strategie wie die Konkurrenz in Hollywood, wenn auch mit anderer Stoßrichtung.
Es ist zwar durchaus richtig, daß Franzosen wie Engländer in
ihrem Krieg um die amerikanischen Kolonien Indianer für sich
kämpfen ließen und es als angenehmen Nebeneffekt betrachte-
ten, wenn diese sich dabei gegenseitig dezimierten. Aber in keiner Hollywood-Verfilmung von Coopers Romanen *The Deer-*

slayer oder *The Last of the Mohicans* **sieht** man, wie das Volk der Delawaren auf Seiten der Engländer kämpft. Das wäre mit dem Klischee der Indianer als den Feinden der Weißen kollidiert. Also kämpfen Huronen (rot) gegen Engländer (weiß), nur Chingachgook und allenfalls noch sein Sohn Uncas mit den Engländern. So bleibt das rassistische Prinzip gewahrt, daß ein einzelner Indianer durchaus gut sein kann, die Indianer als Gruppe aber schlecht und feindselig sind. (Die WINNETOU-Filme setzen sich von diesem Muster angenehm ab.)

In der DDR wurde das Prinzip herumgedreht. Weil die Indianer als Gruppe immer gut sind, dürfen die Delawaren nicht mit den Engländern (den Kapitalisten) zusammen kämpfen. Weil aber ein einzelner Indianer sich durchaus irren und aus seinem Irrtum lernen kann, tritt Chingachgook, der Letzte der Mohikaner (Gojko Mitíc), zunächst als Verbündeter der Engländer auf, um sich dann von ihnen loszusagen.

Dasselbe macht auch Wildtöter (Rolf Römer), der gute Weiße. Er muß erfahren, daß Tom Hutter und Harry Hurry, die er für seine Freunde gehalten hat, in einer Mischung aus Rassismus und Geldgier Huronen töten und skalpieren. (»Das gibt schweres Geld. Kopfgeld. Weiber und Kinder, große und kleine Schöpfe. Die Kolonie zahlt.«) »Die Weißen«, sagt Wildtöter angewidert, »haben das Skalpieren nicht erfunden, aber sie haben ein Geschäft daraus gemacht.«

Chingachgook, der inzwischen in einige Kämpfe mit den Huronen verwickelt war (sie haben seine Braut Wahtawa geraubt), hat längst verstanden, wer die eigentlichen Feinde sind, und versucht nun, die Huronen zum Frieden mit den Delawaren zu bewegen. Häuptling Gespaltene Eiche ist uneinsichtig, wird aber bald eines Besseren belehrt. Die Engländer überfallen das Lager der Huronen, töten Frauen und Kinder, skalpieren sie. Gespaltene Eiche wird tödlich verwundet, kann den überlebenden Huronen aber noch auftragen, mit allen Stämmen der roten Männer Frieden zu schließen. Dieser Sinneswandel ist nicht ganz logisch (als Verbündeter der Franzosen sollte er sich nicht wundern, wenn die Engländer ihn töten), doch die richtige Botschaft ist es allemal. Chingachgook, Wahtawa und Wildtöter gehen zu den Delawaren: »Der Rat der Alten soll erfahren, was wir gesehen haben.«

158

Die DEFA-Produktionen erreichten nie wirklich die »Qualität« der Winnetou-Filme, außer dem teilweise in Kuba gedrehten Film Osceola – die rechte Hand der Vergeltung (1971). Auch bei den DEFA-Produktionen sind die Konflikte begrenzt, überschaubar und zum Guten lösbar. Allerdings kann man sich entsprechend der Ideologie, Amerika des Imperialismus und des Völkermords an der Urbevölkerung zu bezichtigen, eine größere Genauigkeit im historischen Zusammenhang erlauben. So heißt es im offiziellen Katalog zum Indianer-Museum Radebeul der Karl-May-Stiftung Dresden aus dem Jahre 1980: *»Den Bildungsprinzipien der Deutschen Demokratischen Republik entsprechend, kann ein völkerkundliches Museum nur dann seinen Aufgaben gerecht werden, wenn es mit der Aussage seiner Ausstellung der Rassendiskriminierung und kolonialen Unterdrückung entgegentritt und den Besucher zur Achtung und Wertschätzung der Schöpferkraft fremder Völker führt«*, und später: *»Damit wird es auch zum besseren Verständnis des jahrhundertelangen Freiheitskampfes und der gegenwärtig von den Indianern der USA wieder mit stärkerer Betonung gestellten Forderung auf volle Anerkennung ihrer Menschenrechte beitragen.«*

Meistens überzeugen in den DEFA-Produktionen nur die ideologischen Ambitionen, weniger die künstlerischen. Auch Die Spur des Falken (1968) wirkt eher wie Laienspieltheater, wenn sich die weißen Jungs ihre Kernigkeit beweisen, indem sie sich ständig auf die Schulter klopfen und der Böse sich vorzugsweise durch das Rauchen von Zigarrillos als solcher ausweist. Ironie des Schicksals ist, wenn in Tödlicher Irrtum (1969) an Armin Mueller-Stahl die Aufforderung ergeht: »Hör auf mich, bleib bei uns!« Auch bei der DEFA gilt wieder die alte Stereotypisierung: Die Roten sind entweder edel und gut, dann stehen sie auf seiten des Fortschritts, oder verrückt, besoffen und unbeherrscht. Und das Halbblut im Film muß wie immer sterben. Was fortschrittliche Indianer sind, kommt besonders bei Osceola zum Tragen. Fortschritt ist, wenn der Indianerfreund Richard Moore Maschinen benutzt, während die Pflanzer mit ihrem traditionellen Zuckerrohranbau immer wieder neues Land brauchen und verbrauchen. Dabei geht es weniger um Mother Earth als um die richtige Entlohnung. Seminolen sollen zu richtig bezahlten und interessierten Arbeitern werden, und

mit dem Recht auf Arbeit werden dann wohl die Menschenrechte schon kommen.

Etwas wird in OSCEOLA angesprochen, was bis dahin auch in
den US-Western noch nie zu sehen war und was bis heute ein
Tabuthema geblieben ist, selbst in der öffentlichen Diskussion:
der auch unter Native Americans vorkommende Rassismus. Im
Falle der Seminolen betrifft es die Schwarzen, die vor dem Se-
zessionskrieg zu ihnen geflohen waren und unter ihnen lebten –
was im Endeffekt als Vorwand benutzt wurde, um 1817 den
Krieg gegen die Stämme im damals noch zu Spanien gehören-
den Florida zu eröffnen. Übrigens gab es aufgrund dieser historischen Erfahrungen hier weniger Rassendiskriminierung als
bei anderen Stämmen. Trotzdem lautet die Botschaft des Films:
»Seminole ist Seminole, ob schwarz oder rot!«

Und der gute Indianer überzeugt nicht wie in den Western oder
bei Winnetou seine roten Brüder davon, das kriegslüsterne Treiben zu unterlassen und Frieden mit den Weißen zu schließen,
sondern ruft sie zum Widerstand auf nach dem Motto: Indianer
aller Länder, vereinigt euch.

Bei der Ausstattung holt man sich zwar versierte Ratgeber, doch
dafür fallen ostdeutsche Sprachregelungen wie Geheimnismann
für Medizinmann oder Dragoner für Kavallerie auf sowie eine
Dramaturgie, die sehr an Bühnenaufführungen erinnert. Das
Merkwürdigste aber sind die Charaktere der Indianer. Sie denken und handeln genauso gradlinig rational wie ihre weißen Gegenspieler und unterscheiden sich von diesen nur durch ihr Out-
fit. Und wenn sie wie in OSCEOLA das Recht auf Arbeit einfor-
dern, dann beschleicht einen der Verdacht, den guten sozialisti-
schen Menschen der Zukunft im Faschingskostüm vorgeführt zu
bekommen.

Nach seinem Ausflug nach Kuba trat Gojko Mitíc später zu den
APACHEN (1973) über. Im Grenzgebiet zwischen Mexiko und
den USA leben die Kupferminen-Indianer mit den Mexikanern
in friedlicher Koexistenz. Einmal im Jahr kommen alle in Santa
Rita zusammen und feiern gemeinsam ein Fest. Die Yankees
wollen die Gelegenheit nutzen und den gesamten Stamm ausrotten, weil es im Gebiet der Indianer Kupfer und Silber gibt.
Außerdem bezahlt der Gouverneur 100 Dollar für jeden toten
Krieger, 50 für Frauen und 25 für Kinder, autorisiert also den

Völkermord. Die Falle schnappt zu, die wehrlosen Opfer werden mit einer Kanone niedergemäht. Hinterher gehen die Yankees zu den Leichenbergen und skalpieren die Toten. Häuptling Ulzana (Gojko Mitíc) und einige wenige überleben. Ulzanas

Gojko Mitíc – der Winnetou des Ostens in OSCEOLA *Die rechte Hand der Vergeltung (1973)*

Frau ist tot. Die Letzten der Kupferminen-Indianer finden Aufnahme bei einem befreundeten Stamm, und Ulzana bricht mit sieben Kriegern nach Santa Rita auf, um Rache zu nehmen. Die Mexikaner fliehen, die Yankees werden getötet, Santa Rita wird eine Geisterstadt. Zwischenzeitlich ist ein Kavallerie-Offizier (Rolf Hoppe) aufgetaucht, aber die US-Armee wendet sich einstweilen anderen imperialistischen Unternehmungen zu. Die Geschichte verlangte natürlich nach einer Fortsetzung. In ULZANA, DER UNBESIEGTE HÄUPTLING (1974 wieder von Gottfried Kolditz inszeniert) ist der Held Häuptling der Mimbreno-Apachen geworden und hat die schöne Mexikanerin Leona (Renate Blume) geheiratet. Während das glückliche Paar im Fluß badet, machen sich im Hintergrund bereits einige Yankees konspirativ zu schaffen und stören die Idylle. Es gibt wieder ein Fest. Diesmal haben die Apachen die Kavallerie zum Erntefest eingeladen. Captain Burton (Rolf Hoppe) ist hingerissen von Leona und kann kaum glauben, daß sie freiwillig bei den Indianern lebt.

Ulzana führt stolz die Bewässerungsanlage vor, dank deren sie sich selbst ernähren und sogar noch etwas verkaufen können. Wenn die anderen Stämme das System übernehmen, werden bald alle Indianer von den Weißen unabhängig sein. Die Geschäftsleute in Tucson wollen das verhindern, denn sie liefern den Indianern die Almosen der Regierung und machen fette Profite mit deren Hunger. Sie sprengen die Bewässerungsanlage. Burton erhält eine Gewinnbeteiligung und sieht zu, mit Rückendeckung aus Washington.

Es gibt Krieg, die Apachen werden in ein unfruchtbares Reservat gebracht und als Bettler gehalten: »Unser Hunger ist mehr wert als unsere Skalps.« Ulzana führt mit einigen Kriegern den Kampf fort. Burton, der Leona vergewaltigen wollte, wird mit dem Lasso eingefangen und in einen Abgrund befördert. Das erinnert an die Karl-May-Filme, wo man die Schurken auch gern in die Tiefe stürzen ließ. In beiden deutschen Staaten scheint da noch der Einfluß des Bergfilms nachzuwirken.

Ulzana bringt seinen Stamm schließlich nach Mexiko, in die Sierra Madre. Dort ist das Leben hart, aber die Apachen sind frei.

ULZANA ist einer der besten Indianerfilme der DEFA, weil er seine Beobachtungen und Analysen, die auch mancher Hollywood-Produktion gut anstehen würden, weniger holzschnitt-artig illustriert. Allerdings tötet Burton Leona, bevor er selbst umgebracht wird. Am Ende streckt Ulzana traurig die Hand aus, aber Leona ist nicht mehr da, um sie zu ergreifen.

Burton hat die tödliche Kugel abgefeuert, doch den Auftrag dazu haben ihm Drehbuchautor und Regisseur erteilt. So fort-schrittlich war die DDR nicht, das mit der Rassenmischung lockerer zu sehen als die Amerikaner.

Eines haben sie alle gemeinsam: Immer siegt das Gute, und auf dessen Seite in Umkehrung der historischen Tatsachen der rote Mann. Die Unterschiede in Ost und West könnte man fast über-sehen: Im Westen wird der Sieg über das individuelle Schlechte gefeiert – der üble Bösewicht fällt den Abgrund hinab in die von grinsenden Apachen aufgestellten Speere –, im Osten der Sieg über das imperialistische Ausbeutersystem USA – Osceola eint die Seminolen und kann einen gerechten Lohn aushandeln. Die-se Verdrehung und Verklärung der Vergangenheit nennt man Romantik.

Beeindruckt von dem Erfolg ihrer fransentragenden teutoni-schen Nachbarn ließ sich Cinecittà nicht lumpen. Zuerst stiegen die Italiener in Koproduktionen wie SAMSON UND DER SCHATZ DER INKAS (1964) ein, in der sie ihre langjährige Sandalenfilm-Erfahrung einbrachten. Dann konnte Sergio Leone mit PER UN PUGNO DI DOLLARI (*Für eine Handvoll Dollar*, 1964) mit dem Importamerikaner und Rettungsschwimmer Clint Eastwood den Italo-Western als neue Welle etablieren. Die Stilisierung einer kalten, anarchischen Welt mit einem coolen, gefühlsarmen Helden, was beides dem moralischen Bild des amerikanischen Western der 60er Jahre widersprach, ebnete den Weg für einen neuen Heldentypen: den wortkargen Rächer, der durchaus auch eine rote Haut tragen konnte wie Burt Reynolds in Sergio Cor-buccis NAVAJO JOE (1966). Schließlich hatte sich ja schon Clint Eastwood in *Für eine Handvoll Dollar* einen Poncho überge-stülpt. Der Italo-Western wurde zur Wiederbelebung des We-sterns in den USA, so wie Clint Eastwood den Umweg über Ita-lien brauchte, um nach Hollywood einzuziehen. So schloß sich der Kreis – so fern und doch so nah von der Geschichte, wie der Westen in den Osten kam und wieder westwärts zog.

In Deutschland selbst gab es in der Folge nur noch einzelne Indianerfilme, die dafür um so engagierter mit dem Winnetou-Klischee aufräumten, so TSCHETAN, DER INDIANERJUNGE (1972) von Hark Bohm oder DIE FARBE DER INDIOS (1987) von Klaus Lautenbacher. Und mit THE WOLFER *(Die Rache des Wolfjägers)* kam 1977 sogar der erste Schweizer Western, in dem der Außenseiter Angelo Burri das falsche Bild und die Stereotypen der Indianerfilme mit einem historischen Stoff korrigieren wollte.

Plastik-Indianer

Die 70er Jahre – Zwischen neuer Authentizität und Vietnam-Allegorie

Studentenunruhen und Bürgerrechtsbewegung, Black Panther und Frauenbewegung, Vietnamprotest und Hippiebewegung – in dieser Zeit entsteht das, was allgemein als Indianerfilm bezeichnet wird: Filme, in denen Indianer zu Helden der Handlung gemacht werden oder die vorzugsweise deren Perspektive folgen. Waren Filme wie BROKEN ARROW (1950) noch die Ausnahme gewesen, bildeten sie jetzt ein eigenständiges Genre. Martin Ritt, Arthur Penn, Sidney Pollack, Robert Aldrich oder Robert Altman – alle wichtigen emanzipatorischen und »politischen« Regisseure, die die 60er Jahre geprägt hatten, drehten ihren Indianerfilm. Paul Newman, Robert Blake, Dustin Hoffman, Richard Harris, Candice Bergen, Charles Bronson und Robert Redford spielen Indianer oder Weiße, die es vorziehen, in der anderen Kultur zu leben. Als Deserteure des American way of life halten sie die indianische Kultur für die bessere.

Es begann Ende der 60er Jahre mit einem jungen Mann, der schweigsam und stolz die Schmähungen einer korrupten und sich überlegen fühlenden weißen Gesellschaft über sich ergehen läßt. Wie in STAGECOACH (1939) ist eine Kutsche unterwegs. Doch die Gefahr geht nicht von blutrünstigen Apachen aus, sondern von weißen Banditen, die die Gier nach Geld treibt. In dieser Situation drehen sich die Verhältnisse um. Der schweigsame Mann bewegt sich in der Ausnahmesituation mit der Geschmeidigkeit einer Raubkatze und weiß als einziger, wo es langgeht, während die kulturellen Sieger als Trampel durch die Wüste stapfen. Als Weißer hat er das Leben unter den Indianern gewählt. Doch aus Liebe zu einer Frau begeht er zwei Fehler und muß dafür sterben: Das erste Mal verläßt er das Reservat, seine von ihm gewählte Heimat. Das zweite Mal weicht er vom Handeln ab, das durch das indianische Denken geprägt ist.

Die fremd wirkenden Charakterzüge eines ungewöhnlichen Helden, der beispielsweise keine Regungen von Mitleid oder

Ermüdung zeigt, weil er weiß, daß er sich solche Sentimentalitäten für das Überleben nicht leisten kann, ließen zum erstenmal Schlüsse auf eine seltsame fremde Welt zu, für deren Denken man sich nie wirklich interessiert hatte.

Der junge Mann, John Russell, der unter Apachen aufgewachsen war, wurde von Paul Newman verkörpert, der Film war HOMBRE (*Man nannte ihn Hombre,* 1966) von Martin Ritt. Tatsächlich inszenierte Ritt HOMBRE als eine Art Remake von Fords STAGECOACH unter umgekehrten Vorzeichen. Denn jetzt reiten die Indianer nicht mehr länger mit wildem Kriegsgeheul hinter der Postkutsche her, sie sitzen drinnen, und überall sind die Weißen, mit denen Russell nichts zu tun haben will. Als er sich doch auf sie einläßt, wird er getötet.

Eindeutiger könnte die Aussage des Films nicht sein. Es ist wichtig, daß Russell als Weißer geboren wurde, denn es geht um Fra-

Jetzt sitzen die Indianer schon in der Kutsche – HOMBRE (1966)

166

Ein Paar ohne Zukunft: Robert Blake und Katharine Ross in TELL
THEM WILLIE BOY IS HERE/BLUTIGE SPUR *(1969)*

gen der Sozialisation, nicht der Rasse. Die Indianer sind den
Weißen in allen Belangen überlegen, aber das wird als gegeben
vorausgesetzt. Auch HOMBRE arbeitet also mit einem vorgefer-
tigten, wenn auch positiven Bild vom Indianer. In seiner gesellschaftlichen Wirklichkeit sieht man ihn nicht. Eigentlich geht es
wie in EASY RIDER (1969) um den Protagonisten einer jungen
Generation, die die USA mit ihrer »guten Gesellschaft« als
einen einzigen schlechten Trip sieht, von dem es gilt abzusprin-
gen.

Abraham Polonskys TELL THEM WILLIE BOY IS HERE (*Blutige
Spur,* 1969) spielt 1909 in Kalifornien. Der Titelheld (Robert
Blake), ein Paiute-Indianer, liebt seine Stammesgenossin Lola
(Katherine Ross), tötet in Notwehr deren Vater und flieht mit
Lola in die Mojave-Wüste. Nach den traditionellen Wertvorstel-
lungen der Paiutes haben Willie und Lola sich nicht schuldig ge-
macht, doch Sheriff Cooper (Robert Redford) muß widerwillig

die Verfolgung aufnehmen – eine Ausgangssituation wie in den Eskimo-Filmen von W. S. Van Dyke und Nicholas Ray. Für einen alten Indianerkämpfer ist der Vorfall eine günstige Gelegenheit, noch einmal »auf die Jagd« zu gehen. Bald sind auch Scharfschützen unterwegs, und da gerade der Präsident in der Gegend ist, wird die Presse aufmerksam und berichtet über frei erfundene Greueltaten der Indianer. Irgendwo in der Wüste wird Willie Boy von Cooper gestellt. Und hier muß der Delinquent sterben, nicht wie in den erwähnten Eskimos-Filmen, wo der Verfolger sein Opfer über die Jagd so gut kennengelernt hat und erkennt, daß er es laufenlassen muß. Cooper erschießt Willie und stellt dann fest, daß dessen Waffe nicht geladen war. Wenn er schon nicht als Indianer leben durfte, soll er wenigstens als Indianer bestattet werden. Cooper beauftragt deshalb einige von Willies Stammesgenossen, den Toten zu verbrennen. Am Ende kommen Reporter und versuchen, Willies Leichnam aus dem Feuer zu ziehen. Das Spektakel eines toten Indianers wollen sie sich nicht entgehen lassen.

Bevor Willie getötet wird, finden die Verfolger Lolas Leiche. Keiner der Weißen glaubt, daß Willie Boy sie getötet hat. Aber was ist dann mit ihr passiert? Die Weißen sind ratlos. Ein Paiute-Indianer meint, das sei ganz klar: Willie Boy habe sie erschossen, damit sie nicht in die Hände des Feindes falle. Ein anderer Paiute aber meint, sie habe sich selbst erschossen, um ihn bei der Flucht nicht zu behindern. Polonsky läßt die Frage offen. Er erklärt auch nichts. Das überläßt er den beiden Indianern aus dem Reservat, und deren Versuche bleiben unbefriedigend. Vielleicht könnten die alten Leute, Willies Tanten und Lolas Mutter, Auskunft geben über die Traditionen der Paiutes, aber die fragt keiner. Und einige alte Frauen, die Willie auf der Flucht aufsuchen will, sind einfach verschwunden, haben nur die Pistole von Willies Onkel, 15 Dollar und das Hemd seines Vaters zurückgelassen.

So werden wir mit dem Gefühl aus dem Kino entlassen, Angehörige einer Kultur gesehen zu haben, die mit den Kriterien der Weißen nicht zu fassen ist; einer Kultur, die vielleicht nur noch in Bruchstücken erhalten ist. Die Weißen, deutet Polonsky an, haben Willie in den Tod getrieben, weil sie umbringen, was sie nicht verstehen können.

Der Roman, der dem Film zugrunde liegt, bezieht sich auf einen authentischen Fall aus dem Jahre 1909. Doch der erfahrene Hollywood-Regisseur Abraham Polonsky, der auf Hollywoods schwarzer Liste stand und 20 Jahre lang nicht unter seinem Namen hatte produzieren können, gab ein ganz anderes Statement ab: »Verdammt – das ist kein Film über Indianer. Es ist ein Film über mich selbst.«

Die Prototypen für die Indianerfilme der 70er Jahre wurden also schon Ende der 60er entwickelt. Nach Martin Ritts HOMBRE und Polonskys TELL THEM WILLIE BOY IS HERE ging es 1970 richtig los.

Massakerfilme
Von Sand Creek bis My Lai

Inzwischen hatten die Native Americans es geschafft, Anschluß an die Emanzipationsbewegung der Schwarzen zu finden. Die Aktivisten indianischer Bürgerrechtsgruppen, die gegen das Vergessen beziehungsweise Vergessenwerden ankämpften, hatten mittlerweile gelernt, das Leid ihrer Völker durch öffentlichkeitswirksame Demonstrationen in den Medien präsent zu machen. Schauspieler wie Marlon Brando und Robert Redford begannen, sich für die Rechte der Indianer einzusetzen, und 1970 erschien Dee Browns Buch *Bury My Heart at Wounded Knee* (Begrabt mein Herz an der Biegung des Flusses), das schonungslos den Völkermord an den Indianern beschrieb und zum Bestseller wurde. Die Indianer waren jetzt nicht mehr die Angreifer, sondern die Opfer.

Arthur Penns LITTLE BIG MAN (1970) ist der erfolgreichste und populärste einer ganzen Reihe von Filmen, die alle Anfang der 70er Jahre in die Kinos kamen und von einem neu erwachten Interesse an den Indianern zeugen. In LITTLE BIG MAN erzählt Jack Crabb (Dustin Hoffman), mittlerweile 121 Jahre alt, einem Reporter, wie er bei den Cheyenne aufwuchs, später zwischen Weißen und Indianern hin- und herpendelte und die Indianerkriege miterlebte. Der Reporter sagt gleich zu Beginn, es sei völlig klar, daß die Weißen den Völkermord an den Indianern im Sinn hatten.

Das hatte man in dieser Deutlichkeit bis dahin im amerikanischen Film noch nicht gehört. Bisher waren die Indianer vom Aussterben bedroht gewesen, weil sie die letzten Relikte einer vergangenen Zeit waren, weil sie aus sozialdarwinistischen Gründen nicht überleben konnten (THE VANISHING AMERICAN, 1925) oder im Bewußtsein vieler einfach nur als Widersacher von Siedlern und Kavalleristen im 19. Jahrhundert aufgetaucht und genauso schnell wieder verschwunden waren. An der Perpetuierung dieses Mythos beteiligt sich auch LITTLE BIG MAN, denn auch da wohnen die Indianer in Tipis und kämpfen gegen Custer. Wenn auch unter anderen Vorzeichen.

Jack sagt am Anfang, er habe als kleiner Junge nicht nur Indianer gespielt, er sei ein Indianer gewesen. Der Reporter möchte gern etwas über die Lebensweise der Cheyenne erfahren, aber beschrieben werden eher Indianer, wie ein mit ihnen sympathisierender Weißer sie sich vorstellt. Das hat auch Penn den Vorwurf der mangelnden Authentizität eingetragen, aber er hielt es wohl eher mit John Ford, der davon ausgegangen war, als Weißer, dessen Wahrnehmung durch die weiße Kultur geprägt ist, ohnehin kein wahrhaftiges Bild von den Indianern liefern zu können.

In LITTLE BIG MAN tauchen die alten Helden des Western (Custer, Wild Bill Hickok) wieder auf, aber diesmal sind die Weißen die Karikaturen und nicht die Rothäute. Die weiße Gesellschaft ist durch und durch korrupt und zerfällt langsam wie der Wunderheiler Allardyce T. Merriweather (Martin Balsam), der ein Stück seines Körpers nach dem anderen verliert.

Der Völkermord auf der Anklagebank – Massaker in LITTLE BIG MAN (1970)

Absoluter Sympathieträger ist dagegen Häuptling Old Lodge Skins (Chief Dan George), der Jack großgezogen hat. Der alte Häuptling ist gütig, weise, humorvoll, hat in jeder Lebenslage einen poetischen Spruch parat und ist auch noch angenehm selbstironisch. Die Cheyenne, die sich selbst »Menschenwesen« nennen, sind genau das: hinreißend sympathische Menschen. Dafür müssen sie nicht einmal von weißen Schauspielern dargestellt werden, wie das bis dahin fast obligatorisch war.

Während also die Indianer in LITTLE BIG MAN einnehmende Menschen sind, die durch kleine Fehler und Schwächen nur noch sympathischer werden, kann man das von den Weißen nicht behaupten. Custer (Richard Mulligan) ist ein ebenso ethno- wie egozentrischer Karrierist, der vor jedem Massaker sein Aussehen im Spiegel überprüft (die Presse könnte dasein) und dann, inoffiziell, seinen Soldaten den Befehl gibt, gezielt auf Frauen zu schießen, da es schließlich um die Ausrottung der roten Rasse gehe. Grausam getötet werden auch Jacks Frau Sunshine (Amy Eccles) und ihr Baby. Jack versucht ohne Erfolg, Custer umzubringen, erlebt dann aber dessen Untergang am Little Big Horn mit. Custer ist mittlerweile völlig durchgedreht. Während um ihn herum seine Soldaten tot umfallen, glaubt er, vor dem Kongreß eine Rede über den roten Mann zu halten, und sieht sich schon auf dem Weg zur Präsidentschaft.

Darin steckt bittere Realität, denn Custer glaubte wirklich, durch ein weiteres Indianermassaker (das in den Medien natürlich nicht als ein solches erschienen wäre) genug Popularität für eine Kandidatur als Präsident gewinnen zu können. Andererseits verschleiert der Film die Tatsachen. Denn Custer zum Wahnsinnigen zu machen heißt auch, ihn aus konkreten politisch-ökonomischen Zusammenhängen herauszulösen. So kann die gezielte Ausrottung der Indianer rasch als die Tat eines Verrückten erscheinen. Man kann fast sagen, daß in den frühen 70er Jahren das Massaker durch die Weißen ebenso zum Indianerfilm gehört wie früher der Angriff roter Horden auf die Wagenburg. Dafür mußten Regisseure und Drehbuchautoren allerdings weniger die Phantasie als die Historie bemühen.

Penns Vorlage war das Massaker am Sand Creek, das alles in den Schatten stellte, was es im Krieg mit den Indianern bis dahin an Grausamkeiten gegeben hatte. Etwa 600 Cheyenne- und

LITTLE BIG MAN (1970) – der Simplizissimus des Wilden Westens

Arapahoe-Indianer hatten kapituliert und am Sand Creek ihr Winterlager aufgeschlagen. Die meisten waren Alte, Frauen und Kinder. Am frühen Morgen des 28. November 1864 überfiel Colonel Chivington mit 750 Mann das Lager und richtete ein furchtbares Blutbad an.

General Sherman hatte zuvor das schreckliche Wort geprägt, daß nur ein toter Indianer ein guter Indianer sei. Die »siegreichen Helden« vom Sand Creek veranstalteten anschließend in Denver eine Parade, auf der abgeschnittene Brüste und Genitalien, Skalps von Frauen und Kindern sowie andere grausige Trophäen zur Schau gestellt wurden. In einer großen Music Hall wurde das Programm unterbrochen, um die Mörder mit ihren Beutestücken auf die Bühne zu holen und zu feiern.

Die Bevölkerung von Denver hatte zuvor in den Zeitungen von scheußlichen Grausamkeiten der Indianer gelesen, die weit übertrieben oder frei erfunden waren: Jetzt machte sich der gesammelte Volkszorn Luft.

Die Ereignisse am Sand Creek und in Denver sind ein besonders trauriges Beispiel für den strategischen Einsatz von *atrocity tales*: man erzählt den eigenen Leuten von schrecklichen Untaten der anderen Seite und schlägt dann mit um so größerer Brutalität zurück. So entsteht ein Kreislauf des Schreckens.

Sand Creek war allerdings ein negativer Höhepunkt. Die Indianer konnten das nicht überbieten. Trotzdem zogen kleine Gruppen von Cheyenne, Arapahoes, Kiowas und Comanchen nach dem Massaker durch die Prärie und töteten jeden Weißen, den sie antrafen. Das Töten ging weiter.

Arthur Penn fand für seine ehrliche Darstellung des Massakers nicht nur Zuspruch. Viele hatten ein schlechtes Gefühl, weil die Indianer jetzt zwar die Opfer waren, dem weißen Publikum aber eben weiter als Kriegsgegner vorgeführt wurden. Mit Verweis auf die Funktion der Berichte über Massaker im 19. Jahrhundert, das Schüren weiterer Konflikte, machten Kritiker geltend, man solle die Indianer endlich in Filmen zeigen, die ihr Leben vor oder nach den Kriegen darstellen, statt sie einmal als Täter und einmal als Opfer, immer aber im Bezug zu den Weißen darzustellen.

Dieser Vorwurf ging vor allem an Ralph Nelsons SOLDIER BLUE (1969), der ganz die Darstellung von Gewalttaten in den Mittelpunkt rückte (in LITTLE BIG MAN ist das nur Teil der Geschichte) und in Deutschland unter einem Titel in die Kinos kam, der den Sachverhalt diesmal gut traf: *Das Wiegenlied vom Totschlag*. Der Verleih warb mit dem Slogan, es handle sich um den »härtesten Film der Welt«.

SOLDIER BLUE beginnt mit dem Überfall der Cheyenne auf einen Geldtransport der Armee. Nur Honus Gant (Peter Strauss), ein unerfahrener Rekrut, und Cresta Lee (Candice Bergen) überleben. Cresta wurde vom Häuptling der Cheyenne geraubt und später freigelassen, weil er sie nicht glücklich machen konnte. Honus und Cresta versuchen, sich zum nächsten Armeeposten durchzuschlagen, und es stellt sich bald heraus, daß Cresta nichts mit Honus' Vorstellungen von zarter, schutzbedürftiger Weiblichkeit zu tun hat, sondern im Gegenteil viel praktischer und selbstbewußter ist als er.

Früher, in THE SEARCHERS (1956) und anderswo, wurden die Verschleppten im Lager der Indianer wahnsinnig, jetzt kommen sie als emanzipierte Frauen zurück und haben Verständnis und Sympathie für die Indianer, statt die üblichen Horrorgeschichten zu erzählen.

Cresta und Honus sehen aus einem Versteck mit an, wie die Cheyenne die Leichen der Soldaten verstümmeln, aber Cresta meint, ganz in der Tradition der *atrocity tales*, es sei viel schlimmer, was die als Invasorenarmee beschriebene Kavallerie in Indianerlagern anrichte. Honus glaubt das nicht und wird erwartungsgemäß eines Besseren belehrt.

Nachdem Honus unterwegs verhindern konnte, daß ein Waffenhändler seine Ware zu den Cheyenne bringt, erreichen er und Cresta den Armeeposten, wo Colonel Chivington (im Film heißt er Iverson) gerade das Massaker am Sand Creek vorbereitet und sich über die Nachricht freut, daß die Cheyenne ohne Waffen sind, weil er sie dann leichter töten kann. Es folgt ein gnadenloses Gemetzel, in dem Regisseur Nelson alle Grausamkeiten zeigt, die er durch die Zensur bringen konnte. Die Gewaltdarstellungen sind mittlerweile allerdings zum Selbstzweck geworden, und mit den Indianern hat all das ohnehin nichts mehr zu tun.

In SOLDIER BLUE ist Honus Gant der Weiße, der ein fremdes Volk kennenlernt – das ist diesmal allerdings die Kavallerie, und die ist barbarischer, als die Indianer im Film es je gewesen sind. Die Untaten sind aber so unmenschlich und Colonel Iverson (John Anderson) ist so offensichtlich wahnsinnig, daß man sich auch als weißer Zuschauer allzu leicht von ihm und seiner Truppe distanzieren kann. Als Weißer identifiziert man sich ebenso wenig mit Iverson, wie Indianer sich früher mit bemalten Wilden identifiziert haben. Innerhalb eines festgefügten Schemas die Elemente auszutauschen ist noch kein Fortschritt.

Nelson und auch Penn geben vor, das Massaker am Sand Creek zu rekonstruieren, nehmen aber da Änderungen vor, wo sonst die Nähe zwischen Armee und Zivilisten zu groß würde. Bei beiden fehlen die Siegesfeiern in Denver, und während tatsächlich eine Miliztruppe für das Gemetzel verantwortlich war, die kaum Uniformen trug, stecken bei Nelson und Penn die Mörder alle in ordentlichen blauen Röcken und ziehen in gut eingeübter Marschformation in die Schlacht. Das macht einerseits das Töten wehrloser Opfer noch schockierender, weil es so kaltblütig

SOLDIER BLUE/DAS WIEGENLIED VOM TOTSCHLAG (1969) – gemeint war My Lai

geschieht, beschränkt den Kreis der Verantwortlichen jedoch auf eine bestimmte Gruppe, die Kavallerie.

In SOLDIER BLUE trägt Iverson bei der Attacke einen Tropenhelm und geriert sich als Kolonialherr. Statt aber darauf hinzuweisen, daß man in den USA jährlich den Tag der Unabhängigkeit von kolonialer Herrschaft feiert und gleichzeitig nur zögernd registrieren wollte, sich selbst an den amerikanischen Ureinwohnern versündigt zu haben, weicht Nelson in die Allegorie aus wie viele vor ihm. Denn eigentlich geht es nicht um Sand Creek, sondern um den Vietnam-Krieg, und besonders um das Massaker im Dorf My Lai, bei dem 1968 mehr als 100 unbewaffnete Zivilisten getötet wurden.

Nichts gegen eine (mehr oder eher weniger) verschlüsselte Anklage gegen einen als verbrecherisch empfundenen Krieg – aber

176

die Indianer sind in SOLIDER BLUE wieder das, was sie immer waren: Platzhalter für andere. So erlebte man 1970 auf der Leinwand mit, wie Cheyenne abgeschlachtet wurden, dachte aber an Vietnamesen und sah dabei die Native Americans wieder einmal nicht.

Bei LITTLE BIG MAN ist die Sache schwieriger. Dieselben Einwände gelten auch hier, aber nur für den Massakerteil des Films (SOLIDER BLUE ist dagegen ein einziges, lang anhaltendes und sich langsam steigerndes Gemetzel). Andererseits haben Penn und sein Produzent Gene Lasko mit der Besetzung von Chief Dan George als Old Lodge Skins ein neues Kapitel in der Geschichte der Darstellung von Indianern im Film aufgeschlagen. Und dann ist da noch Elliott Silversteins A MAN CALLED HORSE *(Ein Mann, den sie Pferd nannten),* der ebenfalls 1970 in die Kinos kam. Eine Pressekampagne hatte dem Publikum schon vor

Indianerfolklore – A MAN CALLED HORSE/EIN MANN, DEN SIE PFERD NANNTEN

177

der Premiere immer wieder eingehämmert, daß man weder Kosten noch Mühen gescheut habe, unter Anleitung von Experten alles so echt wie irgend möglich zu machen. Auf den Uneingeweihten wirkt der Film denn auch überwältigend authentisch.

Die Ausgangssituation in A MAN CALLED HORSE ist vertraut: Lord John Morgan (Richard Harris) wird 1825 von den Sioux gefangengenommen und dient Buffalo Cow Head, der Mutter des Häuptlings, als eine Art Arbeitssklave. Der ebenfalls gefangene Halbblut-Indianer Batise spricht Französisch und Englisch, und mit dessen Hilfe lernt Morgan die Sitten und Gebräuche der Sioux kennen, verstehen und sogar schätzen.

Als er einen Schoschonen tötet, wird er akzeptiert und schafft den gesellschaftlichen Aufstieg. Bevor er aber die schöne Running Deer (natürlich die Schwester des Häuptlings) heiraten kann, muß er – Höhepunkt des Films – das Sonnengelöbnis ablegen: Pflöcke aus Knochen werden an seinen Brustmuskeln befestigt, und er wird an Pferdehaaren hochgezogen.

Morgan gilt nun als richtiger Mann, heiratet Running Deer und verliert sie bald wieder, weil sie bei einem Angriff der Schoschonen ebenso getötet wird wie ihr Bruder, der Häuptling. Morgan stellt sich an die Spitze der Sioux. Unter seinem Kommando werden die Schoschonen zurückgeschlagen. Er könnte nun Häuptling sein, aber als auch Buffalo Cow Head stirbt, geht er zurück zu den Weißen.

Trotz seiner angeheuerten »Experten« betreibt der Film Etikettenschwindel und ist weit eher ein Rück- als ein Fortschritt in der Darstellung der Indianer. Seit die Sioux in einigen Custer-Filmen (etwa in Robert Siodmaks CUSTER OF THE WEST von 1966, aber auch schon in Walshs THEY DIED WITH THEIR BOOTS ON von 1941) hatten zeigen dürfen, daß sie es mit den Strategen der Kavallerie allemal aufnehmen konnten, schien das Thema eigentlich vom Tisch zu sein.

In A MAN CALLED HORSE brauchen die Sioux wieder den ihnen überlegenen Weißen, um gegen ihre Feinde bestehen zu können. Buffalo Cow Head wird von der Engländerin Dame Judith Anderson gespielt, die immerhin für sich in Anspruch nehmen konnte, die erste adlige Schauspielerin in einer Indianerrolle zu sein – der Begriff »edle Wilde« erhielt dadurch eine neue Dimension.

Auch mit der Authentizität dessen, was darüber hinaus auf der Leinwand gezeigt wurde, war es nicht weit hier. Denn bald meldeten sich wirkliche Fachleute zu Wort, um auf die vielen Fehler hinzuweisen. Hier seien nur einige erwähnt, weil sie repräsentativ auch für andere Filme sind, ohne dort aufgedeckt zu werden (mit ihrem werbewirksamen Getöne hatten die Produzenten das herausgefordert):

- Beim Sonnentanz der Sioux war der Tänzer, der zuvor eine ausführliche Selbstreinigung hinter sich gebracht hatte, wie im Film zu sehen, an Pferdehaaren befestigt, aber er tanzte um einen Pfahl und fügte sich durch eigene Handlungen Schmerzen zu, bis er in Trance fiel und eine Vision hatte, die dem ganzen Stamm von Nutzen war. Durch die Selbstkasteiung bewies er den Geistern seine Demut. In HORSE wird Morgan an den Pferdehaaren nach oben gezogen, und aus dem Sonnentanz wird das masochistische Ritual einer Macho-Gesellschaft, mit dem man den anderen Männern seinen Mut beweist und eine Frau gewinnt. Aus einer auf Gemeinschaft abzielenden Zeremonie wird so der Triumph des Individuums: Indianische Bräuche, aus weißer Sicht gezeigt und interpretiert, verkehren sich in ihr Gegenteil.

- Die HORSE-Sioux besteigen ihre Pferde von links wie die Weißen. In Wirklichkeit steigen sie von rechts auf.

- In seiner Suche nach Authentizität beruft der Film sich auf George Catlin, der in der ersten Hälfte des 19. Jahrhunderts eine Vielzahl von Indianern mit minutiöser Genauigkeit porträtiert, jeden Gemalten aber auch genau nach seiner Stammeszugehörigkeit interpretiert hatte. HORSE ist da weniger genau. Die einzelnen Elemente sind zwar richtig wiedergegeben, aber weil sie wahllos zusammengewürfelt werden, kommt wieder ein Einheitsindianer dabei heraus. Die Sioux sprechen zwar wirklich Lakota, aber ihre Haartracht reicht von den Assiniboin über die Nez Percé bis zu den Comanchen, die Tipis sind denen der Crow nachgebildet, und der Sonnentanz und das Gebäude, in dem er stattfindet, gehören zu den Mandans. Zudem umfaßte die Sprachfamilie der Sioux drei große Gebiete, die sich geographisch und kulturell deutlich voneinander unterschieden. Im Film sind es schlicht »die Sioux«.

Abgesehen von diesen Einwänden wirft HORSE auch deshalb

die Frage nach dem Stellenwert der Authentizität im Indianerfilm auf, weil sogar dasjenige Element, das dem Echtheitsan-
spruch des Films am meisten gerecht wird, Probleme aufwirft
und durch dramaturgische Notwendigkeiten gerade wegen seiner Authentizität verfälscht. Etwa 80 Prozent des Dialogs sind in
der Sioux-Sprache, an deren Korrektheit keiner etwas auszuset-
zen hatte. Da alles möglichst naturalistisch sein soll, hören wir
zusammen mit der Identifikationsfigur John Morgan die Sioux
sprechen, ohne etwas zu verstehen, bis sich der Dolmetscher Batise findet, der aber nur allgemein gehaltene Erklärungen abgibt
und einige kurze Sätze direkt übersetzt.

Ausführliche, den Ablauf der Handlung verzögernde Überset-
zungen von Batise, der zudem des Englischen nur begrenzt
mächtig ist, wollte man dem Publikum nicht zumuten, um es
nicht zu langweilen. Die Sioux zeichneten sich aber besonders
durch ihre Beredsamkeit aus. Sie waren fröhlich, lachten gern,
erzählten sich Witze und lange, poetische Geschichten. All das
geht in HORSE verloren. Was bleibt, sind karge, prosaische und
in schlechtem Englisch vorgetragene Sätze des Übersetzers. Die
durften die Indianer früher noch selber sagen. Man mag sich
darüber streiten, womit sie besser bedient waren.

HORSE wurde trotzdem ein großer Erfolg. Zumindest beim Publikum kamen die Indianer gut an. Das motivierte die Produzenten zu einer Fortsetzung, in der man Fehler beseitigen wollte und zu noch prätentiöseren Ergebnissen gelangte: THE RE-
TURN OF A MAN CALLED HORSE (1976). 1984 folgte dann THE
TRIUMPH OF A MAN CALLED HORSE. John Morgan stirbt darin,
triumphiert aber trotzdem, weil jetzt sein Sohn und ein weißer
Armeeoffizier dafür sorgen, daß die Indianer nicht aussterben.
Mit sich allein gelassen, würden sie sicher untergehen.

Das Bild der Geschichte (und wie es zustande kommt) interessiert auch Robert Altman in BUFFALO BILL AND THE INDIANS OR
SITTING BULL'S HISTORY LESSON (1976). Der Film beginnt mit
Indianern, die eine Farm überfallen, die weiße Frau rauben und
danach etwas unmotiviert im Kreis herumreiten. Plötzlich sagt
eine Lautsprecherstimme, daß uns hier der wahre Lauf der Geschichte präsentiert wird, und wir erkennen, daß sich alles in der
Arena von Buffalo Bills Wild-West-Show abspielt.

Wir schreiben das Jahr 1885. Da Buffalo Bill (Paul Newman) ei-

Und die Show geht weiter – BUFFALO BILL AND THE INDIANS OR SIT-
TING BULL'S HISTORY LESSON/BUFFALO BILL UND DIE INDIANER
(1976)

nen guten Schurken braucht, engagiert er unter dem Motto
»Feinde von '76 – Freunde von '86« Sitting Bull (Frank Kaquitts), den die Armee dafür gern aus der Reservation entläßt,
weil man damit rechnet, daß die Degradierung zum Schauobjekt
den Häuptling sicherer und dauerhafter zerstören wird, als jede
Kugel das könnte.
Höhepunkt in Buffalo Bills Programm ist die Nummer »Custer's
Last Stand«. Bisher wurde Sitting Bull von einem Schwarzen gespielt (»Das kam der Sache am nächsten«), aber jetzt, mit dem
echten, soll alles *noch* realistischer werden, denn nur hier, heißt
es, wird der Kampf zwischen Rot und Weiß unparteiisch dargestellt. Das sieht so aus, daß Sitting Bull und seine Sioux Custer
meuchlings ermorden und anschließend von Buffalo Bill besiegt
werden.

Sitting Bull will da nicht mitmachen und schlägt statt dessen eine andere Nummer vor, die er selbst erlebt hat: Man sieht, wie die Indianer einen Kavallerie-Offizier und seine Männer freundlich willkommen heißen und dann das ganze unbewaffnete Dorf abgeschlachtet wird.

Bill weiß jetzt, daß die Zusammenarbeit mit dem Häuptling der Sioux nicht so sein wird, wie er sich das vorgestellt hat. Was folgt, ist ein unterschwelliger Machtkampf zwischen beiden, und Bill wird – vor einem Gemälde stehend, das ihn in Siegerpose zeigt – zunehmend frustrierter.

Für die Indianer und ihre Probleme interessiert sich trotzdem keiner. Als der Präsident die Show besucht, will Sitting Bull ihm eine schlichte Bitte vortragen, deren Erfüllung die Not seines Volkes lindern könnte. Diese Bitte müsse er entschlossen ablehnen, betont der Präsident und merkt nicht einmal, daß er sie sich noch gar nicht angehört hat. Sitting Bull geht daraufhin zurück ins Reservat. Später erfahren wir, daß er erschossen wurde.

In der Wild-West-Show kann jetzt alles so ablaufen, wie Buffalo Bill es haben will. Sitting Bull hat ohnehin nicht in sein Konzept gepaßt, denn bereits als der körperlich eher kleine Sitting Bull zu Bills Truppe stößt, verwechseln ihn alle (auch die, die angeblich gegen ihn gekämpft haben) zuerst mit seinem Dolmetscher William Halsey (Will Sampson). Der nämlich ist ein wahrer Hüne. »Geschichte, wahre Geschichte, verlangt Größe«, sagt einer von Bills Leuten, und weil der Showman sich die nur rein visuell vorstellen kann, ist der Häuptling eine glatte Fehlbesetzung: »Du siehst überhaupt nicht echt aus!«

Bill hat inzwischen ein neues Show-Programm einstudiert. Bevor er in die Manege reitet, erklärt er Custer noch schnell zum guten Menschen und Märtyrer, weil er die Indianer durch seinen Tod berühmt gemacht hat. Das ist der Gipfel des Zynismus, fällt aber kaum mehr auf, weil in der Wild-West-Show und ihrem Umfeld der Zynismus längst Normalität geworden ist.

Halsey, der so aussieht, wie alle sich Sitting Bull vorstellen, hat jetzt dessen Rolle übernommen. So ist aus Phantasie Realität geworden, aber die Realität – Altman läßt es uns nie vergessen – ist gelogen. In Buffalo Bills Inszenierung tötet Halsey als der Indianer, »der mehr weiße Männer getötet und mehr weiße Frauen geschändet hat als jeder andere«, feige General Custer, um dann vor dem Helden der Show in die Knie zu gehen. Im Zweikampf hat er keine Chance.

Buffalo Bill genießt die Ovationen des Publikums. »Die Zuschauer«, heißt es in WHEN THE LEGENDS DIE, »applaudierten der Darbietung nach dem aufregenden Schluß voller Begeisterung.« Bill strahlt vor Glück, mit sich und der Welt im reinen. Endlich hat er Sitting Bull besiegt. Und er kann es wiederholen, so oft er will.

Arthur Penns LITTLE BIG MAN hält zum Klischee der dem Untergang geweihten roten Rasse einen schönen Kommentar bereit. Mit Griffith, wir erinnern uns, fängt alles an. Seine Filme haben Untertitel wie »Die Misere des zivilisierten roten Mannes« (CALL OF THE WILD, 1908) oder »Eine Tragödie im Indianerreservat« (A BROKEN DOLL, 1910). Je näher die Handlung an die Gegenwart heranreicht, desto geringer sind die Chancen der Indianer schon im Untertitel.

In Geschichten, die weiter zurückliegen, sind Griffiths Rothäute wesentlich aktiver. In THE BATTLE AT ELDERBUSH GULCH wird zuerst getanzt, dann werden Hunde gebraten und gegessen, anschließend sollen Pioniere massakriert werden.

In LITTLE BIG MAN ist für das Massaker die Kavallerie verantwortlich, und die Schlacht am Little Big Horn ist ein Akt der Selbstverteidigung. Nach der Schlacht glaubt Old Lodge Skins, daß er sterben wird. Er steigt mit Jack Crabb auf einen Hügel, verabschiedet sich von der Welt, sieht den Untergang der Cheyenne vorher, legt sich zum Sterben und schließt die Augen. Alles ist sehr symbolisch. Dann fängt es an zu regnen. Erste Tropfen fallen in Old Lodge Skins' Gesicht, er öffnet die Augen und muß feststellen, daß er noch lebt. Die Vorahnung war falsch, und Jack freut sich. Das Aussterben muß noch warten. Und überhaupt hat Old Lodge Skins eine neue Frau mit zarter Haut. Zu der gehen die beiden jetzt hinunter ins Lager, weil sie doch so hervorragenden Hundebraten macht.

Rote Rambos und roter Trash
Wenn die Legenden sterben

Die Stilisierung des schweigsamen Helden, wie sie Martin Ritt in HOMBRE als Gegensatz zur Geschwätzigkeit der weißen Helden vorgenommen hatte, zeitigte Folgen. Sie eignete sich vorzüglich für die Wiederbelebung eines Macho-Typen, der als Fossil im Western jener Zeit eigentlich nicht mehr überlebensfähig war. Dort kamen die alten weißen Helden nicht mehr mit der neuen Welt zurecht, zweifelten an sich selbst oder waren als Psychopathen von den Gegenspielern kaum noch zu unterscheiden. Während im Western der späten 60er Jahre die alten Gestalten homerischer Größe zu Antihelden mutierten, feierte der Rächer der Witwen und Waisen in den Indianerfilmen seine Auferstehung. Mit CRY BLOOD APACHE (*Schreit, wenn wir verrecken,* 1970) oder Charles Bronson in CHATO'S LAND (*Chatos Land,* 1972) war ein neues Stereotyp geboren: der Indianer als Rächer. Und auch dieser hatte seinen Prototyp bereits im Niemandsland Ende der 60er Jahre gefunden.

Tom Laughlin, der indianischer Abstammung ist, spielte (unter dem Pseudonym T. C. Frank) in BORN LOSERS, den er 1967 auch selbst inszenierte, den Halbblut-Indianer Billy Jack, der in Vietnam Mitglied einer Spezialeinheit war und sich danach in die Berge zurückgezogen hat. Als eine Rocker-Gang eine kalifornische Kleinstadt terrorisiert, sich die Bürger feige wegdrehen und Frauen vergewaltigt werden, kommt der Einzelkämpfer zurück und sorgt dafür, daß die Rocker ihre gerechte Strafe bekommen. Durch den Akt der Selbstjustiz sorgt Billy Jack für Recht und Ordnung, und die weißen Bürger können aufatmen. Das Ganze hat stark reaktionäre Züge, aber für Native Americans war es ein völlig neues Gefühl, im Kino weder rote Vergewaltiger noch tragische Opfer weißer Ungerechtigkeit zu sehen, sondern einen indianischen Rambo-Vorläufer, der mit dem weißen Gesindel aufräumt und dafür vom weißen Publikum Beifall erhält.

Auch das verlangte nach Fortsetzung. 1971, in BILLY JACK, kehrte der indianische Karatekämpfer zurück und verteidigte Kinder aus dem Reservat und deren weiße Lehrerin gegen Bösewichter aus der Stadt. Weil er dabei wieder alles andere als zimperlich zu Werke geht, muß er sich am Ende vor dem Gesetz verantworten, erreicht dafür aber, daß der Fortbestand der Schule gesichert ist.

Als er 1974 aus dem Gefängnis freikommt (THE TRIAL OF BILLY JACK), werden die Indianer aus der Reservatsschule allerdings schon wieder von weißen Rassisten mißhandelt, und die allen schwierigen Situationen gewachsene, Gewalt aber eigentlich ablehnende Kampfmaschine Billy Jack entwickelt sich endgültig zur Comic-strip-Figur. Jede nur denkbare soziale Ungerechtigkeit wird angesprochen, und der Held macht sich in einer Mischung aus indianischer Spiritualität und Kampfgeist der alten Krieger sofort daran, für Abhilfe zu sorgen. Das konnten die meisten nicht mehr ernst nehmen, und Tom Laughlin zerstörte durch Größenwahn die Figur, mit der er so vielversprechend an-

Rückkehr zum Lendenschurz – CHATOS LAND (1972)

gefangen hatte. Für das Publikum war Billy Jack jetzt nur noch »Silly Jack«.

Als Laughlin ihn 1977 auf den Spuren von James Stewart auch noch nach Washington schickte, um da der Regierung zu zeigen, was eine Harke ist (BILLY JACK GOES TO WASHINGTON), verschwanden Film, Figur und Hauptdarsteller/Regisseur endgültig in der Versenkung.

Dafür erfuhren sie die Auferstehung in der Serie NAKIA (*Nakia, der Indianersheriff,* 1974), die man tatsächlich als Red Trash bezeichnen könnte. Ein roter Supermann erscheint auf seinem Motorrad wie weiland die Kavallerie, wann auch immer bei den Witwen und Waisen Not am Mann herrscht. Das Interessante ist, daß damit ein Stereotyp geboren ist, das damit serienfähig wird. So wird beispielsweise in der TV-Serie RENEGADE (Pilotfilm 1992) der Ex-Cop und jetzt vogelfreie Rächer Reno Raines (Lorenzo Lamas) in seiner Arbeit für Recht und Gerechtigkeit von dem indianischen Head-Hunter Bobby Sixkiller (Branscombe Richmond) unterstützt.

Ein reiner Rächerfilm war CRY BLOOD, APACHE (*Schrei, wenn wir verrecken,* 1970). Vier Männer und ein Scout richten unter einer Apachenfamilie ein Massaker an und nehmen ein Mädchen gefangen, damit es sie zum Gold der Apachen führt. Der junge Bruder, der auf der Jagd war, nimmt die Verfolgung auf, tötet einen nach dem anderen auf grausame Weise, bis ihn beim Zweikampf mit dem Scout die eigene Schwester erschießt. Die Bande sieht eher wie Hippies aus, und der Apache ist eine reine Kunstfigur. Das einzige, was übrigbleibt, ist die Gnadenlosigkeit der Rache, und die Wüste wirkt wie ein Gefängnis. Sie spiegelt das Innenleben der Figuren wider: wüst und leer.

Wenig zu tun mit indianischem Leben hat auch CHATO'S LAND (1972) von Michael Winner. Der Halbblut-Apache Chato tötet aus Notwehr einen Sheriff und macht die ihn verfolgende Bürgerwehr schließlich selber zu Gejagten, wobei ihm nach der Vergewaltigung seiner Frau und dem Mord an seinem Bruder alle Wege der gnadenlosen Rache offenstehen. Nur drei Dinge sind bemerkenswert. Zum einen sind die Weißen wieder einmal tölpelhaft und überheblich dargestellt (wie bei HOMBRE) und der Rote ist als Held der Sympathieträger, zum anderen führt er sie in das Land, das nur er kennt, wo die Weißen nichts verloren ha-

*Die Apachen sind los – ULZANA'S RAID/KEINE GNADE FÜR ULZANA
(1972)*

ben und wo er seinen Guerillakampf führen kann. Dies wurde
als Metapher dafür gesehen, daß die Weißen in sein Land (Amerika) eingedrungen sind, in dem sie nichts verloren hätten. Dagegen ist einzuwenden, daß zum einen die Apachen tatsächlich
in ihren historischen Aufständen den Rückzug in die Wüste und
die Berge pflegten und mit ihrer Guerillataktik (so hatte Geronimo mit 36 Apachen jahrelang mehr als 5000 Soldaten genarrt)
die Vereinigten Staaten mehr Menschenleben und Geld geko-
stet hatten als alle Indianerkriege zusammen, zum anderen waren ihnen als Reservate und Lebensräume nur wertlose Landstriche und Wüstengegenden zugewiesen worden. Die dritte Be-
sonderheit betrifft den Umstand, daß Chato für die Verfolger
nie wirklich auszumachen ist. Und wenn man eine Metapher in
seinem Kampf und seinem Rachefeldzug sehen will, dann darin,
daß er die gleiche Guerillataktik anwendet und genauso wenig
zu erspähen ist wie Charly im Dschungel von Vietnam.
Und dann kam ein alter Mann daher, der in den 50er Jahren mit
seinem Film MASSAI unter anderem den Anstoß für die Welle

der Indianerfilme gegeben hatte, und stieß alle vor den Kopf mit einem zwar im Stil der Zeit grausamen Western, aber ohne komödiantische und ohne humanistische Schnörkel. Robert Aldrichs ULZANA'S RAID (*Keine Gnade für Ulzana,* 1972) ist in diesem Sinne ein wirklicher Spätwestern. Gerade Aldrich, der mit MASSAI in den 50er Jahren einen der ersten Indianerfilme gedreht und zusammen mit BROKEN ARROW von Delmer Daves eine Richtungsänderung in der Haltung gegenüber den Indianern in den Western eingeleitet hatte, zeigte die Indianer wieder als grausame und wilde Bestien. Mit sieben Kriegern verläßt Ulzana das Reservat, weil die Lebensumstände der Apachen unerträglich geworden sind. Eine Kavallerie-Einheit unter Leitung eines unerfahrenen Leutnants, dem der alte Indianerkämpfer McIntosh (Burt Lancaster) und der Apachen-Scout Ke-Ni-Tai zur Seite gestellt sind, nimmt die Verfolgung auf. Dabei werden sie mit den grausam getöteten Opfern der herumziehenden Apachen konfrontiert. Eines Abends, nachdem sie die Familie eines Farmers begraben haben, befragt ein junger Leutnant aus der Verfolgermannschaft den mitreitenden Apachen-Kundschafter Ke-Ni-Tai über die Motive von Ulzanas Handeln. Ihn interessiert insbesondere, warum der aus dem Reservat entflohene Apache seine Opfer so grausam mißhandelt und was er dabei empfindet:

»Ke-Ni-Tai, ich möchte dich etwas fragen. Warum sind deine Leute so? Ich meine, so grausam? Was ist der Grund?« – »Nun, sie sind so.« – »Aber warum?« – »Sie sind eben so und sind immer so gewesen.« – »Bist du auch so? Würdest du einen von denen so töten können?« – »Ja!« – »Wirklich? Warum?« – »Ich erhalten Macht. Ein Mann, der tot ist – den Mann, der ihn töten – stärker machen. Mann geben ab seine Kraft, wenn er tot. Wie Feuer Hitze abgeben – Feuer, das brennen und lange wärmen – viele so erben Kraft.« – »Du meinst, du folterst einen Mann wie Wackheiser und wirst mächtiger durch die Qualen eines armen menschlichen Geschöpfes? Was für eine Macht oder Kraft ist das?« – »In diesem Land man muß haben Kraft! Du nichts über Kraft wissen.« – »Ich will lernen. Und verstehen, Ke-Ni-Tai.« – »Ulzana schon sehr lange leben in Reservation. Seine Macht werden klein. Schmecken auf seiner Zunge nur noch Geschmack von Reserva-

tion – alter Geschmack. Schmecken Weiber, schmecken Whisky, schmecken Frauenarbeit. Mann mit altem Geschmack auf der Zunge ist alter Mann. Ulzana reiten für neuen Geschmack. Schmecken Pferde, schmecken Brand, schmecken Beute – für Macht. Soldat begehen Selbstmord, nicht geben Kraft – weiße Frau nicht besser. Nicht machen Lust.«

Vielleicht aber war Robert Aldrich mit seiner Darstellungsform nur wieder ein Stück voraus, indem er zum einen die Unvereinbarkeit der Kulturen zu diesem historischen Zeitpunkt zeigte und alle verständnisvollen Harmonisierungsversuche als Seelenkitsch und romantische Gefühlsduselei entlarvte, zum zweiten einen anderen Weg des Verstehens versucht. Mit dem obigen Beispiel des Erklärungsversuches des Verhaltens der Apachen, mit dieser Theorie des Machtgewinns durch Töten wird zum ersten Mal versucht, nicht durch Übertragung eigener Muster und Denk- sowie Verhaltensweisen die andere, fremde Kultur zu verstehen und damit im Endeffekt der eigenen zu assimilieren. Ganz lakonisch bringt der Veteran McIntosh seine Ansicht zum Ausdruck: »Die Apachen zu hassen, wäre ebenso sinnlos, wie wenn man die Wüste dafür haßte, daß sie kein Wasser hat.« Im übrigen klingt die Machttheorie gar nicht so fremdartig, schließlich gehört sie als Motiv zum mythologischen Schatz der meisten Kulturen. Machtzuwachs durch Töten, Kraftübertragung durch Aussaugen des Mitmenschen – diese Vorstellung ist Grundlage für den abendländischen Mythos von Dracula und Vampirismus. Was die Kritiker abschreckte, war die Gefahr, daß damit das Bild von den Indianern wieder in die Nähe von Kannibalen rückte.

Im Hier und Jetzt

Little Big Man, Soldier Blue, Altmans Buffalo – sie alle kommen daher im fransigen Kostüm. Nur zwei Filme machten eine Ausnahme: Flap und When the Legends Die.

Wenn Flap (auch: The Last Warrior, *Der letzte Indianer,* 1970) nicht so in die Klamotte abgerutscht wäre, hätte es ein richtungweisendes Werk werden können. Denn die literarische Vorlage *Nobody Loves a Drunken Indian* (1967) von Clair Huffaker ist es. Hier kommen alle die aktuellen Probleme des gegenwärtigen Reservatslebens zur Sprache und das erste zögerliche Erwachen des indianischen Bewußtseins. Hier werden auch zum erstenmal die Formen indianischen Widerstands dargestellt, die Märsche und Sit-ins, die Öffentlichkeitsarbeit und das Einklagen von Rechten aus alten Verträgen, die in der zweiten Konsequenz zur Wiederentdeckung der spirituellen Wurzeln und der eigenen Kultur führen.

Anstoß für die Handlung ist die Auseinandersetzung um die Überbauung einer indianischen Begräbnisstätte, ein Anlaß für Streitigkeiten, der bis heute aktuell geblieben ist, wie der bewaffnete Aufstand der Mohawk-Krieger 1990 wegen der Planierung eines Indianerfriedhofes für die Errichtung eines Golfplatzes zeigte. Doch wie schon erwähnt, vielleicht um eine populistischere Wirkung zu erzielen, obwohl schon das Buch einen ironischen Ton anschlug, der eher aus dem Geist des Pessimismus geboren ist, ließ man Anthony Quinn die sirtakitanzende Rothaut abgeben – da konnte der Film nicht besonders viel anecken: indianischer Widerstand geboren aus einer Bierlaune.

Überzeugender geriet When the Legends Die (*Die Legende von Killer Tom,* 1972) von Stuart Millar. Im Prolog holt ein alter Indianer Thomas Black Bull, einen Jungen vom Stamm der Utes, der in den Bergen Colorados aufgewachsen ist, in die Schule des Reservats, weil seine Eltern gestorben sind. Dort will er von den alten Bräuchen erzählen, nach denen er erzogen wurde, aber in der Schule behandelt man ihn wie ein wildes Tier, das man gefangen hat, und der Direktor meint, er soll erst die neuen Bräuche lernen. Anpassung ist gefordert, und im Unterricht wird die richtige Satzstellung geübt: »Die Zuschauer applaudierten der Darbietung nach dem aufregenden Schluß voller Begeisterung.«

Jahre später wird Red Dillon (Richard Widmark) auf den jungen Tom (Frederic Forrest) aufmerksam, weil er so gut reiten kann. Dillon übernimmt für Tom die Vormundschaft, holt ihn aus dem Reservat und bildet ihn zum Rodeo-Reiter aus.

»Soll ich jetzt Sirtaki tanzen oder was?« – Anthony Quinn in
FLAP/THE LAST WARRIOR/DER LETZTE INDIANER (1970)

Wenn Tom auf einem Pferd sitzt, dann ist das für ihn das Verschmelzen von Mensch und Natur. Dillon hält von solchen Gedanken nichts. Er bringt ihm bei, wie man Pferde mit unsauberen Tricks bricht sowie im Rodeo aus strategischen Gründen gewinnt und verliert, um beim Wetten Geld zu verdienen. Die beiden – der kaputte Cowboy mit Leberzirrhose und der Indianer, der nicht weiß, wo er hin soll – fahren von Rodeo zu Rodeo, wo die Klischees des alten Westens besungen werden und mit jeder neuen Vorstellung doch nur ein zynischer Abdeckbetrieb seine Tore öffnet.

Millar nimmt das ganz wörtlich. Während rings um ihn herum die alten, zu Zirkusattraktionen verkommenen Ideale ausgeschlachtet werden, wird Tom immer skrupelloser und behandelt die Pferde so brutal, daß sie unter ihm sterben und nur noch für den Pferdemetzger taugen. Er tut jetzt das, was die Weißen von ihm erwarten, erwirbt sich den Beinamen »Killer Tom Black« und wird schließlich sogar den Weißen unheimlich, weil er noch zynischer ist als sie. Der Film wird dabei immer dunkler, je begeisterter die Stimmen der Ansager neue Rodeo-Attraktionen ankündigen, und man sehnt sich nach den wunderbar klaren Bildern des Prologs in den Bergen zurück.

Als Tom sich bei einem Sturz verletzt, findet er im Krankenhaus zu sich selbst und geht nach einer kurzen Affäre mit einer Krankenschwester zurück ins Reservat. Dort meldet er, daß er die neuen Bräuche gelernt hat, und will, daß man ihm jetzt zuhört: »Ich möchte bei den Pferden bleiben.«

WHEN THE LEGENDS DIE ist ein Lern- und Verlernfilm, an den Zyklen der Natur orientiert. Am Anfang ist es Winter und am Schluß wieder. Tom versucht, so zu werden wie sein Cowboy-Vorbild Red Dillon, entlarvt dessen Hohlheit und kehrt, nachdem er den Anpassungsplan übererfüllt hat, desillusioniert in das Reservat zurück, um dort wieder anzufangen, wo er vor Jahren aufgehört hat.

Millar erzählt das lakonisch und unaufgeregt und spart sich auch einen spektakulären Schluß. Den begeisterten Applaus überläßt er den Akteuren des Rodeos, die routiniert Wiederbelebungsversuche an längst gestorbenen Werten vornehmen und doch nur davon ablenken, daß sie zu den Klängen der Nationalhymne als Müllmänner der Geschichte in das Zirkusoval reiten.

Im Reservat geht man sorgsamer mit der Geschichte um. Am Ende sehen wir Tom vor einer Wand stehen, an der die Fotos der alten Häuptlinge hängen. Dann nimmt die Einstellung den Sepia-Ton der historischen Fotografien an, und das Bild friert ein. Millars Film hat den Bildern der Indianer ein weiteres hinzugefügt.

WHEN THE LEGENDS DIE zeigte die Elemente des Westerns als verschlissene Einzelteile, die nicht mehr recht zusammenpaßten und so oft recycelt worden waren, daß sich nur noch die Hartnäckigen täuschen ließen. In BUFFALO BILL AND THE INDIANS sagt Ned Buntline (Burt Lancaster), der aus Cody überhaupt erst die Kunstfigur Buffalo Bill gemacht hat, der beherrsche die Kunst, einen Haufen Lügen so oft zu erzählen, bis alle sie glauben. Altman stülpt in seinem Film die alten Mythen von innen nach außen und zeigt, wie leer sie sind.

Eigentlich wollte schon William Wellman mit seinem BUFFALO BILL (1944) den hohlen Popanz William F. Cody auseinandernehmen, das Drehbuch war bereits fertig, aber dann entschied man sich, dem Publikum seine Helden (und seine indianischen Bösewichter) zu belassen. Wellman hat das später in einem Interview einmal als eine Art Pflicht der Öffentlichkeit gegenüber hingestellt.

Robert Altman leistete dann ganze Arbeit. BUFFALO BILL AND THE INDIANS war der erste Western, der bei einem großen Filmfestival (in Berlin) den ersten Preis gewann. Das Publikum wollte ihn freilich nicht sehen, an der Kinokasse fiel er durch. Aber allein die Tatsache, daß der Film mit großem Staraufgebot realisiert werden konnte und verliehen wurde, zeigt, wieviel sich seit 1944 geändert hatte. Das Western-Genre allerdings ging erst einmal k. o.

Interessanterweise zeigte ein Film für die Native Americans, der gar nicht im Genre Western spielte, viel mehr Wirkung als alle die gutgemeinten Rekonstruktions-, Entmythologisierungs- und Wiedergutmachungsversuche.

Einen großen Erfolg feierte Will Sampson in Milos Formans ONE FLEW OVER THE CUCKOO'S NEST (*Einer flog über das Kuckucksnest,* 1975). Als Insasse einer Irrenanstalt, der aufgehört hat zu reden, weil er als Indianer soundso nicht gehört wird, findet er als einziger die Kraft, aus dem geschlossenen System der Anstalt auszubrechen und einen neuen Anfang zu wagen.

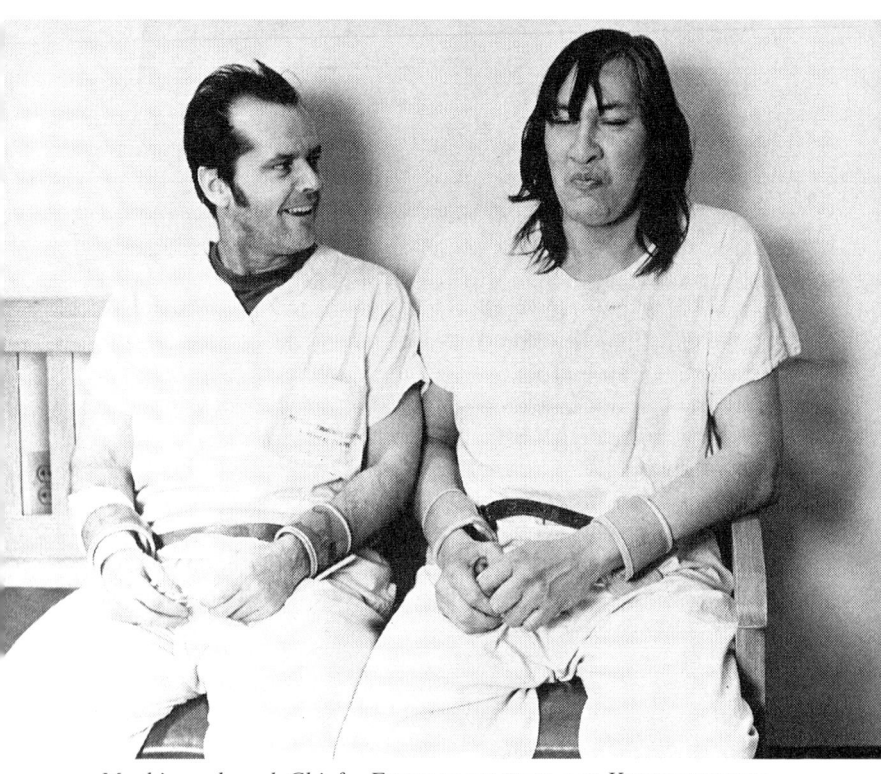

Mach's noch mal, Chief – EINER FLOG ÜBER DAS KUCKUCKSNEST

Die zentrale Rolle, die die Figur als Ich-Erzähler in Ken Keseys Romanvorlage hatte, ist allerdings verlorengegangen. Im Film ist sie kein Mensch mit einer individuellen Geschichte mehr, sondern eine fast mythische Gestalt.

Was von dieser Rezeption heute noch übriggeblieben ist, ist eine Travestie im ethnologischen Gewand. Es wird immer wieder herausgestellt, daß sich das Indianerbild im Film dieses Jahrzehnts radikal geändert hat und Authentizität und historische Genauigkeit eingeführt werden. Tatsächlich aber haben die Indianerfilme dieser weißen Regisseure mehr mit dem Denken und der Ideologie ihrer Generation zu tun, mit Marx, Freud oder der sexuellen Revolution. Indizien für die Projektion sind, daß kein einziger dieser Filme in der Gegenwart spielt und daß in den Indianerfilmen der Kultur der Plains-Indianer der Vorzug gegeben wird.

Die Indianer stehen hier für utopische Modelle, Emanzipationsbewegungen weißer Minderheiten und politische Aufklärung.

Charles Bronson, der in CHATO'S LAND für seine Verfolger genau so unsichtbar bleibt wie Charly in der grünen Hölle Südostasiens, hatte mehr mit Vietnam zu tun als mit den Native Americans, und der Film ist EIN MANN SIEHT ROT auf indianisch. Die Darstellung der Grausamkeiten der Indianerkriege (SOLDIER BLUE, *Das Wiegenlied vom Totschlag,* 1970) hatte mehr Gemeinsamkeiten mit dem My-Lai-Massaker der GIs als mit der Besinnung auf den Völkermord an den Indianern. Die Anklage von Profitgier und bigottem Missionarstum (CRY BLOOD, APACHE) bezog sich eher auf die Kritik an den christlichen Kirchen statt auf die Anklage des Genozids. Das Leben Robert Redfords in der Wildnis als JEREMIAH JOHNSON (1972) diente stärker dem Traum vom nichtentfremdeten Leben in Landkommunen als dem Schutz des traditionellen Lebens der Stämme. Und die Entmythologisierung der weißen Eroberer wie in Altmans BUFFALO BILL AND THE INDIANS OR SITTING BULL'S HISTORY LESSON (*Buffalo Bill und die Indianer,* 1976) hatte mehr mit der Entlarvung hohlen Autoritätsglaubens in der weißen Gesellschaft als mit der Wiedergutmachung des an den Ureinwohnern angerichteten Unrechts zu tun.

Exkurs:
Hugh, ich habe gesprochen
Die Stereotypen Hollywoods

*»Traditionelle Stereotypen zeigten den Schwarzen als ein glückli-
ches, Wassermelonen essendes Negerlein, dessen einziger Beitrag
zur amerikanischen Gesellschaft in der wahllosen Verwendung
des d-Lauts anstelle des th bestand.*

*(…) Die Mexikaner wurden im allgemeinen als unbeholfene und
ständig Siesta haltende Burschen gezeigt, ohne daß irgendwelche
positiven Eigenschaften das ausgeglichen hätten. (…) Diese
Gruppen aber waren alle wesentlich besser gestellt als die Indianer. Die Indianer ließ man immer gleich ganz ohne irgendwelches
Englisch. Sie durften überhaupt nur sprechen, wenn es galt, auf
der Leinwand eine wichtige Botschaft zu übermitteln. Many
pony, soldiers die sollte zum Beispiel bedeuten, daß die Indianer
sich anschickten, die friedlichen Siedler, die zufällig gerade vorher
ihren dreihundertsten Vertrag gebrochen hatten, anzugreifen. An-
sonsten wurde die indianische Sprachfähigkeit auf ugh und kemo
sabe beschränkt. (…)*

*Völlig davon unterschieden war die Darstellung der Indianer in
den Filmen über den Zweiten Weltkrieg. Jede Kompanie kerni-
ger, weißer, amerikanischer Jungs war mit ihrer eigenen Abteilung Indianer ausgerüstet. Wenn die Kompanie in Schwierigkeiten geriet, wenn ihre Verbindungen nach draußen bis auf eine
einzige Feldtelefonleitung zum Regimentshauptquartier abgeschnitten waren und wenn genau diese Leitung von unzähligen
Deutschen, Japanern und Italienern abgehört wurde, dann war es
so weit, daß die dramatischen Episoden mit den Indianern stattfinden konnten. John Wayne, Randolph Scott, Sonny Tufts oder
Tyrone Power pflegten dann breit zu lachen und ihre bis zu diesem Zeitpunkt verborgene Trumpfkarte auszuspielen. Aus dem
Nichts tauchte dann ein Navajo, Comanche, Cherokee oder
Sioux auf, nahm das Telefon und teilte seinem Stammesgenossen
(der glücklicherweise in nächster Nähe des Generals war) in
einer kurzen und unergründlichen Wendung eine derartige Fülle
an Informationen mit, daß die Tausende von Meilen entfernten*

Kampfeinheiten sofort die Lage erfassen und die Kompanie retten konnten. Worauf der Indianer ebenso geheimnisvoll verschwand, wie er gekommen war, aber nur um die Woche darauf in einer anderen Schlacht wiederum zu erscheinen und seine geheimnisvollen Riten durchzuführen. Jeder, der in den 40er Jahren Kriegsfilme sah, mußte davon überzeugt sein, daß ohne indianische Telefonisten der Krieg unwiderruflich verloren worden wäre – trotz John Wayne.«

Aus: Vine Deloria jr., *Nur Stämme werden überleben,* München 1978 (*We Talk – You Listen,* 1970).

Die beiden wesentlichen Stereotypen vom »edlen Wilden« und vom »roten Teufel« sind bereits von Anfang an da, vom ersten Kontakt der Alten mit der Neuen Welt. Das bezieht sich natürlich nur auf die Darstellung aus der Sicht der Eroberer. Kolumbus selbst preist in seiner ersten Begeisterung die Eingeborenen als die besten Menschen auf der Welt: »Es kann unmöglich jemals gutherzigere, selbstlosere und dabei so schüchterne Geschöpfe gegeben haben wie jene Eingeborenen« (21.12.1492). Doch wenig später interpretiert er ihre Freigebigkeit und Großzügigkeit als Dummheit, da sie belanglose Dinge wie Glasscherben, Perlen oder Münzen gegen wahre Schätze tauschen, ihre Furchtsamkeit und Scheu als Feigheit vor dem Feind, und ihre Liebenswürdigkeit schlägt in Grausamkeit um. Aus den besten Menschen im paradiesischen Zustand der Unschuld werden Barbaren, die Kannibalismus praktizieren, Menschenopfer darbringen, der Polygamie und der Homosexualität frönen. Als Kolumbus auf seiner dritten Reise vor Jamaika Schiffbruch erleidet, sieht er sich »umgeben von einer Million Wilden voller Grausamkeit, die uns feindlich gesinnt sind« (»Carta rarísima«, 7.7.1503).

Bereits mit den Schilderungen des Kolumbus sind alle wesentlichen Merkmale von der Freizügigkeit bis zur Grausamkeit vorgegeben. Das gilt auch für die Abfolge von Begeisterung zur Verteufelung, vom noblen Wilden zum blutrünstigen Apachen, wie wir sie in der Entwicklung des Indianerbildes vom Stummfilm über den frühen Tonfilm bis zum klassischen Western gesehen haben.

Das wichtigste Merkmal für das Bild vom edlen Wilden ist für die materialistisch eingestellte westliche Kultur die Freigebigkeit, Großzügigkeit und Gütergemeinschaft der indianischen Gesellschaften. An ihr entzünden sich Habgier und erotische Phantasien, aber auch Modelle und Utopien von einer besseren Welt.

Die ersten erotischen Fotografien schützten ethnographisches Interesse vor, um Eingeborenenfrauen mit nackten Brüsten abzulichten.

Abenteuerfilme, sofern sie in südlichen Gestaden spielen, und das tun sie mit Vorliebe, bedienen sich beim Mythos und Motiv der Freizügigkeit.

In PAPILLON (1973) nimmt Steve McQueen die Gastfreundschaft eines in paradiesischer Unschuld lebenden Karibik-Stammes gern in Kauf, einschließlich der sexuellen Verfügbarkeit der angebotenen knackigen Indianermädchen.

Mit der steigenden Akzeptanz von indianischer Kultur und dem Wunsch nach Verstehen dieser anderen Kultur, die wie bei BROKEN ARROW über die Operation der Gleichsetzung und Identität gesteuert wird, werden indianische Merkmale zunehmend verinnerlicht und in eigene Kontexte übernommen. Das bedeutet, daß sie in anderen Genres vorkommen und zunehmend zu deren Motivrepertoire zählen. Zur Verinnerlichung werden die bekannten Eigenschaften verwendet wie Indianer = Wild = fremd = weiblich, und sie können in dem Zusammenhang als Bilder für eigene innere Zustände der Helden erscheinen, als Beschreibung des Alter ego.

So führte die Entdeckung der Indianer in den 70er Jahren zu einer Befruchtung diverser Genres. In Erotikfilmen wie BIG BEAVER (1970) oder KATE AND THE INDIANS (1981) fand man Gefallen am Spiel mit Fransen.

In Action- und Horrorfilmen wie THE WOLFEN (*Wolfen*, 1981) oder ALTERED STATES (*Der Höllentrip*, 1980) gaben zum Teil haarsträubende Versatzstücke indianischer Mythen, Drogen oder Kulte den richtigen Nervenschauer ab. In Cop-Filmen wie RENEGADES (*Renegades – Auf eigene Faust*, 1989) erfrischten Indianer als Partner die doch schon ziemlich ausgelutschten Gespanne.

Als Beispiel für die Anregung zu weltverbessernden Utopien

Indianerhorror – WOLFEN (1981)

mag der Hinweis auf Friedrich Engels genügen, der über seinen Sekretär Kunde von der Kultur der Irokesen erhielt. Das wiederum hatte nicht unwesentlichen Einfluß auf sein mit Karl Marx verfaßtes Kommunistisches Manifest. Tier- und Umweltschützer von heute dagegen verklären die Native Americans zu geborenen Naturschützern und Hütern der Mutter Erde.

Auf der Suche nach dem verlorenen Paradies

Indianer und Ökologie in den 80er Jahren

Ökologie- und Friedensbewegung, Frauenemanzipation und Dritte-Welt-Initiativen, das waren die Stichworte der 80er Jahre. Die 78er-Generation wollte nicht auf die Weltrevolution der 68er warten, sondern im Hier und Jetzt etwas verändern. Eine alternative Kultur und eine zweite Wirtschaft entstanden mit Kooperativen, Wohngemeinschaften, vollwertiger Ernährung, Kinderläden und alternativen Schulen. Für das alternative Leben suchte und fand man in anderen Kulturen, Religionen und Philosophien Anregungen, die man gleichzeitig zur Zivilisationskritik an der westlichen Konsum- und Wachstumsgesellschaft nutzte. Insofern ist es nicht verwunderlich, daß die Ethnologie zum Modestudium jener Zeit wurde. Der experimentelle Dokumentarfilm KOYAANISQATSI von Godfrey Reggio mit der Musik von Philipp Glass, entstanden im entsprechenden Zeitraum 1976–1982, war mit seiner Kritik an der Ausbeutung der Erde und den Krankheiten des urbanen Lebens ganz ein Kind dieser Zeit.

Der reine Western aber legte, nachdem Robert Altman und andere ihre Entmythologisierungsversuche erfolgreich abgeschlossen hatten, trotz einiger Zuckungen wie Clint Eastwoods Wiedergänger-Western PALE RIDER (1985), erst einmal eine Erholungspause ein. Die stark ökologischen Komponenten in PALE RIDER ließen trotzdem schon ahnen, wohin die Reise gehen würde.

Als Repräsentant des ethnologischen Blicks kann WINDWALKER (*Das Vermächtnis des Indianers*, 1980) von Keith Merrill gelten, der in der Alternativbewegung der 80er Jahre einen gewissen Kultstatus erlangte. Zum erstenmal spielte ein Film ausschließlich in der indianischen Welt (kein einziger Weißer kommt darin vor), mit indianischen Schauspielern und – was das ungeheuerlichste war – ausschließlich in indianischem Dialekt (Cheyenne). Nur in der Stummfilmzeit hatte es einige Dramen gegeben, die in der indianischen Welt spielten. Das führte – im Gegensatz zu

Costners DANCES WITH WOLVES genau zehn Jahre später – dazu, daß die Nominierung zum Oscar abgelehnt wurde, weil der Film in einem nichtamerikanischen Dialekt gehalten sei, als amerikanische Produktion aber nicht in der Sparte »ausländischer Film« geführt werden könne.

Erzählt wird die Geschichte eines alten Cheyenne-Indianers, der seine Familie vor der Verfolgung durch feindliche Crows rettet und dabei gleichzeitig seinen verlorenen Sohn wiederfindet, nach dem er sein ganzes Leben gesucht hatte. Nicht nur das stark religiöse Motiv von der »Rückkehr des verlorenen Sohnes«, sondern auch die Verherrlichung des Ideals der Familie löste teilweise Verwirrung aus, beides kam aber andererseits der einsetzenden esoterischen Bewegung entgegen. Ungeteilt positiv aber wurde die authentische Darstellung indianischen Lebens und Denkens aufgenommen. Zum erstenmal machte sich ein Film in dieser Ausschließlichkeit die Perspektive der aussterbenden Kultur zu eigen. WINDWALKER (1980) fängt da an, wo LITTLE BIG MAN (1970) aufgehört hatte. In letzterem legte

Großvater darf nicht sterben – WINDWALKER (1980)

sich Old Lodge Skins alias Chief Dan George nach der Schlacht am Little Big Horn auf das Bestattungsgerüst zum Sterben, stellte aber fest, daß das Leben noch viel zu süß sei. Zehn Jahre später fällt Trevor Howard von seinem Gerüst, weil der große Geist ihn gerufen hat, seine Familie zu retten. Damit wird auch deutlich: Die 80er Jahre und das Jahrzehnt der Political Correctness werden noch eine recht ernste Zeit werden.

Der Produzent von WINDWALKER, Arthur R. Dubs, gab die Anregung zu dem nächsten Indianerfilm, SACRED GROUND (*Am heiligen Grund,* 1983) von Charles B. Pierce. Dieser wurde zwar mit der gleichen sorgfältigen Authentizität wie WINDWALKER inszeniert, aber es gab Unterschiede. Zum einen kommen Weiße vor, zum anderen wurde diesesmal in Englisch gedreht. Der Trapper Mat Colter baut unwissentlich mit seiner schwangeren Squaw seine Blockhütte auf dem Friedhof des Paiute-Stammes. Als seine Frau bei einem Angriff der Paiutes ihr Leben verliert, entführt Colter kurz entschlossen die Frau des Paiute-Häuptlings als Babysitter. Der Konflikt zwischen den Kulturen und damit auch der Film können versöhnlich enden, weil sich die Story auf einen engen Rahmen und ein persönliches Schicksal konzentriert. Interessant ist, daß der Konfliktstoff – indianische Begräbnisstätte –, genau jener Punkt, an dem sich der neuerwachte Widerstand in der Neuzeit (vgl. auch FLAP) entzündete, in SACRED GROUND wieder als historischer Stoff aufgegriffen wird. Eines der alten Vorzeige- und Demonstrationsobjekte, die den Mythos vom Schmelztiegel Amerika beweisen sollen, ist der Sport. Auch die Native Americans bekamen in diesem Sinne ihre Integration ab, in der Stummfilmzeit mit REDSKIN (1929), mit Burt Lancaster als JIM THORPE – ALL-AMERICAN (1951) und 1983 noch einmal mit RUNNING BRAVE von D. S. Everett. Erzählt wird die Geschichte des Sioux Billy Mills aus der Pine-Wood-Reservation, der bei der Olympiade 1964 in Tokio als erster und bis heute einziger Amerikaner den 10 000-Meter-Lauf gewann.

Ein Nachteil von WINDWALKER war, daß er wie die Indianerfilme der 70er Jahre in der Vergangenheit spielte. POWWOW HIGHWAY (1988) von Jonathan Wacks dagegen widmete sich ganz der Gegenwart. Zwei junge Cheyenne, der indianische Aktivist Buddy Red Bow (A. Martinez) und der Träumer Philbert Bono (Gary Farmer) finden sich durch Zufall oder Schicksal in einem

Sein '64er Buick ist sein Kriegspony – Gary Farmer in POWWOW
HIGHWAY *(1988)*

alten 64er Buick auf dem Highway wieder, in einem Road Movie auf dem Weg vom Reservat in Montana in den Süden nach
Santa Fé. Der eine will seine Schwester aus dem Gefängnis befreien, der andere durch den Besuch der geheiligten Stätten seines Volkes zu einem geistigen großen Krieger werden.
Dabei wird ein grundsätzlicher Konflikt deutlich, der unter den
Native Indians jener Jahre vorherrschte. Auf der Suche nach einem Weg des Überlebens bewegen sie sich zwischen politischem
Aktivismus bis zu Militanz und wiedergewonnener Spiritualität,
zwischen traditionellem Leben und moderner Zivilisation. Auf
diesem Weg werden in POWWOW HIGHWAY alle aktuellen Probleme und Ereignisse der letzten zwei Jahrzehnte angesprochen: die Ausbeutung der Bodenschätze in den Reservationen
und die damit einhergehende Verseuchung des Bodens, der Luft

Die Party ist vorüber, jetzt gibt's Krieg – WAR PARTY (1988)

und des Wassers, die Verfolgung durch die Bundesbehörden und
die gewalttätigen Auseinandersetzungen in der Pine-Ridge-Reservation. Beiden Kriegern, dem Blackfoot-Halbblut A. Martinez und dem Mohawk Gary Farmer, werden wir in den Indianerfilmen der 90er Jahre noch öfter begegnen, wie überhaupt eine Reihe von noch unbekannten indianischen Darstellern in
den 90er Jahren wichtige Rollen spielen werden, wie John Trudell, Floyd Red Crow Westerman, Wes Studi oder Graham
Greene, der hier einen zerstörten Vietnam-Veteranen auf dem
Powwow in der Pine-Ridge-Reservation spielt. Allein das zeigt
die immense Bedeutung, die POWWOW HIGHWAY für den Indianerfilm darstellte. Die Musik in dem Film übrigens stammt von
Robbie Robertson.
Ein reiner Exploitation-Film dagegen war WAR PARTY (1988)

von Franc Roddam. Bei der Gedenkveranstaltung zum 100. Jahrestag einer sinnlosen Schlacht zwischen Indianern und Kavallerie tötet ein junger Indianer in Notwehr einen Weißen und flieht mit seinen Freunden in die Berge. Nun findet eine gnadenlose Jagd mit allen High-Tech-Mitteln gegen die noch vom Fest traditionell kostümierten Indianer statt.

Während unabhängige Produktionen wie POWWOW HIGHWAY in den 80er Jahren neue Wege beschritten, gewissermaßen die politisch motivierten Dokumentarfilme der 70er Jahre in fiktionale Handlungen umsetzten und damit Zeichen für das nächste Jahrzehnt setzten, herrschte bei den großen Studios weiterhin die Folklore vor. In RENEGADES (1989) von Jack Sholder wird einem traditionellen Krimi durch indianischen Background und ein Rot-Weiß-Ermittlungsgespann (Kiefer Sutherland und Lou Diamond Phillips) ein Ethno-Thrill gegeben.

Rotweiß gestreiftes Buddie-Double – RENEGADES *(1989)*

Die Wiederkehr des Verdrängten

Irgendwann begann der amerikanische Film, sich für die Leichen von Indianern und deren letzte Ruhestätten zu interessieren. Vielleicht fing es 1960 an, als in John Sturges' THE MAGNIFICENT SEVEN Yul Brynner und Steve McQueen einen toten Indianer den Grabhügel hinauffuhren und unterwegs ein paar Rassisten erschossen, damit er ordentlich beerdigt werden konnte. Jedenfalls erweiterte Sidney Pollack, als er 1972 mit JEREMIAH JOHNSON eine Art Remake von Gordon Douglas' YELLOWSTONE KELLY (1959) drehte, die Geschichte um das Element des Indianerfriedhofs.

In YELLOWSTONE KELLY zieht sich der Titelheld (Clint Walker) in die Berge zurück, lebt dort als Trapper, kommt mit den Indianern ganz gut aus und könnte mit einer schönen Squaw glücklich werden, wenn ihm nicht die Kavallerie und ein eifersüchtiger Krieger in die Quere kämen.

Auch in JEREMIAH JOHNSON (1972) lebt der Titelheld (Robert Redford) als Trapper in den Bergen und findet eine Möglichkeit der Koexistenz mit den Indianern. Mit einer Flathead-Frau und einem weißen Jungen, dessen Mutter verrückt geworden ist, gründet er eine kleine Familie und baut ein Haus. Im Winter kommen Soldaten in die Wildnis, die unterwegs zu Siedlern sind, die in den Bergen festsitzen. Johnson soll sie führen. Als sie zu einer Begräbnisstätte der Crows kommen, will Johnson einen Umweg machen, um den heiligen Ort nicht zu entweihen. Die Soldaten lassen das nicht zu. In unheilschwangeren Bildern reiten die Männer weiter. Als Johnson seine Mission beendet hat und zur Blockhütte zurückkommt, haben die Crows seine Familie getötet. Von nun an tötet er alle Crows, die er finden kann. Diese schicken immer nur einen Krieger, der gegen ihn kämpfen soll, und er tötet einen nach dem anderen. Jeremiah Johnson wird so langsam zur mythischen Figur, und am Ende ist er wie ein Geist, der ruhelos in den Rocky Mountains herumspukt.

Auch in Kubricks THE SHINING (1979), Hoopers POLTERGEIST (1982) sowie seinen Serials und Lamberts PET SEMATARY (1989) geht das Unheil von indianischen Begräbnisstätten aus, diesen unheimlichen Orten, die von einer alten Kultur zeugen, an der das weiße Amerika sich versündigt hat. Gezeigt wird in diesen Filmen die Wiederkehr verdrängter Schuld, oft ausgelöst durch die Wiederholung vergangener Verbrechen in neuem Gewand. In THE SHINING geschehen entsetzliche Dinge, weil die Weißen das Overlook Hotel direkt auf einem Indianerfriedhof gebaut und damit selbst den toten Indianern noch ihr Land weggenommen haben. In POLTERGEIST wurde ein ganzer Wohnkomplex auf einem Indianerfriedhof errichtet, und schon kommen die Leichen wieder aus der Erde.

Bereits in John Fords DRUMS ALONG THE MOHAWK und DeMilles THE PLAINSMAN waren die Indianer Geschöpfe der Nacht gewesen. Jetzt fanden sie Eingang in den Horrorfilm. Daß das nicht unbedingt etwas Gutes für sie zu bedeuten hatte, zeigte Michael Wadleigh 1981 mit THE WOLFEN.

In New York geschehen merkwürdige Morde, hin und wieder

Vom Indianerfreund zum Indianerkiller – JEREMIAH JOHNSON (1972)

207

werden einzelne Körperteile gefunden. Der Verdacht des ermittelnden Beamten (Albert Finney) fällt auf eine radikale Indianergruppe, deren Mitglieder sich in finsteren Kneipen treffen, von Metamorphosen sprechen und des Nachts nackt und auf allen vieren den Mond anheulen, als verwandelten sie sich gleich in Werwölfe.

Der Polizist erfährt von einem Aktivisten der Gruppe, daß die Indianer und geisterartige Wolfswesen, die Wolfen, irgendwann in grauer Vorzeit Brüder gewesen sind. Damals war die Natur im Gleichgewicht. Dann jedoch kamen die Weißen und begannen mit der Ausrottung von Mensch und Tier: »Die Wölfe haben die gleiche Reise gemacht wie die Indianer und die Büffel, im Massenmord-Expreß.« Die Wolfen leben jetzt in der neuen Wildnis, in den großen Slum-Gebieten der großen Städte; »den Friedhöfen eurer verschissenen weißen Rasse«.

Die Wolfen sind die Aasfresser der Menschen geworden. In der Ruinenlandschaft der South Bronx machen sie Jagd auf Obdachlose, die keiner vermißt; und weil diese krank sind, werden sie zur leichten Beute.

Ein Zoologe darf in THE WOLFEN Sätze sagen wie »Die Natur funktioniert, wir nicht« und »Der Körper ist nur der physische Ausdruck der Seele«. Weil die Seele der Weißen kaputt ist, soll das wohl heißen, wird es immer mehr Kranke geben, und die werden dann zur Beute der Wolfen, bis die funktionierende Natur sich zurückgeholt hat, was ihr gehört. »Auf der Erde«, erfahren wir zum Schluß, »gibt es Leben, das uns auffressen will, wie wir diese Erde auffressen.«

Das alles erinnert an das sozialdarwinistische Gedankengebäude von THE VANISHING AMERICAN (1925). Damals, in den 20er Jahren, wurde dem Kinopublikum die Geschichte von den Indianern als evolutionär unumdrehbarer Prozeß präsentiert, in dem die unterlegene Rasse der überlegenen weißen Rasse notwendigerweise Platz machen mußte. WOLFEN unternimmt noch eine weitere Umdrehung, indem die Weißen jetzt von den Vorfahren derer gefressen werden, die sie verdrängt hatten. Daß dieses Gedankengut, mit dem die Weißen früher die Ausrottung der amerikanischen Ureinwohner rechtfertigten, jetzt den Indianern untergeschoben wird, ist infam und zeugt wiederum von einem kollektiven schlechten Gewissen.

Schwindelfrei – THE WOLFEN (1981)

Ähnlich Denunziatorisches hatten auch schon die Macher von A MAN CALLED HORSE in ihre »authentische Darstellung indianischen Lebens« eingebaut. Dort erlebt der weiße Held in einer Szene mit, wie eine alte Frau ihr Hab und Gut weggibt und sich die Squaws dann auch noch auf ihr Tipi stürzen, um sich ein Stück davon abzureißen. Morgan will ihr natürlich helfen, erfährt aber, daß das keinen Sinn hat. Die Alte hat im Krieg mit den Schoschonen ihren Sohn verloren; nun hat sie keinen Mann mehr, der für sie sorgt, gilt den Sioux als wertlos und wird bald sterben. Die alte Frau muß jetzt von Abfällen leben. Ihre Stammesgenossen kümmert das nicht; hier gilt das Recht des Stärkeren, die Schwachen werden ausgesiebt. Als der Winter kommt, sehen wir, wie die alte Frau im Freien bleiben muß und erfriert. Der Häuptling kuschelt sich währenddessen im Tipi an seine Frau.

Empörte Sioux antworteten mit einer Flut von Leserbriefen an die großen Zeitungen und wiesen darauf hin, daß ihr Volk besonders die Alten ehrt, sich liebevoll um sie kümmert und so etwas nie tun würde. Es hat nichts genützt.

Ethno-Beats
Die Indianer sind überall

In Deutschland als traditioneller Heimat von Indianerfreunden wie generell in Europa erhielten die Native Americans die meiste Unterstützung durch Initiativen, die in Deutschland bei der »Gesellschaft für bedrohte Völker« zusammengefaßt oder in den Niederlanden mit der »Working Group Indigenous Peoples« vertreten sind. Dies führte beispielsweise 1980 zum IV. Russell Tribunal über die Situation der Indigenous Peoples, 1990 zur Ausweitung des UN-Jahrs der Ureinwohner (United Nations Year of the World's Indigenous People) zum Jahrzehnt (Decade of the World's Indigenous People) oder 1992 zur Teilnahme der Ureinwohner am UN-Umweltgipfel in Rio de Janeiro, um nur drei Beispiele für die Wirkung des internationalen Unterstützer-Netzwerkes aufzuzeigen. Außerdem arbeitet seit 1981 eine Arbeitsgruppe (UN-Working Group of Indigenous Populations) innerhalb der UN-Menschenrechtskommission an einer Deklaration. Parallel dazu gründeten verschiedene Völker den Welteingeborenenrat (World Council of Indigenous Peoples/WCIP). Die Emanzipationsbewegungen Ende der 60er Jahre, Dritte-Welt-Initiativen, Menschenrechtsorganisationen, die Friedensbewegung in den 70ern, evangelische und katholische Kirchentage oder Amnesty International hatten den Blick für die Problematik ethnischer Minderheiten auf der ganzen Welt geschärft. Plötzlich waren die Indianer überall. Denn auf der ganzen Welt erleben und erleiden Stammeskulturen ähnliche Schicksale, erfahren vergleichbare Stereotypisierungen wie die Indianer Nordamerikas.

Die staatenlosen Tuareg, das Nomadenvolk der Sahara, standen und stehen ihren nominellen Staaten Mali, Algerien, Niger und Libyen beim Entstehen eines Nationalstaates genauso im Wege, wie die nordamerikanischen Stämme im 18./19. Jahrhundert dem Entstehen des Nationalstaates USA im Wege standen. Die Aborigines im australischen Outback, die Massai in den afrikanischen Steppen, die Buschmänner in der Kalahari, die Pygmäen im Regenwald Zentralafrikas – sie alle werden nicht allein durch vom Himmel fallende Coca-Cola-Flaschen bedroht. Wissenschaftler registrieren sie begeistert als Datenmaterial, Regierungen unterdrücken sie als aussterbende Rassen, Bodenschätze ausbeutende Konzerne schieben sie beiseite, und glühende Menschenfreunde erdrücken sie mit ihrer Anteilnahme.

So vagabundierten Mitte der 80er nicht nur Musiker aller Couleurs von Rock über New Age bis elektronischer Musik durch die Reservate der Welt und sampelten aus ihren Fundstücken das neue Genre der Weltmusik. Auch die Filmindustrie bediente sich zunehmend des exotischen Fundus. INDIANA JONES (1983) trieb sich bei den Hilltribes Hinterasiens herum, CROCODILE DUNDEE (1986) griff New Yorker Schwuchteln in den Schritt und fuchtelte im Großstadtdschungel mit seinem Messer herum, während um die Ecke Eddie Murphy als *Der Prinz von Zamunda* (1988) seine amerikanische Karriere als Tellerwäscher beginnt. Eine wirklich wohltuende Ausnahme, die allerdings die ganze Ethno-Welle erst richtig ins Rollen brachte, war *Die Götter müssen verrückt sein* von Jamie Uys, der Überraschungshit des Jahres (1980). Magische Operationen und Rituale, Körperschmuck und Körperbemalungen sowie Tattoos werden in den Dienst der Unterhaltung gestellt und als Bühnenzauber benutzt, um die Maschine des Phantastischen, um die Jahrmarktbude am Leben zu erhalten.

Vielleicht wird das einmal in einer einzigen Ethno-Öko-Fantasy-Action-Melange des Weltkinos enden. RAPA NUI (1994) als ein großer Ostereierlauf gibt schon einmal einen Vorgeschmack darauf.

Im Gegensatz zum Ethnofilm gab es in einigen Ländern, ausgelöst durch die unabhängigen nationalen Filmbewegungen der 60er Jahre, vergleichbare Filmentwicklungen wie beim Indianerfilm Nordamerikas.

In Australien entstand zum Beispiel mit DESERT PEOPLE ein mit NANOOK OF THE NORTH vergleichbarer ethnographischer Film über das Leben der Aborigines. Gleichzeitig führte der erwachende Widerstand im Zuge der Emanzipationsbewegung zu selbstkontrollierten Medien und einer den Native Americans vergleichbaren eigenen virulenten Film- und Videoszene. 1983 machte Werner Herzog mit WO DIE GRÜNEN AMEISEN TRÄUMEN das deutsche Publikum zum erstenmal mit der Traumzeit der

Ureinwohner und ihrem Kampf gegen die Ausbeutung durch die Uranminen-Gesellschaften bekannt. Selbst Aborigines-Western sind vorhanden, wie *Die Ballade von Jimmie Blacksmith* (THE CHANT OF JIMMIE BLACKSMITH, 1978), die Lebenstragödie eines Halbbluts im 19. Jahrhundert, das alle Zivilisationsprozesse einschließlich der puritanischen Missionierung an seinem Leib erleidet, dann durch Intoleranz und Voreingenommenheit zum Sündenbock und schließlich zum Rebellen wird.

Überhaupt schien die Krise des Westerns in den 80er Jahren dazu zu führen, daß man sich in andere Genres flüchtete oder sich seine Wilden anderswo suchte. Tom Selleck ging als QUIGLEY DOWN UNDER (1990) mit Cowboyhut und Präzisionsgewehr nach Australien und rettete dort die Aborigines vor weißen Grundbesitzern.

Von den indigenen Völkern haben wir bereits die Inuit als das am meisten gefilmte Volk der Welt betrachtet. Interessant ist auch der Blick auf den Nachbarkontinent Südamerika, und zwar als ein Blick von außen in Produktionen, die keine südamerikanischen Produktionen sind, aber die eingeborenen Völker zum Inhalt haben.

1972 erlaubt sich das egomanische Gespann Werner Herzog und Klaus Kinski mit AGUIRRE, DER ZORN GOTTES eine Art mythologische Wahnsinnsoper im Regenwald. Ausgangspunkt sind die Umstände von Gonzales Pizarros Expedition von 1560 auf der Suche nach der sagenhaften Goldstadt Eldorado. Aus der Bootsfahrt eines Vortrupps mit Don Lope de Aguirre auf dem Amazonas wird ein Road Movie auf dem Weg in den Wahnsinn. Das Gemisch aus Größenwahn, Heroismus, Inzest, Gewalt und der Vision eines Idealstaates, eines neuen Gottesreiches sowie der Zeugung eines neuen Menschengeschlechtes soll den Irrsinn der Konquistadoren entmythologisieren, ist aber wohl eher ein Feldforschungsversuch, der deutsche Untugenden in das feuchtheiße Klima der Tropen setzt.

Mit FITZCARRALDO (1981), der wahren Geschichte über einen Caruso-Besessenen, der mitten im Urwald zur kulturellen Bildung der Indios eine Oper bauen läßt, stemmt Herzog wieder einmal ein Stück strapaziöses Extremkino und macht sich während der Dreharbeiten die ansässigen Indio-Stämme Perus zum Feind. Die Aguarana erreichen sogar eine Untersuchung der

Wer hat da eben aufgemuckt? – Klaus Kinski in FITZCARRALDO
(1981)

Umstände durch Amnesty International. Die beiden Dokumen-
tarfilme BURDEN OF DREAMS (USA 1981/82) von Les Blank und
LAND DER BITTERKEIT UND DES STOLZES (BRD 1982) von Nina
Gladitz beschäftigen sich mit den Vorfällen und Herzogs Bekun-
dungen, die Sache der Indios mit seinem Film fördern zu wollen.
Damit sind die 80er Jahre endlich im Regenwald angekommen.
John Boorman versetzte die Geschichte von Fords THE SEAR-
CHERS in die Gegenwart, ging mit ihr nach Brasilien und kleide-
te sie in ein ökologisches Gewand. In THE EMERALD FOREST
(*Der Smaragdwald*, 1984) wird der siebenjährige Sohn eines In-
genieurs (Powers Boothe), der am Bau eines Staudamms am
Rande des brasilianischen Regenwalds mitwirkt, von Indianern
entführt. Nach zehnjähriger Suche findet der Ingenieur seinen
Sohn (Charley Boorman) wieder, der mittlerweile zum Indianer

geworden ist. Statt ihn nun aber mit in die Zivilisation zu nehmen, wie John Wayne das 1956 mit seiner Nichte Debbie machte, muß er erfahren, was er mit seinem Eingriff in die Natur anrichtet. Das Gleichgewicht der Natur wird zerstört, alles gerät
aus den Fugen, junge Frauen aus dem neuen Volk seines Sohnes
werden in ein Bordell verschleppt.

Da es auch in THE EMERALD FOREST nicht ohne die Hilfe des
weißen Mannes geht, stellt der Ingenieur sich an die Spitze der
Indianer und befreit die Frauen. Bei Boorman wird das alte
Überlegenheitsklischee jedoch in bittere Ironie getaucht. Das,
wogegen der Ingenieur den Ureinwohnern hilft, hat er überhaupt erst mitgebracht. Da der Film das Schicksal der von Ausrottung bedrohten Indianer mit der fortschreitenden Zerstörung des Regenwalds verbindet, bringt er den Völkermord in
einen Zusammenhang mit der Zerstörung unserer Lebensgrundlagen und stellt ihn als eine Art Selbstmord der weißen Zivilisation dar. Der Film endet in einer Mischung aus Naturmy-
stik und Ökoterrorismus: Der Staudamm wird zerstört. Daß die
Indianer die besseren Ökologen sind, hatte uns Godfrey Reggio
1982 bereits mit seinem in achtjähriger Arbeit entstandenen
Werk KOYAANISQATSI eingehämmert.

Mit viel mehr authentischem Anspruch und deshalb kaum ver-
daulichem Realismus geht Zelito Viana in der deutsch-brasilia-
nischen Produktion TOD IM REGENWALD (1985) ans Werk. Die
Ausgangssituation ist die gleiche wie in THE EMERALD FOREST
und ähnlich allen Spielfilmen, die in der Gegenwart bei den eingeborenen Völkern Südamerikas spielen. Ein von Gewissens-
bissen geplagter Söldner flieht nach einem Massaker eines brasilianischen Großunternehmers in einem Indianerdorf mit dem
einzigen überlebenden Indianerjungen in den Dschungel. Nach
Jahren berichtet der Söldner einem Missionar von dem Massaker, und der wendet sich an die Öffentlichkeit. Weiße als Rene-
gaten, die bei den sogenannten Primitiven eine bessere Zivilisation als die eigene finden, Missionare, die sich von Zerstörern
der Kultur zu Kämpfern gegen den Ethnozid und für die Rettung der Ökologie gewandelt haben – das sind die neuen Protagonisten Stereotypen.

Diese neuen Allianzen, gepaart mit dem neuen Stereotyp des in-
vestigativen Journalisten (glorifiziert seit ALL THE PRESIDENT'S

MEN [*Die Unbestechlichen,* 1976]), könnte nun das Happy-End nach Hollywood einleiten. Doch TOD IM REGENWALD verfällt keiner illusionistischen Romantik. Der Gang in die Öffentlichkeit zieht neuerliche Verfolgung nach sich, und dem inzwischen erwachsenen Indio bleibt nur der Weg der Rache.

Zurück in die Vergangenheit, dabei aber ganz und gar unmystisch, geht THE MISSION (1986) von Roland Joffé. Der Film spielt Mitte des 18. Jahrhunderts, im Grenzland von Argentinien, Paraguay und Brasilien. Die Jesuiten betreiben dort eine Reihe von Missionsstationen, in denen die Indios vor portugiesischen und spanischen Sklavenjägern sicher sind. Da die genossenschaftlich organisierten Missionsstationen zugleich gutfunktionierende Wirtschaftsbetriebe und damit eine Konkurrenz für die Unternehmungen der Kolonialherren darstellen, sind sie diesen erst recht ein Dorn im Auge. Es ist deshalb mehr als ein diffuser Rassenwahn oder Mordgier, wenn die Europäer am Ende die missionierten Indios niedermetzeln oder versklaven, denn es steht in Verbindung mit konkreten wirtschaftlichen Interessen. Das ist bemerkenswert, denn um die Darstellung dieser Zusammenhänge haben sich frühere Filme, die Verbrechen an Indianern zeigten, gerne gedrückt. Als der Abgesandte des Papstes (»Die wirklichen Wilden sind an den europäischen Höfen«) der Zerstörung der Missionen aus politischen Gründen zustimmt, organisiert ein ehemaliger Sklavenfänger (Robert De Niro) den Widerstand. Das erinnert an den Anfang von THE MAGNIFICENT SEVEN, wo Yul Brynner und seine Gefährten einem mexikanischen Dorf gegen Banditen beistehen, aber die alten Formeln des Westerns funktionieren nicht mehr, selbst wenn man sie in Südamerika noch einmal durchspielt. Die Banditen sind diesmal Mitglieder eines gutorganisierten Kolonialheers, und gegen Kanonen und vor allem unglaubliche Brutalität stehen die Indios auf verlorenem Posten. Wer sich kämpfend wehrt, wird ebenso niedergemacht wie die, die sich den Invasoren betend entgegenstellen.

Einen gänzlich neuen Aspekt, nämlich die spirituelle Welt und ganzheitliche Heilkunst des Schamanismus, führt der mexikanische Regisseur Nicolás Echevarria mit seinem Spielfilm CABEZA DE VACA (1990) ein. Die Ausgangssituation ist die gleiche wie in Costners DANCES WITH WOLVES. Basierend auf einem Reise-

Eine Monstranz für die Indios – Jeremy Irons in MISSION *(1986)*

bericht aus dem 16. Jahrhundert wird die Odyssee des Konqui-
stadors und Seefahrers Cabeza de Vaca gezeigt, der unter anderem als Gefangener bei einem Schamanen landet. Dort, in der
Konfrontation mit der spirituell-religiösen Welt der Indianer
und deren ganzheitlicher Heilkunst des Schamanismus vollzieht
sich seine kulturelle Wandlung. Nicolás Echevarria, der sich bereits in zahlreichen Dokumentarfilmen mit der eingeborenen
Kultur seines Landes beschäftigt hatte, gelingt mit phantastischen und stilisierenden Mitteln überzeugend die Darstellung
vom Prozeß der Wahrnehmung indianischer Kultur.
Hector Babencos AT PLAY IN THE FIELDS OF THE LORD (*Ein
Pfeil in den Himmel,* 1991) spielt die interessante Idee, einen
Aussteiger und zudem ein Cheyenne-Halbblut zu den Indios im
Amazonasgebiet zu schicken, bis zum bitteren Ende durch.
Lewis Moons (Tom Berenger) Plan, dort als Gleicher unter

Gleichen zu leben, ist von Anfang an zum Scheitern verurteilt. Weil er mit dem Fallschirm über dem Dorf der Indios abspringt, halten diese ihn für einen Abgesandten der Götter. Er nimmt so eine besondere Stellung ein und genießt sie auch. Eine Gruppe amerikanischer Missionare interessiert sich ebenfalls für die Indios, soll aber nur den Weg für eine möglichst konfliktfreie Ausbeutung der Bodenschätze in deren Gebiet freimachen. Als Lewis Moon die Frau (Daryl Hannah) des Missionschefs (John Lithgow) küßt, kommt eine tödliche Kettenreaktion in Gang. Moon steckt sich mit Grippe an und gibt sie weiter an die Indios, die keine Widerstandskräfte gegen die fremde Krankheit haben und der Reihe nach sterben. Weil zwei weiße Goldsucher getötet wurden, lassen die an den Bodenschätzen interessierten Geschäftsleute über dem Dorf Brandbomben abwerfen und tarnen das Massaker als Strafaktion. Die von Krankheit geschwächten Indios sind wehrlose Opfer. Das Dorf ist jetzt eingeäschert; der Missionschef schreibt an seine Kirchenoberen in den USA, daß der Agitator Lewis Moon die Verantwortung trage, weil er die Indios aufgehetzt habe. Weitere Missionierungsversuche seien deshalb sinnlos, und er wende sich nun anderen Gebieten zu. AT PLAY IN THE FIELDS OF THE LORD hält eine einfache Botschaft bereit: Jeder Kontakt der Indios mit den Vertretern der Zivilisation, egal wie gut deren Absichten sein mögen, führt zum Untergang der fremden Kultur und Lebensform. Das hätte dann eigentlich auch für den Film selbst gegolten, der an Originalschauplätzen im Amazonasgebiet gedreht wurde.

Eine gutgemeinte Hollywood-Produktion ist MEDICINE MAN (*Medicine Man – Die letzten Tage von Eden,* 1992) von John McTiernan. Behandelt wird das Thema vom unerschöpflichen Reservat des Regenwaldes an pflanzlichen Heilmitteln. In diesem Fall geht es um die Suche nach dem ultimativen Serum gegen Krebs. Zum Schluß verbündet sich die Yuppie-Forscherin (Lorraine Bracco) mit dem bei den Indios lebenden Hippie-Medizinmann (Sean Connery) im Engagement für den Regenwald gegen die anrückenden Bulldozer.

In LE JAGUAR (1996) wird ein Schamane der Amazonas-Indios im französischen Establishment herumgereicht. Über den Kopf des kleinwüchsigen Indios hinweg schütteln sich die Vertreter von Regierung und Ökologiebewegung die Hände und geloben, sich für den Schutz des Regenwaldes einzusetzen. Dabei merken sie nicht, daß der Schamane größte Sorgen hat. Während seiner Abwesenheit hat ihm jemand daheim seine Seele gestohlen. Ausgerechnet einen kleinen Gauner und Filou sucht der heilige Mann in Paris aus, um ihn, mit einem umgehängten Amulett aus Kristallen ausgestattet, auf die Suche nach seiner Seele in den Regenwald zu schicken. Dieses und die telepathische Führung des inzwischen ins Koma gefallenen Schamanen versetzen den Franzosen in den entscheidenden Momenten in die Lage, sich in einen Menschen mit den magischen Kräften eines Jaguars zu verwandeln – eine exotische Variante von Superman oder dem Mann, der die Pille nahm. Was anfangs wie eine Komödie beginnt und stark an Crocodile Dundee in New York erinnert, versucht in der Folge, den Magie-Glauben und die Vorstellungen eines fremden Volkes verständlich zu machen. Doch

Tom Berenger als Cheyenne auf dem Weg zu den eingeborenen Brüdern – EIN PFEIL IN DEN HIMMEL (1991)

die magischen Kräfte, die der Schamane auf den schmalbrüstigen Franzosen überträgt, lassen den Film immer wieder in die Klamotte abgleiten, ihn in einen Abenteuerfilm à la INDIANA JONES mutieren. Das gipfelt schließlich in Totenköpfen, die die Brückenpfeiler im Heimatdorf schmücken, absurden Tanzritualen und all jenem Hokuspokus, von dem man schon immer glaubte, damit eine fremde Kultur beschreiben zu können.

LE JAGUAR bedient sich wie bereits zwei Jahre zuvor die gleichfalls französische Produktion LITTLE INDIAN (1994) von Hervé Palud eines erzählerischen Motivs, das besonders in Frankreich eine lange und fruchtbare Tradition besitzt. Baron de Charles-Louis Montesquieu (1689–1755) hatte mit seinem 1721 anonym erschienenen Erstlingswerk, dem satirischen Briefroman *Lettres persanes* (Persische Briefe) den Grundstein für das Betrachten der eigenen Kultur durch die Augen der Fremden gelegt. Er war zwar nicht der erste, der sich dieses literarischen Gestus bediente, doch berufen sich alle Nachfolger auf ihn. In seinem Roman wird die europäische Kultur des Frankreichs der Jahre 1711 bis 1720 aus der Sicht der fremden exotischen Kultur – hier der persischen Standesherren Rica und Usbek – betrachtet, und diese fremde Sicht erlaubt Montesquieu eine zeit- und gesellschaftskritische Betrachtung und Analyse der eigenen Kultur. Damit ist der Besuch der Fremden nicht nur ein literarisches Gestaltungselement, sondern wird zudem zur wissenschaftlichen Methode, die ihren Einfluß bis in die zeitgenössischen französischen Schulen der Anthropologen und Ethnologen wie beispielsweise um Claude Lévi-Strauss gezeitigt hat.

Das Ganze war aber nicht nur literarische Erfindung. Es gab historische Realitäten. Bereits Kolumbus brachte auf seiner Rückfahrt Indianer mit an den spanischen Hof, um das fehlende Gold aufzuwiegen. Die historische Pocahontas verstarb in London, und von dem indianischen Ehepaar, das einem bayerischen König zum Geschenk gemacht wurde, werden heute noch die präparierten Schädel in München im Museum aufbewahrt. Der große Hukupaka-Häuptling Sitting Bull soll seine Europareise mit der Truppe von Buffalo Bills Wild-West-Show, die ihn auch auf die Theresienwiese führte, mit der Absicht angetreten haben, den Kontinent zu studieren, von dem diese Massen von habgierigen Weißen herkommen.

Bei den Filmen, die die Inuit zum Thema hatten, war ein eigentümliches ethnologisches Interesse festgestellt worden. Das Bild der Inuit unterlag nicht in gleich starker Weise der Stereotypisierung wie das Bild der nordamerikanischen Indianer. Die Inuit wurden viel stärker mit der Landschaft und den harten Lebensverhältnissen in Verbindung gesetzt als ihre südlicheren Nachbarn. Gleichwohl haben sie in der Realität das gleiche Schicksal erlitten.

Auch das Bild der südamerikanischen eingeborenen Völker weist in den Produktionen, die von außen einen Blick wagen, Differenzierungen zu dem Bild des nordamerikanischen Zelluloid-Indianers auf. Viel direkter, deutlicher und viel schneller werden Völkermord, Raub des Landes und der Lebensgrundlagen sowie Zerstörung der kulturellen Identität als auch der Ökologie dargestellt, in Zusammenhang gebracht und angeklagt.

Das hängt wohl zu einem nicht unerheblichen Teil damit zusammen, daß sie außerhalb des eigenen Kulturkreises liegen. Es ist immer leichter, sich für die Kinderbanden in Bogotá stark zu machen oder sich über das Unrecht in anderen Winkeln der Erde zu empören, als sich für das Schicksal von Obdachlosen oder ausgesetzten Jugendlichen daheim zu engagieren.

Exkurs:

Die Fremden sehen

Dokumentarfilme im Spiegel der Zeit

Noch direkter und einfacher als ihre fiktionalen Verwandten sind die Dokumentarfilme als Spiegel der jeweiligen Epochen zu lesen, als Spiegel ihrer Interessen, Blickpunkte, Krisen und Utopien. Das Bild der eingeborenen Völker in den Dokumentarfilmen ist abhängig von der jeweiligen Perspektive, unter der die fremden Kulturen über die Jahrzehnte betrachtet wurden. Es ist geprägt vom jeweiligen Stand der Wissenschaft, speziell der Ethnographie, von politischen Überzeugungen und Egozentrismus, aber auch einfach von Moden. Oft sind die Filme weniger Feldforschung, d. h. Dokumentation traditioneller Lebensweisen und Kultur, als Dokumente für den exotischen Blick auf das Fremde und für die Art und Weise, wie derjenige hinter der Kamera Daten sammelt und sie interpretiert. So sagt der Blick auf die Fremden oft mehr über die Betrachter als über die Objekte der Beobachtung aus.

Sogleich mit der Erfindung des Kinos waren die beiden grundsätzlichen Richtungen Dokumentation und Fiktion angelegt, so bei den Brüdern Lumière, die als ehemalige Fotografen die Möglichkeiten der Wiedergabe von Realität schätzten *(Die Ankunft des Zuges in Ciotat)*, während der Zauberkünstler Georges Méliès sofort die Möglichkeiten der Manipulation erkannte (LE VOYAGE DANS LA LUNE, 1902).

Als Thomas A. Edison 1894 sein Filmstudio »Black Maria« gründete, waren seine beiden ersten Streifen, INDIAN WAR COUNCIL und SIOUX GHOST DANCE, im Grunde ethnographische Filme. SIOUX GHOST DANCE behandelte zudem ein hochaktuelles Thema, weil er jene charismatische Geistertanz-Bewegung der Sioux dokumentierte, die im Endeffekt mit der Auslöser für das vier Jahre zurückliegende Indianermassaker von Wounded Knee gewesen war. Der Erfolg der Vorführungen veranlaßte Edison, seine Kameraleute in den Westen ausschwärmen zu lassen, wo sie nicht nur Landschaften filmten, sondern auch Aufnahmen bei den Hopis machten. Dabei war es eher dem Ehrgeiz der Kameraleute wie J. H. White überlassen, sich um ethnographische Genauigkeit zu bemühen. BUCK DANCE, CIRCLE DANCE sowie EAGLE DANCE, PUEBLO INDIANS und WAND DANCE, PUEBLO INDIANS (alle 1898) sind Zeugnisse dafür.

Explizit wurde das Streben nach Authentizität als wissenschaftlicher Anspruch vom American Bureau of Ethnology formuliert, als dieses der Edison-Company den Auftrag zu der fünfteiligen Serie INDIAN SNAKE DANCE SERIES IN MOKI-LAND (1901) gab: »*Die Arbeitsweisen, den Zeitvertreib und die Zeremonien anderer Volksstämme darstellen. Vollkommen präzise Aufzeichnungen der Eingeborenentätigkeiten für die zukünftigen Studenten erhalten.*« In diesem Sinne ging das neuerfundene Medium Kinematographie eine Verbindung mit der von der jungen Wissenschaft Ethnologie entwickelten Methodologie der Feldforschung ein. Andererseits konnte es seine Herkunft aus der Kuriositätenschau der Jahrmarktsbude nicht verleugnen und ging gleichzeitig auf »Exoten«-Jagd, die so komische Züge annahm wie Edisons Eskimo-Filme 1901, die er für die Paname-

Die Ankunft – IN THE LAND OF THE WAR CANOES (1914)

rikanische Ausstellung produzierte. Dazu war ein Inuitdorf in Buffalo, New York, aufgebaut worden, wo die Inuit in ihrer traditionellen Kleidung bei 40 Grad Hitze u. a. Bocksprung vorführten – vor Eisbergen aus Karton.

Der vor allem als Indianerfotograf bekannte Edward Sheriff Curtis inszenierte 1914 mit den Kwakiutl von Vancouver Island ein Kwakiutl-Epos aus der Zeit vor der Ankunft der Weißen, bei dem er sich auf seine Feldforschungen als Ethnologe stützte. Die Geschichte von IN THE LAND OF THE HEAD HUNTERS (1914, restauriert und vertont: IN THE LAND OF WAR CANOES, 1972/73) um den jungen Häuptlingssohn und die Befreiung seiner Angebeteten aus den Händen eines Widersachers wird von den Kwakiutl selbst dramatisiert und erfolgt in ihrer authentischen Umgebung.

Zum Klassiker des ethnographischen Films aber wurde NANOOK OF THE NORTH (1921) von Robert J. Flaherty, den wir bereits besprochen haben (siehe Kapitel »Die freundlichsten Menschen der Welt«). Seine Popularität aber war gleichzeitig der Grund dafür, daß sich an ihm der ewige Streit um die Authentizität des Abgebildeten entzündete, der bis heute anhält. Manch einer wollte sich daran stoßen, daß die Fische, die Nanook aus dem Wasser zog, bereits vorher für die Kamera an den Angelhaken gehängt worden waren.

Die großen Stummfilm-Regisseure kümmerten sich als Nicht-Ethnologen wenig um wissenschaftliche Dispute. Sie inszenierten ihre Filme teils als Exotengeschichten, teils als romantische Utopien oder lehrreiche Geschichten wie Sergej M. Eisenstein seinen unvollendeten Film QUE VIVA MEXICO (1930–32/1979). Flaherty selbst verherrlichte mit seinem nächsten Projekt MOANA: A ROMANCE OF THE GOLDEN AGE (1923–25) den edlen Wilden und Samoa als das Paradies auf Erden, während Friedrich Wilhelm Murnau (gleichfalls nach dem Buch von Flaherty) mit TABU: A STORY OF THE SOUTH SEA (1929–30) nach der archaischen Geschichte gräbt. Als Flaherty nach seinem Erfolg von NANOOK in Hollywood von J. L. Lasky angestellt wurde, gab der ihm gleich die entsprechende Direktive auf den Weg: »Ich möchte, daß Sie irgendwohin gehen und mir einen anderen NANOOK machen. Gehen Sie, wohin Sie wollen, machen Sie, was Ihnen beliebt, ich zahle« (zitiert nach Pierre-L. Jordan, 1992).

Buffalo Child Long Lance bei der Rekonstruktion indianischen Lebens in THE SILENT ENEMY *(1930)*

Generell aber blieben das Einstreuen von Quasispielhandlungen in ein authentisches Umfeld und das Prinzip der inszenierten Geschichte, die z. B. in THE SILENT ENEMY (1930) von H. P. Carver das Leben der Ojibwaj-Indianer vor dem Auftreten der Weißen rekonstruierte, noch für einige Zeit bestimmende Merkmale der Filme mit ethnographischen Blick. Dabei wurde die Inszenierung der nachgestellten Realität als bewußtes Mittel eingesetzt, teilweise um die untergegangene oder gerade untergehende Kultur zu demonstrieren, teilweise um das Leben in Einklang mit der Natur zu verklären, manchmal aber auch, um einfach besser unterhalten zu können.

Wie lange Verklärung, Exotik, Inszenierung wirklich vorhielten, beweisen deutschen Dokumentarfilm-Produktionen der 50er Jahre, so die Arbeiten der Familie Ertl (z. B. VORSTOSS NACH PAITIT, 1955, HITO-HITO, 1958) oder von Hans Domnick (z. B.

TRAUMSTRASSE DER WELT, 1958), die schon im Titel (»Vorstoß«) bzw. in Untertitel (»Ein Expeditions-Dokumentarfilm«) sowie Begleittext (»Ein Spähtrupp in die Vergangenheit der Inkas«) verrieten, wes Geistes Kind sie waren: Verwandte von Hans Hass und Harald Reinl und Wegbereiter des kommenden Massentourismus.

Ein weiterer historischer Eckstein im Streit der Wissenschaftler war ein Projekt der Anthropologen Sol Worth und John Adair, bei dem sie Mitte der 60er Jahre Navajos dazu anhielten, ihre eigene Kultur zu filmen. Sie wollten damit ihre Theorie stützen, daß visuelle Wahrnehmung von kulturspezifischen Codes abhängig sei und sich demzufolge in den von den Navajos selbst gedrehten Filmen eine eigene Filmsprache niederschlage. Während Margaret Mead von dem Projekt begeistert war, taten andere es als gescheitert ab und kritisierten es gar als kulturimperialistisch.

Verständlich wird diese Zuspitzung der Diskussion nur auf dem Hintergrund der emanzipatorischen Bewegungen der 60er Jahre. Nun wurde nicht nur versucht, untergehende Kulturen, verschwindende Bräuche und Rituale zu dokumentieren, wobei im Zusammenhang mit der methodischen Bewegung der Oral History, die das Alltagsleben in der Geschichtsschreibung in den Vordergrund rückte, auch andere Akzente gesetzt wurden. Jetzt wurde versucht, Partei zu ergreifen und politische Statements mit der Dokumentation gegenwärtiger Zustände zu verbinden. Engagierte politische Filme nahmen sich vorzugsweise des Elends auf dem südamerikanischen Kontinent an, berichteten von Vernichtung und Vertreibung, über das Problem der Landverteilung (z. B. SAAT DER GESUNDHEIT von Peter Krieg, 1976), politische Unterdrückung und heimliche Massensterilisierungen. Diese Themen fanden dann auch Einzug in die überall entstehenden neuen nationalen Filmbewegungen.

In Nordamerika waren es vornehmlich Dokumentationen des erwachenden indianischen Widerstandes, etwa über Wounded Knee (CHILDREN OF WOUNDED KNEE von Heidi Knott, 1975) oder über AIM-Aktivisten wie CROW DOG (1973–79) von David Baxter und WARRIOR: THE LIFE OF LEONARD PELTIER (1991) von Suzie Baer.

Daneben begannen sich vor allem in den 80er Jahren mit dem

Aufkommen von New Age und der Esoterikwelle Filmemacher zunehmend für die spirituelle Welt, für die mythischen und religiösen Wurzeln der Native Americans zu interessieren, z. B. Godfrey Reggios KOYAANISQATSI (1976–1982) oder THE HOPY PROPHECY (1988, von Kiyoshi Miyata). In dem in achtjähriger Arbeit entstandenen KOYAANISQATSI erzählt Godfrey Reggio in orgiastischen Bildern zur Musik von Philip Glass die Geschichte der Zivilisation. Aus der Vogelperspektive sehen wir John Fords Monument Valley, bevor dort die Postkutsche fuhr. Der Zeitraffer macht die Menschen in den großen Städten abwechselnd zu Würstchen und zu kleinen Rädchen einer gigantischen Zerstörungsmaschinerie. Das wirkt alles trost- und hoffnungslos, aber vielleicht wissen die Indianer Rat. Sie haben jedenfalls ein Wort für das, was Reggio uns in seinen mitunter hinreißend schönen Bildern vom Untergang zeigt: Koyaanisqatsi, das Männerstimmen in einer Art Sprechgesang insistierend wiederholen, heißt in der Hopi-Sprache soviel wie »Leben in Auflösung« oder »Leben, das aus dem Gleichgewicht geraten ist«.

Homemovies – NAVAJOS FILM THEMSELVES (1966)

Neben der geistigen Krisenerscheinung der westlichen Zivilisation schlug sich auch die ökologische nieder: TO PROTECT MOTHER EARTH (1990) von Joel L. Freedman, vorgetragen von Robert Redford.

Ein bemerkenswertes Projekt war ISHI, THE LAST YAHI (1992) von Jed Riffe und Pamela Roberts, das aber vor allem wegen der unglaublichen Geschichte, die erzählt wird. Ishi war als tatsächlich Letzter seines Stammes 1911 aus einem Canyon Nordkaliforniens in das 20. Jahrhundert gekommen und wurde damals zur großen Attraktion San Franciscos.

Sein Stamm hatte sich im Laufe der Jahrhunderte in unwirtliche Gegenden zurückziehen und seine traditionelle Lebensweise auf Steinzeitniveau bewahren können, war aber letztendlich von herumziehenden Siedlern, Cowboys und Jägern massakriert und als letztes von Landvermessern um seine überlebensnotwendigen Dinge – sie nahmen Gerätschaften, Waffen und Kleider als Souvenirs – bestohlen worden. Nur er konnte sich 40 Jahre lang verstecken. Alfred Kroeber, der ehrgeizige Leiter des Anthropologischen Museums von San Francisco, machte ihn zu einem lebenden Museumsstück. Leider ist es auch sein wissenschaftlicher Ehrgeiz, soviel wie möglich von Ischis Liedern, Lebensweise, Erzählungen auf Film, Fotos und Wachswalzen zu verewigen, schuld daran, daß Ishi schließlich nach vier Jahren körperlich und seelisch geschwächt an Tuberkulose starb. In den vier Jahren seiner Zivilisierung war er von einem jünger aussehenden 40jährigen zu einem alten Mann gealtert. Das Ganze ist ein trauriges Schicksal, aber im Endeffekt nichts Neues, wenn man bedenkt, daß heute auch noch zwei von drei Native Americans nicht älter als 40 Jahre werden.

Zwei Dinge, von denen die Dokumentation berichtet, sind bemerkenswert. Ishi weigerte sich, im Museum mit Lendenschurz zu posieren, während es ihm bei einem Ausflug in seinen Heimat-Canyon bei Mount Lassen überhaupt nicht peinlich war, traditionell nackt herumzulaufen. Das zweite erstaunliche Moment betraf seine perfekte und mühelose Assimilation bei seinem Sprung ins 20. Jahrhundert. Verblüffend schnell war Ishi in der Lage, auf der Straße beim Einkauf nicht als der »wilde, unberührte Indianer« erkannt zu werden, nach dem Kroeber so lange gesucht hatte. Das zeugte von den unglaublichen Fähig-

Zurück aus der Vergangenheit – ISHI, THE LAST YAHI (1992)

keiten, die Ishi in seinem Canyon und seinem traditionellen Stammesverbund in 40 Jahren erworben hatte, die ihn dazu befähigten, als Jäger und letzter des Stammes zu überleben und sich gleichzeitig im Großstadtdschungel zurechtzufinden.

Red Exploitation
Indianerfilme in den 90er Jahren

Film-Genres wie der Western werden häufig mit Organismen verglichen. Sie werden geboren (Edwin S. Porters THE GREAT TRAIN ROBBERY), entwickeln sich langsam (Griffiths und Inces Western- und Indianerfilme, die Pionierepen der 20er Jahre), erreichen ihren Höhepunkt in der klassischen Phase (Fords STAGECOACH, Hawks' RED RIVER 1948, Anthony Manns Western der 50er Jahre), werden veredelt (HIGH NOON, 1952), bäumen sich noch einmal auf (Peckinpahs THE WILD BUNCH), verlieren dann an Kraft, werden entmythologisiert (LITTLE BIG MAN, Altmans BUFFALO BILL), parodiert (CAT BALLOU) und sterben schließlich ab. Wenn dieser Vergleich stimmt, so ist es schlecht um den Western bestellt, denn die lebensbedrohenden Krisen treten in immer kürzeren Abständen auf. Und auch die Wiederbelebungsversuche in den 80ern wie SILVERADO (1985) hatten nichts mehr bewirkt. Andererseits ist er mittlerweile fast genauso oft totgesagt worden wie die Indianer. Es besteht demnach kein Grund zu übertriebenem Pessimismus. Und daß Motive und Genre-Eigentümlichkeiten des Westerns in anderen Genres wie Abenteuerfilm und Science-fiction weiterleben, ist auch kein großes Geheimnis mehr.

Kevin Costner hauchte mit DANCES WITH WOLVES (*Der mit dem Wolf tanzt,* 1990) dem Western-Genre praktisch im Alleingang neues Leben ein und wurde dafür mit diversen Oscars belohnt. Der Film erzählt von der Sehnsucht nach einer Welt, als Mensch und Natur noch im Einklang waren und das ökologische Gleichgewicht noch nicht zerstört war. Der hochdekorierte Nordstaaten-Offizier Lt. John J. Dunbar (Kevin Costner) läßt sich von den Fronten des Bürgerkriegs, wo die Weißen sich gegenseitig abschlachten, an die Frontier versetzen, jenes fast mythologische Land, wo die Zivilisation an die Grenze zur Wildnis stößt. Dunbar will die Frontier sehen, bevor sie gänzlich verschwunden ist. Das bestimmt den nostalgischen Grundton des Films. Als er sein Ziel, einen entlegenen Außenposten der US-Armee, erreicht, sind die Soldaten abgezogen, und im Wasserloch liegen die Kadaver grundlos getöteter Hirsche. Dunbar schreibt in sein Tagebuch, die Erde habe hier eine Wunde bekommen, die so bald nicht heilen werde. Die Zivilisation der Weißen ist damit treffend charakterisiert.

DANCES WITH WOLVES hält einige verblüffend simple Lektionen in Ökologie bereit. Der Kutscher, der Dunbar zum verlassenen Fort bringt – eine Art Trucker des 19. Jahrhunderts und ein eher schmutziges Individuum –, ernährt sich aus Dosen, die er achtlos wegwirft. Eine Einstellung zeigt uns, wie eine solche Dose die Prärie verschandelt. Als Dunbar die Hirschkadaver (Zeichen eines noch größeren Frevels an der Natur) verbrennt, entsteht eine große Rauchwolke. Einige Indianer sehen den Rauch, reiten hin. Aber der Rauch kommt von einem Feuer, das der Kutscher angemacht hat, um eine der Dosen aufzuwärmen, die er dauernd wegwirft. Der Rauch verbindet also zwei Umweltsünden. Aber der eine, Dunbar, beseitigt sie, während der andere sie

DANCES WITH WOLVES/DER MIT DEM WOLF TANZT (1990) – Kevin Costners GONE WITH THE WIND in Fransen

verursacht. Die Indianer reiten zum Verursacher, dem Kutscher. Sie werden damit zu einer Art Ranger-Truppe der Prärie. Die Strafe fällt recht drastisch aus: der Kutscher wird getötet und skalpiert. So etwas ist andererseits schlecht für das Image der Indianer. Aber das Drehbuch weiß Rat, vielleicht inspiriert von LITTLE BIG MAN. Dort gibt es einen signifikanten Unterschied zwischen dem Film und Thomas Bergers Romanvorlage. Im Roman wird Jack Crabbs Familie von den Cheyenne getötet, und Jack wächst in der Folge bei eben diesem Stamm auf. Weil das nicht zum idealisierten Cheyenne-Bild des Films paßte, ließ man die Familie kurzerhand von den Pawnees umbringen. So konnte man die guten Indianer behalten. Bei Costner sind es auch wieder die Pawnees, die den Kutscher töten.

Dunbar lernt allerdings nicht die Cheyenne, sondern die Sioux kennen. Die Sioux haben einen weisen alten Häuptling, Ten Bears (Floyd Red Crow Westerman), einen vorausschauenden, nachdenklichen Medizinmann, Kicking Bird (Graham Greene), und Dunbar fühlt sich unwiderstehlich von ihrer Menschlichkeit und Weisheit angezogen. Er stellt fest, daß sie weder Bettler noch Diebe noch der schwarze Mann aus dem Märchen sind, wie er gehört hat, sondern höfliche, humorvolle Menschen, die sich um andere Mitmenschen kümmern. Damit wird mit der Behauptung aus A MAN CALLED HORSE, die Sioux ließen alte Leute im Stich, gründlich aufgeräumt. Von »Koyaanisqatsi« haben die Sioux noch nichts gehört. Sie führen ein Leben in Harmonie. Dunbar tollt in der Prärie mit einem Wolf herum, geht mit den Indianern auf Büffeljagd, nimmt Sprachunterricht, erhält einen neuen Namen (Der mit dem Wolf tanzt) und sitzt in Szenen, die zu den schönsten des Films gehören, mit den Sioux im Tipi, wo man sich lange Geschichten erzählt. Das alles ist selbstverständlich auch hemmungslose Naturromantik.

Zur Romantik gehört natürlich die Liebe. Dunbar liebt nicht nur das Volk der Sioux, er verliebt sich auch in eine Frau: Stands With a Fist (Mary McDonnell). Früher heiratete der weiße Held eine Indianerin, und sie wurde erschossen. Bei aller Nähe gab es schließlich Grenzen, und auf Dauer konnten diese nicht überschritten werden. In DANCES heiratet der weiße Held eine Indianerin – und dann stellt sich heraus, daß sie gar keine Squaw ist. Stands With a Fist kam als kleines Mädchen zu den Sioux, nachdem ihre Eltern von den Pawnees (wem sonst?) getötet wurden. Weil sich in den Geschichten, die von den Weißen erfunden werden, gewisse Dinge oft kaum ändern, müssen sie von den Indianern abgesegnet werden. Im Dorf der Sioux, erfahren wir, halten es alle für eine gute Idee, wenn Dunbar und Stands With a Fist heiraten. Beide seien weiß, und das passe doch gut zusammen.

Inzwischen zerstören andere Weiße die Umwelt. Aus Profitgier töten sie die Büffel, um ihnen die Häute abzuziehen, und bei den Sioux gibt es erste Anzeichen des Hungers, der von Jahr zu Jahr schlimmer werden wird. Einer der heiligen Orte der Indianer ist nur noch eine Müllhalde. Für die Kultur der Indianer haben die Weißen keinen Respekt und für ihr Recht auf Leben kein Verständnis. Dunbar wird am Ende als Deserteur verfolgt und muß die Sioux verlassen, weil seine Anwesenheit nur ein Vorwand für die Armee wäre, ein Massaker anzurichten. In einer sehr emotionalen Abschiedsszene reitet er weg, zurück zu den Weißen. Dort will er versuchen, Leute zu finden, die ihm zuhören.

Hier fallen die Anliegen von Costner und Dunbar zusammen. Costner hat sich mit DANCES WITH WOLVES einige Verdienste erworben. Alle Indianerrollen werden auch wirklich von Indianern gespielt, und das war neu in Hollywood. Die historischen und geographischen Details stimmen. Die Indianer sind Menschen mit Motiven und Emotionen – oder jedenfalls die meisten. Die Sioux freuten sich, weil sie nicht länger die Repräsentanten einer auf Masochismus aufgebauten, sozialdarwinistischen Macho-Kultur sein mußten, die sich untereinander wenig zu sagen haben (A MAN CALLED HORSE). Die Pawnees müssen dafür weiter auf Wiedergutmachung warten.

Costner mußte sich den Vorwurf gefallen lassen, ein negatives Stereotyp durch ein positives ersetzt zu haben. Dieser Botschaft fielen bestimmte Szenen zum Opfer, die Costner in der späteren, um 42 Minuten erweiterten Fassung wieder einfügen ließ. In einer jener Szenen, die weniger zur Identifikation einladende Eigenschaften der Sioux zeigen, muß Dunbar erfahren, daß seine Sioux Freunde weiße Büffeljäger getötet haben und das als Grund zum Feiern nehmen. Costners Vorgehen ist nicht unbekannt und steht in einer Tradition anderer Filme, an der sich eine interessante Entwicklung des Indianerfilms ablesen läßt. 1964 ließen die Produzenten von Sam Peckinpahs MAJOR DUN-DEE ein langes Gemetzel herausschneiden, das die Apachen unter Siedlern und Soldaten anrichteten und mit dem der Film beginnen sollte. Schließlich versuchte man Mitte der 60er Jahre, von Minderheiten begangene Brutalitäten möglichst gering zu halten, weil man Angst vor der öffentlichen Meinung hatte. Als 1972 Robert Aldrichs ULZANA'S RAID in die Kinos kam, galt der Film als anachronistisches Kuriosum, das es so nie mehr geben würde. In ULZANA'S RAID bricht der Apachenhäuptling mit einigen Kriegern aus der Reservation aus und begeht scheinbar völlig sinnlose, ungeheuer grausame Morde. Die Indianer schienen wieder die grausamen Bestien von früher zu sein, deren Untaten jetzt nur noch detaillierter gezeigt wurden. Man übersah dabei freilich, daß Aldrich sich Mühe gab, darauf hinzuweisen, daß das, was als sinnlose Grausamkeit erscheint, für die Apachen sehr wohl einen Sinn ergibt – im Rahmen einer Kultur, die wir nicht verstehen.

1964 wurden aus MAJOR DUNDEE Gewalttaten der Indianer herausgeschnitten, 1990 wurden sie in DANCES WITH WOLVES nachträglich hinzugefügt, um das Indianerbild »realistischer« zu machen. Es wurde also weiter herumgedoktert. Costners Image als Freund der Indianer wurde später weiter angekratzt, als herauskam, daß er den Sioux billig Land abgekauft hatte und in den heiligen Black Hills ein Hotel bauen wollte. Die Anklage, er romantisiere die Indianer des 19. Jahrhunderts und beute die Indianer der Gegenwart aus, führte zu einer Wiederholung der Forderung von seiten indianischer Gruppen, sie endlich in ihrer gegenwärtigen Lebenswirklichkeit zu zeigen, mit den Problemen der Gegenwart.

Kevin Costner machte die Native Americans salonfähig, indem er mit Landschaftsbildern wie aus dem Malkasten des Indianer-Malers Remington und authentischen Lederklamotten samt Lakota-Dialekt das alte Prärieleben beschwor. Richtige Härte ins romnatisierende Bild vom Indianer brachte Bruce Beresford 1991 mit BLACK ROBE. Hier wurden zum erstenmal Gewalt und Tod als Bestandteile eines Lebens im Einklang mit der Natur gezeigt. Im Mittelpunkt steht Pater Laforgue (Lothaire Bluteau), der im hohen Norden des späteren Kanada in einer ent-

Missionare als Speerspitzen der westlichen Zivilisation – BLACK ROBE (1991)

legenen Missionsstation nach dem Rechten sehen soll. Der Film rekonstruiert authentisch den historischen Rahmen der Konfrontation der Weißen mit den Ureinwohnern im Jahre 1634. Aus dem fernen Blickpunkt des 20. Jahrhunderts ist es auch notwendig, die fremde Welt der eigenen Vorfahren zu rekonstruieren: das absolutistische Frankreich zur Zeit Kardinal Richelieus, die Habgier der Eroberer, aber auch die erbärmlichen und teilweise primitiven Umstände, unter denen die Kolonisatoren in der fremden, abweisenden Neuen Welt versuchen Fuß zu fassen. Fast könnte man den Eindruck gewinnen, die beiden Kulturen, hier die der grausamen Wilden in den Wäldern, da die widrigen Umstände der Zivilisatoren in der Neuen Welt, sind gar nicht so weit voneinander entfernt.

Unterstützt wird der Eindruck durch ständige Parallelisierungen. Bei der Begegnung von Weiß und Rot werden die jeweiligen Führer, der Häuptling und der Kommandeur, bei ihren Einkleidungszeremonien gezeigt, und ihr Einzug wird von den jeweiligen Musiken der Kulturen begleitet, von den Trommeln und Gesängen der Indianer auf der einen und von den Flöten und Trommeln der Soldaten auf der anderen Seite. Später werden dann die zu Beginn gezeigten riesigen gotischen Steinsäulen der Kathedralen Frankreichs den unendlichen Baumkathedralen der kanadischen Wälder gegenübergestellt. Zudem polarisiert auch Regisseur Bruce Beresford die guten und die bösen Indianer: Den Algonquins, die Pater Laforgue und den jungen Daniel (Aden Young) begleiten, stehen die blutrünstigen Irokesen gegenüber.

Hauptmotiv von BLACK ROBE aber ist die generelle Zivilisationskritik, wie sie bereits Daniel Defoe in *Robinson Crusoe* formulierte. Wurde zu Beginn noch eine Ähnlichkeit der Kulturen im Vergleich aufgebaut, dreht sich das Verhältnis zunehmend um. Fernab vom Fort sind die Indianer die überlegenere Zivilisation. Mit den Augen der Wilden betrachtet, erscheinen die Weißen ungeschickt, plump und dumm, unfähig zu überleben und sogar häßlich. So ist es nicht verwunderlich, wenn der junge Franzose Daniel im Verlauf des Films immer mehr das indianische Leben dem seiner Landsleute vorzieht, weil ihm die scheinbar Wilden als die besseren Christen erscheinen, die füreinander leben, alles miteinander teilen und frei sind von der Gier des weißen Mannes nach Besitz. Demnach scheinen die Indianer die Grundlagen des Urchristentums zu leben, eine Projektion, die bereits Kolumbus in seinem Tagebuch am 27.11.1492 äußerte: »Sie haben keine Religion und treiben nicht einmal Götzendienst (…) da sie zudem keine Kleidung tragen, weder Gesetz noch Waffen kennen, frei von Habgier nach fremdem Gut sind, in Gütergemeinschaft leben, leben sie im paradiesischen Zustand der Unschuld und sind somit geradezu prädisponiert für das Christentum.« Diese Einschätzung bringt der indianischen Kultur letztendlich den Untergang.

Auch Pater Laforgue geht zynisch, verbittert, stur und unbeirrt den Weg seiner Bestimmung zu Ende, die armen Seelen vor der Hölle zu schützen. Die Aufgabe ist für ihn lohnenswert, denn wo sonst kann er noch so viele Seelen auf einmal retten. Selbst die brutalen Martern der Irokesen, die ihn und seine Algonkin gefangenengenommen haben, können ihn nicht aufhalten. Dabei ist es die Ironie der Geschichte, daß die Algonkin-Geliebte Annuka die Irokesen-Wache beim Beischlaf tötet und mit diesem Trick die Flucht ermöglicht. Denn die erste Auseinandersetzung zwischen Daniel und Pater Laforgue entzündete sich an der Sünde der Begierde. Es sind immer die anderen, die treuen Algonkin, der junge Daniel und seine Algonkin-Geliebte Annuka, die realitätszugewandten, handlungspraktischen, aber im Zustand der Sünde unreinen Figuren, die den heiligen Mann retten müssen, damit er stur und unbeirrt seiner Idee folgen kann, bis er als Dämon den Tod bringt. Es ist wie bei HOMBRE, wo gleichfalls der edle Wilde stirbt, während die korrupten Zerstörer überleben. Am Ende seiner Reise erreicht Pater Laforgue allein die verwaiste Mission der Huronen, die am Fieber sterben, das von den Weißen eingeschleppt wurde. Weil der verstorbene Missionar ihnen versprochen hatte, daß sein Gott sie vor dem Fieber retten wird, lassen sie sich von Pater Laforgue taufen. Als Christen dürfen sie ihren Träumen nicht mehr folgen, nur mehr eine Frau besitzen und ihre Feinde nicht mehr töten. Die Irokesen erfahren davon. Das Huronendorf wird ausgelöscht. Die Jesuiten geben die Mission auf und kehren zurück nach Quebec, wo Pater Laforgues Reise ins Land der Indianer begonnen hatte.

BLACK ROBE spitzt die Positionen zu, gibt der Zivilisationskritik neue Nahrung, entlarvt das fundamentalistische Christentum als Größenwahn und Totalitarismus, stellt die als Grausamkeiten empfundenen Brutalitäten einer fremden Kultur zur Schau und begründet ihren Untergang durch den Verlust der Identität. Weil die Huronen nach der Christianisierung keine Huronen mehr waren, wurden sie zur leichten Beute ihrer Feinde, der Irokesen. Damit wird BLACK ROBE angreifbar und zu einem Spiegelbild des Zeitgeistes der 90er Jahre.

Hollywood blieb mit seiner Korrektur des Indianerbildes vor Wounded Knee stehen. Dieses Tabu wagten weder DANCES WITH WOLVES noch BLACK ROBE zu brechen, auch nicht alle wesentlichen Major-Produktionen wie THE LAST OF THE MOHICANS oder GERONIMO, die noch folgen sollten. Nur AT PLAY IN THE FIELDS OF THE LORD (*Pfeil in den Himmel,* 1991) und IN MACARTHURS PARK (1991) von Bruce R. Schwartz bilden da eine Ausnahme. Doch der eine spielte auf dem fernen südamerikanischen Kontinent, und der andere wurde kaum beachtet.

Erst der 1985 nach Kanada emigrierte Pole Richard Bugajski knüpfte mit CLEARCUT (1991) wieder da an, wo man in den 80ern schon einmal war: in der Gegenwart und ihren Problemen, und löste damit heftige Reaktionen aus.

In CLEARCUT spielt Graham Greene den militanten und rätselhaften Indianer Arthur, der sich nicht mit friedlichen Demonstrationen gegen den Kahlschlag in den kanadischen Wäldern begnügt, sondern zur Waffe greift. Was die Indianerfreunde bereits bei BLACK ROBE erschreckt hatte, ist auch in diesem Film das Auftreten eines neuen Stereotyps vom Native American. Die Unterscheidung zwischen guten und bösen Indianern wird in einem veränderten Verständnis vom Umgang mit der Wirklichkeit und damit auch mit der Gewalt aufgehoben. Indem Arthur dem entführten Geschäftsführer einer Papierfabrik die Haut abzieht, wiederholt er den Gewaltakt, der in seinen Augen den Bäumen in der Fabrik widerfährt. Der Protagonist Peter (Ron Lea), Rechtsanwalt der Umweltschützer, ist entsetzt. Floyd Red Crow Westerman weist ihn darauf hin, daß sich schließlich nur bewahrheitet habe, was er, der weiße Mann, bei der traditionellen indianischen Schwitzzeremonie zu Anfang des Films geträumt habe. Der Indianer Arthur ist nur das Produkt der Gewaltphantasien des Weißen Peter.

Innerhalb dieses Spannungsbogens von der Rekonstruktion historischer Begegnungen bis zur Darstellung politischer Konflikte der Gegenwart bewegen sich die Filme der 90er Jahre. Genauso unterschiedlich bleibt die Annäherung an die Kultur der anderen. Während Filme wie BLACK ROBE sich der bereits aus den 80er Jahren bekannten ethnologischen Perspektive bedienen, geht CLEARCUT einen Schritt weiter. Hier wird die Annäherung des Rechtsanwalts und Indianerfreunds Peter an die Indianer als das entlarvt, was sie ist und als Außenperspektive immer bleiben muß: reine Projektion. Diese Projektionen treiben mitunter abenteuerliche Blüten.

DER MIT DEM WOLF TANZTe voraus – die anderem tanzen ihm nach: Schon die deutschen Verleihtitel von CLEARCUT mit *Die Rache des Wolfes* und des Inuit-Films *Der Schatten des Wolfes* versuchten semantisch mitzuhalten. Leider konnte der Rest der 90er Jahre nicht mehr halten, was das Jahrzehnt des Indianerfilms anfangs versprochen hatte. THE DARK WIND (1991) beispielsweise, die lange erwartete erste Verfilmung eines der Tony-Hillerman-Romane, deren Filmrechte Robert Redford sich gesichert hatte, blieb trotz bester Absichten enttäuschend. Warum die Verantwortlichen dem Plot des gleichnamigen Hillerman-Romans nicht trauten und gleich mehrere seiner Bücher zu einer verwirrenden Story verwurstelten, wird wohl ewig unverständlich bleiben.

Ein interessantes Fallbeispiel sind die beiden Produktionen von Michael Apted aus dem Jahre 1992, der Spielfilm THUNDER-HEART *(Halbblut)* und die Dokumentation INCIDENT AT OGLALA. Eine der spektakulärsten Aktionen von AIM war 1973 die Besetzung von Wounded Knee in der Pine-Ridge-Reservation von South Dakota. Damals sah eine verblüffte Weltöffentlichkeit zum erstenmal Bilder von jungen waffentragenden War-

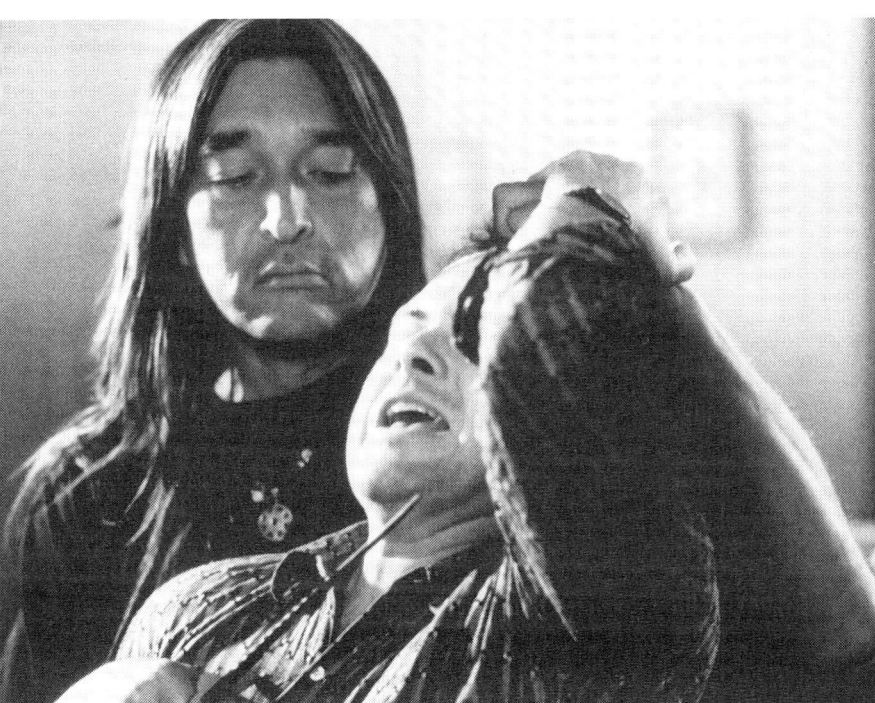

Handeln statt Quatschen, Gewalt gegen Kahlschlag – Graham Greene in CLEARCUT *(1991)*

FBI-Recherche auf Indianerland – THUNDERHEART/HALBBLUT (1992)

riors, die so gar nicht zu dem stereotypen Bild der Leinwand-Indianer oder den touristischen Tanzgruppen aus dem Südwesten passen wollten. Für diesen publizistischen Wirbel müssen alle beteiligten Aktivisten bis heute büßen. Nicht nur, daß die Staatsgewalt mit massivem Truppenaufgebot an Polizei, Militär und Nationalgarde gegen ein paar verrostete Karabiner vorging, die meisten der Beteiligten werden bis in die Gegenwart verfolgt, eingesperrt oder umgebracht. Zudem erlebte Pine Ridge die größte Menschenjagd in der Geschichte der USA.

Auslöser dafür war 1975 eine Schießerei auf dem Reservatsgelände, bei dem zwei FBI-Agenten, die das Gelände unbefugt betreten hatten, und ein Indianer zu Tode kamen. In seiner Dokumentation INCIDENT AT OGLALA (1992) spürt Michael Apted dem Vorfall nach, schildert die unwürdigen Umstände, unter denen das einst so stolze Volk der Lakota in Pine Ridge leben muß, befragt Zeugen, recherchiert die Ermittlungsarbeit der Behörden und deckt extreme Fälle von Rechtsmißbrauch auf. Nach monatelangen Bemühungen gelingt es ihm sogar, Leonard Peltier zu interviewen, der als einziger von den verdächtigten Beteiligten mit Mitteln, die nur als extreme Form von Rechtsbeugung zu bezeichnen sind, verurteilt wurde und seitdem im Gefängnis sitzt. INCIDENT AT OGLALA ist eine eindringliche Dokumentation, deren Recherchen Apted in den Spielfilm THUNDERHEART einfließen läßt.

Wie Dunbar in DANCES WITH WOLVES gelangt der junge FBI-Agent Raymond Levoi (Val Kilmer) in THUNDERHEART ans Ende der Welt. Allerdings versetzt den hoffnungsvollen Agenten seine »Firma« gegen seinen Willen in das erbärmliche Reservat, um einen Mord aufzuklären, weil er selbst ein Viertelblut ist, was er bisher lieber vergessen wollte. Doch schließlich klärt er für seine unfähigen roten Brüder im Reservat eine Verschwörung von Stammesführern, Geschäftsleuten und sogar einem FBI-Mann auf und findet dabei auch noch wie Dunbar zu sich selbst und seinem indianischen Erbe.

Man spürt dem Film die sorgfältigen Recherchen über die gegenwärtigen Probleme der Native Americans an, von Alkoholismus und Armut in den wertlosen Reservationen, dagegen Enteignung von Wasserrechten und Land, wenn Bodenschätze abgebaut werden sollen, Fälle von unfreiwilligen und massenweisen Sterilisationen, FBI-Repressalien und gnadenlose Menschenjagd gegen indianische Aktivisten. Selbst Erfahrungen, die immer wieder in Lebensberichten und Interviews von Native Americans erscheinen, wie das Auswaschen des Mundes mit Seife als Strafe dafür, daß die indianischen Schüler auf dem Pausenhof ihre indianischen Dialekte benutzten, hatten Einzug in das Drehbuch gefunden. Trotzdem blieb der Film – bis auf die schauspielerische Glanzleistung von Graham Greene – steril und wurde kein Erfolg.

Dafür war die Anziehungskraft der Indianer der Vergangenheit ungebrochen. Daß die Indianer früher, ohne den weißen Mann, ganz gut zurechtkamen, hatte schon der Bischof aus THE MISSION in einer ruhigen Minute vermutet. Mit dem Jubiläumsfilm zum Kolumbusjahr 1992 wurde dies zur Gewißheit. In *1492 – Die Eroberung des Paradieses* verkörpert Gérard Depardieu den guten Menschen von Genua, der von Isabella von Kastilien losgeschickt wird, den Seeweg nach Indien zu finden. Wieder einmal geht es nicht um ein Verstehen der anderen oder die Rekonstruktion der historischen Sachverhalte. Ridley Scotts Film feiert den Seefahrer Kolumbus als liebevollen Vater und zärtlichen Liebhaber, ruhelosen Abenteurer und Freund der Wilden, der sich an der Schönheit des Paradieses und der Friedfertigkeit der Eingeborenen ergötzt, als Träumer einer besseren Welt voller Harmonie und Gleichheit und als Baumeister eines Utopia, der durch eine böse Welt höfischer Intriganten, habgieriger Glücksritter und brutaler Machtmenschen um seine Visionen gebracht wird.

Tzvetan Todorov hat sich in seinem Buch *Die Eroberung Amerikas. Das Problem des anderen* intensiv mit der historischen Gestalt Kolumbus beschäftigt, weil durch die Eroberung Amerikas die Welt als Ganzheit entdeckt wurde und für ihn damit das Jahr 1492 sowohl den Beginn des modernen Zeitalters markiert als auch unsere gegenwärtige Identität begründete. Todorov schildert Christoph Kolumbus als zwiespältige Person, als eine Art Don Quijote, dem die Suche nach Gold nur Mittel zum Zweck war, um dem Christentum zum weltweiten Sieg zu verhelfen. Ein Don Quijote ist er deshalb, weil er mitten im 15. Jahrhundert – der letzte Kreuzzug liegt 500 Jahre zurück! – mit dem erhofften Goldregen einen Kreuzzug zur Rückeroberung von Jerusalem finanzieren möchte. Diese Kreuzzugsobsession bezeugt seine mittelalterliche Denkungsart, für die er belächelt wurde, die aber gleichzeitig dazu führte, daß er das moderne Zeitalter einleitete. Dazu jedoch war ein zweiter Charakterzug nötig, der den unmodernen Spleen kompensierte. Colon war gleichzeitig ein aufmerksamer Beobachter der Natur, die er ganz modern pragmatisch und effizient auslegte, soweit es um Fragen der Navigation ging. Als erfahrener Seefahrer und Navigator bediente er sich aller zur Verfügung stehenden Künste und Gerätschaften.

Über kurz oder lang mußte Amerika von Seefahrern entdeckt werden, und das war ja auch bereits durch die Nordmänner geschehen, die an Europas Küsten für Angst und Schrecken sorgten. Sie ließen auch die Westroute über Island, Grönland und Neufundland nicht aus und hinterließen in der Neuen Welt ihre

Besoffen von Natur und Exotik: 1492 – THE CONQUEST OF PARADISE/
COLUMBUS 1492 – DIE EROBERUNG DES PARADIESES (1992)

Spuren bis hinunter in den Südwesten zu den Anasazi. Die Sagas
um Leif Erikson um 1000 v. Chr. und spätere Wikingerbesuche
sind inzwischen durch Ausgrabungen belegt. Daß im Mittelalter
auch irische Fischer den Kontinent entdeckten, aber aus Kon-
kurrenzgründen ihrer Fischgründe vor Neufundland geheim-
hielten, wird aus überlieferten Quellen geschlossen. Aber nur

der zwiespältige Kolumbus konnte das Wagnis eingehen, eine Entdeckung ohne wirkliches Ziel zu machen. Denn nur er konnte dieses Gespinst aus Fehleinschätzung empirischer Daten und religiösem Fundamentalismus hervorbringen, jene Interpretationskunst, die eine Beweiskette auf einen bereits bekannten Schluß hin konstruierte. Weil er durch seine Entdeckungsreise Reichtümer ansammeln möchte, deutet er alle Zeichen, deren er ansichtig wird, darauf hin, daß es auf den Inseln Reichtümer und riesige Goldlager geben müsse. Eines seiner, allerdings zur damaligen Zeit durchaus verbreiteten, Interpretationsschemata war, von der Anwesenheit besonders schwarzer Bewohner und Papageien auf größtmögliche Hitze zu schließen, was wiederum als Zeichen für Reichtum gewertet wurde. Deswegen hielten Kolumbus und seine Mannschaft während der insgesamt vier Expeditionen beständig Ausschau nach Papageien.

Ein anderes Beispiel ist die sprachliche Mißinterpretation, die überhaupt zur Entdeckungsreise führte. Daß die Erde rund sei, war bereits allgemeine Auffassung. Die Araber hatten bereits längst den Erdumfang ziemlich exakt berechnet und damit auch die Entfernung zwischen Europa und Asien in westlicher Richtung. Sie galt als unüberwindlich, rechnete doch niemand auf eine *terra incognita* dazwischen. Columbus berief sich auf den arabischen Astronomen Alfraganus, setzte aber dessen arabische Meilen einfach mit den italienischen gleich, die um ein Drittel kürzer sind. Genauso verfährt er mit den Indianern, von denen er annimmt, daß sie ein schlechtes Spanisch sprechen. Es ist bezeichnend, daß die Eroberung Amerikas durch eine schizophrene Mischung von christlichem Fundamentalismus, Egozentrismus, der keinerlei Grund zur wirklicher Kommunikation sieht, und moderner Navigationskunst eingeleitet wird. Das Muster von Nichtverstehenwollen der anderen und des Fremden und die Unterwerfung unter das eigene Ideal bestimmen seit Kolumbus das Verhältnis der beiden Kulturen, die hier aufeinanderprallen. Ridley Scotts Kolumbus-Film läßt davon nicht einmal einen Schimmer erahnen und vermittelt allein die Eigenschaft des Genuesen, sich an der Beobachtung der Naturschönheiten zu berauschen, sie für das irdische Paradies zu halten und darin halt auch die Indianer anzusiedeln.

Michael Mann nahm sich 1992 mit THE LAST OF THE MOHICANS

das Remake eines der populärsten Stoffe für Indianer-Geschichten vor, der gleichzeitig der Anfang aller Stereotypenbildungen vom Bild des Indianers war. Vielleicht ist seine Version deshalb auch so überladen und konfus geraten, weil der Stoff kaum noch in die heutige Zeit paßt. Nur in der Figur des bösen Indianers Magua gelingt ihm eine bemerkenswerte Auflösung bekannter Wahrnehmungsmuster. In früheren Verfilmungen des Stoffes hatte Magua Colonel Munro und seine Töchter deshalb so unbarmherzig verfolgt, weil er einmal vom Colonel ausgepeitscht und damit in seiner Ehre verletzt worden war, oder ganz einfach aus dem Grund, daß er eben ein unzivilisierter Wilder war.

So konnte man Maguas Rachefeldzug Anfang der 90er Jahre nicht mehr motivieren. Magua (Wes Studi) hat jetzt durch Munros Schuld seine Familie verloren und will ihm das mit gleicher

Das Schlachten geht weiter – THE LAST OF THE MOHICANS/DER LETZTE MOHIKANER (1992)

245

Münze heimzahlen. Während er früher stets abwechselnd Alice oder Cora begehrte und verschleppte, ist die Entführung weißer Frauen bei Mann nur noch ein die Handlung vorantreibendes Element. Jetzt interessiert sich Magua weder für Alice noch für Cora wirklich. Außer dem Motiv der Rache hat er jetzt noch einen viel greifbareren Grund: Er will den Kapitalismus in den Wäldern der Huronen einführen. Er träumt von der Macht des Geldes, will Handel mit Pelzen treiben, Land kaufen und verkaufen, die Natur ausbeuten. So hofft er, den weißen Mann mit den eigenen Waffen zu schlagen. Die Gegenpartei wird durch die beiden letzten Mohikaner Uncas und Chingachgook (Russell Means) sowie den bei ihnen aufgewachsenen Hawkeye (Daniel Day-Lewis) repräsentiert. Die drei erleben wir zu Beginn des Films in völliger Harmonie mit der Natur, und sie machen Maguas Pläne zunichte. Als er getötet ist, stehen Chingachgook, Cora und Hawkeye auf einem Berg und lassen den Blick über die grandiose Natur schweifen, die noch einmal gerettet werden konnte. Zu ekstatischer Musik schwenkt die Kamera über dichte Wälder, bevor alles langsam im Nebel versinkt. Irgendwo dort müssen die Weißen versteckt sein, die in Coopers Lederstrumpf-Romanen immer die Wälder abholzen.

Wes Studi, der eindrucksvolle Darsteller des Magua, tauchte zwei Jahre später in Walter Hills GERONIMO: AN AMERICAN LEGEND (1993) wieder auf. Hill versucht, zwei Traditionen des Indianerfilms zu verknüpfen: die mehr oder weniger authentische Rekonstruktion historischer Ereignisse und die mythologisierende Darstellung des Indianers als Teil einer an die amerikanische Malerei des 19. Jahrhunderts erinnernden, grandiosen Landschaft. Das gelingt ihm wenigstens zum Teil. Er stellt die Ausrottung der Indianer damit wieder in einen ökologischen Zusammenhang, ohne daß das jemals gesagt würde. Als die US-Armee Geronimo mit falschen Versprechungen zur Kapitulation bewegt, verschwinden auch die Bilder hinreißender Landschaften aus dem Film. Bei John Ford, im Monument Valley, mußte man immer damit rechnen, daß die Indianer von rechts oder links urplötzlich ins Bild kamen. In Hills GERONIMO schiebt sich langsam von rechts der Zug auf die Leinwand, in dem Geronimo und seine Apachen durch karge Landschaften nach Florida gebracht werden. Der Erzähler, ein junger Kaval-

Der Indianer als Westernheld – Geronimo (1993)

lerie-Offizier, hat die Apachen schätzen und respektieren gelernt. Weil er vom Vorgehen der Armee entsetzt ist, nimmt er
seinen Abschied: »Ich muß mich der einen, unleugbaren Wahrheit stellen: Eine Lebensart, die 1000 Jahre überdauert hatte,
war verschwunden. Die Wüste, das Land, auf das wir hinausse-
hen, wird nie wieder so wie früher sein.«

Solche Einsichten wollten die Disney-Studios den Kindern noch
nicht zumuten. Nach THE LION KING und BEAUTY AND THE
BEAST hatte man sich Vorwürfen ausgesetzt gesehen, rassistisch
zu sein und ein veraltetes Frauenbild zu pflegen. Mit POCAHON-
TAS (1995) schuf Disney jetzt eine politisch korrekte Version der
Indianerprinzessin, die es allen recht machen sollte. Dabei
konnte das Studio auf jenen alten Mythos zurückgreifen, den
jedes Schulkind in den USA kennt und der allein in der Stummfilmzeit x-mal verfilmt wurde. Die Entmythologisierungsversuche der rührseligen Geschichte von der Rettung des guten Cap-

Ökologisch korrekt – POCAHONTAS (1995)

tain Smith vor dem Marterpfahl durch die Prinzessin jedoch beschränken sich auf den Aspekt der inzwischen global akzeptierten Formel von der Rettung der Natur. Wirkliche Entmythologisierungsversuche blieben bisher auf die Literatur beschränkt, so etwa auf die recht üppige und erotisch-deftige Parodie *Der Tabakhändler* (*The Sot-Weed Factor*, 1967) des Amerikanistik-Professors John Barth.

Pocahontas ist groß, schön, athletisch, gewandt, und um auf keinen Fall in die Nähe bekannter Karikaturen zu geraten, hat sie keine Backenknochen mehr und nur die Andeutung einer Nase. In England ist alles dunkel und in Sepiafarben gemalt, in der Neuen Welt dominiert strahlendes Blau. In der Rangordnung des Films stehen die Indianer ganz oben, bei den Weißen gibt es einige Klischeeschurken, aber schließlich lernen Rot und Weiß, in Frieden miteinander auszukommen. Trotzdem liegt über dem Ganzen die dunkle Ahnung dessen, was kommen wird. Um ein Ende zu vermeiden, das zu traurig ist, segelt John Smith mit seinen Leuten zurück nach England, während Pocahontas bei den Ihren in Amerika bleibt, anstatt wie das historische Vorbild mit nach Europa zu gehen und dort nach der Ankunft zu sterben.

Wie ein Kontrastprogramm zu Disneys einfach strukturierter Welt wirkt Jim Jarmuschs DEAD MAN (1995). Der Buchhalter William Blake (Johnny Depp) fährt Mitte des 19. Jahrhunderts mit der Eisenbahn in den Westen, in einen Ort namens Machine. Schon die Zugfahrt macht deutlich, daß es hier den bipolaren Symbolismus des Westerns nicht mehr gibt. Von Anfang an sind durch das Zugfenster Reste von Planwagen, Skelette von Tieren oder Menschen, Eisenteile und abgeschlachtete Büffel zu sehen. Daran ändert sich bis zur Endstation nichts. Als Blake in Machine, halb aus Notwehr, den Sohn des Metallwerksbesitzers (Robert Mitchum) erschießt, hetzt er ihm drei Auftragskiller hinterher (»die besten Killer von Menschen und Indianern in dieser Hälfte der Welt«). Blake flieht in die Wildnis, aber das unberührte Land gibt es auch hier nicht mehr. Überall liegen verwesende Leichen, ein Missionar betet für die Ausrottung »der Heiden und Philister« (er meint die Indianer), und als Blake

Nobody und William Blake, der Philosoph und der dumme kleine Buchhalter – DEAD MAN (1995)

hoch oben im Norden in ein weltabgelegenes Indianerdorf kommt, liegt dort schon eine alte Nähmaschine herum.

Unterwegs hat William Blake einen indianischen Führer gefunden, der zu den erfrischendsten Indianerfiguren der 90er Jahre gehört: Nobody (Gary Farmer) ist übergewichtig, gebildet (er hat die Gedichte von Blakes Namensvetter gelesen), und er weigert sich standhaft, Verständnis für die Verbrechen der Weißen aufzubringen. Statt den indianischen Guru aus Filmen wie DANCES WITH WOLVES zu geben, haßt er die Weißen, und der Film zeigt im Hintergrund die Zeichen des Völkermords: zerstörte Tipis, tote Indianer, verlassene Dörfer. Am Ende seiner Reise zur Selbsterkenntnis, die auch eine Reise in den Tod ist, treibt Blake in einem Kanu hinaus aufs Wasser. Dort wird er sterben, denn er trägt die Krankheit des weißen Mannes in sich (eine Bleikugel nahe am Herzen). Vielleicht wird er auf der anderen Seite aber auch Indianer finden, die noch keine Gewehre und keine Nähmaschinen haben. Nicht umsonst wirken viele der Szenen, die am Ende von DEAD MAN bei den nordwestlichen Stämmen spielen, wie direkt von den Kwakiutl-Indianern aus IN THE LAND OF THE WAR CANOES (1914) entliehen. »Einige Stämme«, heißt es in John Boormans THE EMERALD FOREST, »hatten noch nie Verbindung zur Außenwelt. Sie wissen noch, was wir vergessen haben.«

Surviving Columbus
Indianische Filme

»Die Wilden nehmen die Kamera selbst in die Hand« überschrieb eine renommierte deutsche Tageszeitung einen Artikel über Ethnologie und Medienarbeit. Schlagzeilen dieser Art spiegeln das Befremden wider, sich Ureinwohner im Umgang mit zivilisatorischen Errungenschaften vorzustellen. Seit den 80er Jahren kann man sich auf Festivals ein Bild davon machen, wie die Native American Peoples Filme und Videos einsetzen und gebrauchen. So wurde beispielsweise 1992 auf dem Münchner Filmfest den indianischen Filmemachern ein eigener Schwerpunkt unter dem Titel »Surviving Columbus« eingeräumt.

Die Tatsache, daß sich Native Americans der Mittel der Traumfabrik bedienen, kann im Zusammenhang mit der Emanzipationsbewegung der letzten drei Jahrzehnte erklärt werden. In den beiden Weltkriegen zahlten auch indianische GIs ihren Blutzoll. Allein im Zweiten Weltkrieg nahmen 250000 indianische Soldaten teil, 40 Prozent von ihnen als Kriegsfreiwillige. Aus ihren Veteranenverbänden entwickelte sich ein Nachkriegs-Panindianismus mit ersten kontinentalen Indianerverbänden, zu deren spektakulärsten Aktivitäten 1967 die erfolgreiche Absetzung einer ABC-Serie über George Armstrong Custer gehörte. Wieder einmal war versucht worden, diesen Indianermörder par excellence als aufrechten Westmann zu glorifizieren.

Wiedererwachtes indianisches Selbstbewußtsein und an Bedeutung gewinnende »Red Power« im Rahmen der Bürgerrechtsbewegung fanden ihren Ausdruck in ersten Aktionen wie Fish-ins, an denen sich auch weiße Sympathisanten, engagierte Kirchenleute und Stars wie Paul Newman beteiligten. Es formierten sich Basisbewegungen wie das 1968 unter anderem von Russell Means und Dennis Banks gegründete AIM (American Indian Movement). Ursprünglich als Schutzpatrouille nach dem Vorbild der »Black Panther« geplant, bekam diese Widerstandsbewegung aus Minneapolis bald kontinentale politische Bedeu-

Historische Aufnahme von der Beisetzung der Opfer des Massakers von Wounded Knee (29.12.1890)

tung. Gefordert wurden an erster Stelle die Erneuerung gebrochener Verträge und Wiedergutmachungen, die Anerkennung von Fischerei- und Jagdrechten. Zu den spektakulärsten Aktionen von AIM gehörten 1969–1971 die Besetzung von Alcatraz, 1972 der transkontinentale Sternmarsch »Trail of Broken Treaties« sowie 1973 die Besetzung von Wounded Knee in der Pine-Ridge-Reservation in Süddakota. Seitdem verlagerten sich die Aktivitäten von spektakulären politischen Einzelaktionen hin zur Durchsetzung ihrer Interessen mit juristischen und völkerrechtlichen Mitteln. Mit dem »Longest Walk« 1978 forderten die Indianer bei der Carter-Administration alte Vertragsrechte ein und begannen mit dem Aufbau eines eigenen Schulsystems, den »Survival Schools«.

Bei der UNO in Genf erreichten sie eine außenpolitische Vertretung mit Non-Government-Status, und auf Hearings wie dem 4. Russell-Tribunal in Rotterdam fanden sie internationale Unterstützung. Trotzdem haben die Native Americans nicht halb soviel erreicht wie ihre schwarzen Brüder, deren Emanzipationsbewegung mit Black Power und Bürgerrechtsbewegung sie kopiert hatten. Immerhin hatten deren Bürgerrechtsbewegung der 60er mit Malcolm X und Martin Luther King sowie die Black Exploitation der 70er Jahre dazu geführt, daß eine Nation im Fernsehsessel sich köstlich über den Alltag, die Erlebnisse und Probleme einer ausschließlich schwarzen Familie amüsierte. Bill Cosby ist der erfolgreichste Entertainer, und seine Cosby Show hat traumhafte Einschaltquoten, auch in Deutschland. Selbst für manche Native Americans wäre eine Indian Show ein Meilenstein auf dem Weg zu Gleichberechtigung und Integration (vgl. auch das Interview mit dem indianischen Regisseur Phil Lucas im nächsten Kapitel).

Die im Blizzard gefrorene Leiche von Häuptling Big Foot auf dem Massakerfeld von Wounded Knee (29.12.1890)

Insofern ist es nicht verwunderlich, wenn Filme und Videos von Native Americans in erster Linie Dokumentationen sind, Dokumente einer geraubten Kultur und Geschichte, die von Landzerstörung, Völkermord und kulturellem Genozid durch Erziehung und Christianisierung handeln. Aber es sind auch Zeugnisse von Widerstand und neuem Selbstbewußtsein, von traditionellen Riten und Lebensweisen, die Beispiele geben sollen für andere.

Diese Filme sind mehr an der Verbesserung der Realität als an der Fiktion interessiert, weniger an der historischen Aufarbeitung der Indianerkriege als an der Entwicklung einer eigenen Kultur unabhängig von der westlichen Filmtradition. Im folgenden sollen nur ein paar Beispiele der letzten Jahre aufgezeigt werden, die im übrigen auch auf diversen Festivals wie dem seit 1975 jährlich stattfindenden American Indian Film Festival, aber auch internationalen Festivals wie dem Sundance Film Festival oder dem Münchner Filmfest gezeigt wurden. Die profiliertesten Vertreter indianischer Filmemacher sind dabei Phil Lucas (siehe auch das Interview am Ende des Buches) und George Burdeau, der zur Zeit die Verfilmung des Lebens von Ishi plant und damit der erste Native American sein könnte, der in einem langen Spielfilm Regie führt.

Wenn sich indianische Filmemacher mit der Rekonstruktion der Geschichtsschreibung aus indianischer Sicht beschäftigen, dann findet immer eine Einbindung in die Gegenwart statt. Dafür mögen zwei Beispiele stehen, die wie die Endpunkte der Unterdrückung erscheinen: das erste Auftauchen der weißen Eroberer und die letzte militärische Auseinandersetzung zwischen Rot und Weiß, das Massaker von Wounded Knee (1890).

So berichtet George H. Burdeau (Blackfeet) in seinem Film SURVIVING COLUMBUS (1990) von den ersten schockartigen Kontakten der Pueblo-Indianer mit dem Konquistador Francisco Vazques Coronado (1540) aus der Sicht eines traditionellen Zunis. Das Erscheinen der Spanier, voller Gewalt und bar jeder Moral aus Sicht der Betroffenen, ging wie eine Schockwelle durch die Indianergebiete des Südwestens. 50 Millionen Native Americans wird die »Entdeckung« zum Schluß das Leben kosten, und viele Stämme werden für immer verschwunden sein. »Und trotzdem«, so eine Indianerin im Film, »waren die Spanier

*Vergeßt nicht Wounded Knee – WIPING THE TEARS OF SEVEN GENE-
RATIONS (1991)*

mit ihrem Hunger nach Gold und Blut humaner als alles, was
folgte. Sie brachten uns wenigstens das Pferd!«
Für Hollywood reicht das Interesse an den Indianern nur bis
kurz vor 1890, dem Jahr des Massakers von Wounded Knee, bei
dem die mythenumwobenen Blauröcke der US-Kavallerie auch
für viele Amerikaner ihren Glanz verloren. Für die Indianer
selbst aber wurde Wounded Knee zum nationalen Symbol eines
neuen indianischen Bewußtseins. In WIPING THE TEARS OF
SEVEN GENERATIONS (1991) von Gary Rhine und Fidel Moreno
(Yaqui/Huichol) berichten Nachkommen von Überlebenden
des Massakers über die Ereignisse, die zu der letzten bewaffne-
ten Auseinandersetzung zwischen Weißen und Indianern führten. Nach der Ermordung Sitting Bulls durch Indianer-Polizisten im Dezember 1890 machten sich 100 geflohene Hunkpaps-

Sioux zusammen mit den Leuten von Big Foot auf den Weg zur Pine-Ridge-Indianeragentur. Am Wounded Knee Creek ergaben sie sich der 7. US-Kavallerie und wurden entwaffnet. Nachdem sie bereits alle Gewehre abgegeben hatten, kam es zu einem Handgemenge und die Soldaten, unter ihnen eine Reihe von Offizieren, die 14 Jahre vorher am Little Big Horn die größte Niederlage in der amerikanischen Geschichte hatten hinnehmen müssen, eröffneten aus ihren Gewehren sowie aus rund um das Lager aufgestellten Kanonen das Feuer auf die wehrlosen Indianer. 300 Männer, Frauen und Kinder starben, nur 50 konnten das Massaker überleben.

Zu einer der ersten politischen Aktionen von AIM-Aktivisten (Indian American Movement) gehörte 1973 die symbolische Besetzung dieses unglückseligen Ortes, um auf die Mißstände im Pine-Ridge-Reservat und im allgemeinen aufmerksam zu machen. Seitdem aber hat das FBI auch seinen Kampf gegen AIM aufgenommen, und seitdem reißen die Verfolgungen und Prozesse gegen die indianischen Aktivisten wie Daniel Banks, Russell Means und Leonard Crow Dog, die an der Besetzung beteiligt waren, nicht mehr ab. Insgesamt 200 AIM-Leute sind inzwischen in Pine Ridge auf zum Teil mysteriöse Weise ums Leben gekommen.

Aber wenn auch Wounded Knee zum indianischen My Lai wurde, jenem Schandfleck am Ende des Vietnam-Krieges, so beschränkt sich der indianische Widerstand nicht allein auf diesen Ort. INCIDENT AT RESTIGOUCHE (1985) von Alanis Obomsawin (Abenaki) zeigt, daß die Native Americans in Kanada den gleichen Unterdrückungsmechanismen ausgesetzt sind wie in den USA. Ausgangspunkt ist das brutale Vorgehen der Quebecer Polizei gegen den Stamm der Micmac im Distrikt Restigouche. Anlaß war die Übertretung der Fangquoten, die den Micmacs ein traditionelles Leben sichern. Mit der gleichen Hartnäckigkeit nahm sich Obomsawin 1993 eines weiteren spektakulären Falls an. Mit KANEHSATAKE – 270 YEARS OF RESISTANCE verfolgte sie unter schwierigsten Bedingungen die kriegsähnlichen Auseinandersetzungen, die sich Mohawk-Krieger 1990 78 Tage lang mit der Polizei von Quebec und dem kanadischen Militär lieferten. Der Konflikt hatte sich an den Rechten für das Gelände eines neuen Golfplatzes entzündet.

Dokumentationen des politischen Kampfes wie INCIDENT AT RESTIGOUCHE oder KANEHSATAKE machen deutlich, mit welcher Gewalt die Staatsorgane auf das Einklagen alter Rechte und traditioneller Lebensweisen reagieren.

Begleitet wird der politische Kampf nach außen von einem Prozeß der inneren Reinigung. In THE HONOR OF ALL (1986) von Phil Lucas vergegenwärtigen sich die Leute vom Alkali Lake ihre eigene Geschichte, die bis vor kurzem noch durch Abhängigkeit vom Feuerwasser gezeichnet war. Irgendwann raffte sich die Frau des Häuptlings auf und begann, das ganze Reservat trockenzulegen. Am Ende des Films sitzen die Laiendarsteller noch einmal zusammen und erzählen über die Erfahrung, ihre leidvolle Vergangenheit noch einmal darzustellen. Es ist erschütternd, zu sehen, wie die Erinnerung daran die Stammesmitglieder heute noch emotional mitnimmt.

In THE HEART OF BIG MOUNTAIN (1989) begleitet Sandra Osawa eine Navajo-Frau, die die Hüterin des heiligen Bündels und damit die Beschützerin des Landes ist. Der Film ist eine Einführung in die reiche Tradition des Navajo-Volkes und dessen spirituelles Verhältnis zur Mutter Erde.

Indianeraktivisten im Polizeigriff – INCIDENT AT RESTIGOUCHE (1985)

Zukunftsweisend in seiner Verbindung von modernem Leben und alten Traditionen ist A VOYAGE OF REDISCOVERY (1991). Erzählt wird die Geschichte des Indianers Frank Brown, der durch Alkohol und Drogen auf die schiefe Bahn gerät. Doch auf Vorschlag seines Stammes und mit Unterstützung eines weißen Richters wird ihm die Möglichkeit gegeben, seine Verfehlungen nach den alten Ritualen des Stammes zu sühnen. In solchen Dokumentationen kommen die Unterschiede und Unvereinbarkeiten von Wertesystemen zum Ausdruck, die unterschiedlichen Welten angehören. Gerade westliche Vorstellungen und Gesetze, die mit Strafverfolgung, Schuld und Sühne arbeiten, sind den überlieferten Traditionen der Stammesgesellschaften fremd.

Bereits zu größerer Bekanntheit auch bei uns ist der Hopi Victor Masayesva gelangt. Mit Produktionen wie ITAM HAKIM HOPIIT (1985) bemüht er sich auch auf der filmischen Ebene um eine Verbindung zwischen den kulturellen und spirituellen Tra-

Matriarchat IN THE HEART OF BIG MOUNTAIN (1989)

Machen gute Einschaltquoten: THE NATIVE AMERICANS (1994)

ditionen seines Volkes und den Ausdrucksformen der neuen Medien.

»For most people the Native American is invisible unless he looks like the Hollywood Indian – Für die meisten Menschen bleiben die wahren Indianer unsichtbar, ausgenommen in der Gestalt als Hollywood-Indianer« – sagt Will Sampson (Mohawk) als Kommentator der fünfteiligen TV-Serie IMAGES OF INDIANS (1979–1981) von Phil Lucas (Choctaw). Und damit meint er nicht nur die allzu bescheuerte Figur, die sie in den Dutzend-Western abgeben müssen. Was das populäre Bild des Hollywood-Indianers am meisten von der Wirklichkeit entfernte, war die simple Stereotypenbildung, die Will Sampson anhand von Ausschnitten aus der Filmgeschichte vorführt und von bekannten indianischen Persönlichkeiten wie z. B. dem radikalen indianischen Vordenker Vine Deloria jr. kommentieren läßt. In diesem Sinne ist diese Serie der Film zum vorliegenden Buch. Mit dem 60 Millionen Dollar teuren Multimedia-Projekt THE

NATIVE AMERICANS: BEHIND THE LEGENDS, BEYOND THE MYTHS von Ted Turners Network Television (TNT) sind ihre Bemühungen einen ganzen Schritt weitergekommen. 1993 hatte TNT mit der ersten Präsentation von Programmen von Native Americans in der Geschichte des US-TVs, den beiden Porträts THE BROKEN CHAIN (über den jungen Mohawk-Krieger Joseph Brandt) und GERONIMO, die höchsten Einschaltquoten des Jahres für eigenproduzierte Kabelprogramme erreicht. Der Erfolg setzte sich fort mit der sechsstündigen und dreiteiligen Dokumentation THE NATIVE AMERICANS (1994), die nach der Ausstrahlung 1994 allein 400 000mal auf dem Videomarkt verkauft wurde. Der erste Teil über die Stämme des Ostens wurde von John Borden, der zweite über die Stämme des Westens von Phil Lucas (Choctaw) und der dritte Teil über die Prärieindianer vor dem Erscheinen der Weißen und ihre Situation heute von George Burdeau (Blackfeet) in Szene gesetzt. Ausgehend von diesen phänomenalen Erfolgen wurde das umfangreiche Multimedia-Projekt gestartet, das die Verfilmung von Mary Olguins (Mary Crow Dog) Autobiographie und Bestseller LAKOTA WOMAN sowie eine Spezialschiene NATIVE INDIANS: THE INVISIBLE PEOPLE beinhaltete, die ein tägliches 20minütiges Informationsmagazin über die Situation der Indianer heute sowie zweistündige Spezial-Dokumentationen bot. Gleichzeitig wurden die erfolgreichen Porträts fortgesetzt mit CRAZY HORSE, dem großen Oglala-Sioux-Häuptling, der George Armstrong Custer bei Little Big Horn schlug, und TECUMSEH, dem großen geistigen Führer und Kriegshäuptling des Ostens. Die Multimedia-Komponente umfaßte Videoprogramme, Buchveröffentlichungen und Wanderausstellungen.

Das Projekt ist auch ein Ergebnis eines inzwischen umfangreichen Netzwerks von in der Medienbranche tätigen Native Americans, an dem auch Koproduzent Hanay Geiogamah (Kiowa/ Delaware) lebhaften Anteil hatte. Zum erstenmal bekommen die amerikanischen TV-Zuschauer ihre Geschichte aus einer anderen Perspektive präsentiert, und es wurden alle die Lügen gestraft, die behauptet hatten, ein solches Programm speziell von Native Americans würde kein Publikum haben, zuwenig kommerziell ausgerichtet sein und keine Einschaltquoten erzielen.

Nur Stämme werden überleben
Schlußbemerkung

500 Jahre nach Kolumbus und 100 Jahre nach Erfindung des Kinos entdeckte Hollywood seine Native Americans, und das vorzugsweise wegen eines Filmes, DANCES WITH WOLVES (1990), dem vorab niemand einen Erfolg voraussagen wollte. Inzwischen hat sich der Rummel gelegt, und inwiefern er jener ethnischen Minderheit, die wie keine andere Amerikas verfolgt und gedemütigt wurde, wirkliche Aufmerksamkeit und Verstehen eingebracht hat, kann noch nicht abgeschätzt werden. Und daß militante Führer des indianischen Widerstands, die in den 60er Jahren ihres Lebens nicht sicher sein konnten, wie Russell Means, jetzt in Hollywood-Produktionen wie DER LETZTE MOHIKANER (1992), NATURAL BORN KILLERS (1994) oder POCAHONTAS (1995) mitspielen dürfen oder indianische Schauspieler wie Graham Greene zu Stars avancieren, kann nur als Indiz oder als Ausnahmeerscheinung gewertet werden.

50 Millionen Indianer fielen der Gier der Weißen nach Land, Gold und Bodenschätzen zum Opfer. Eigentlich ist es ein Wunder, daß es sie überhaupt noch gibt. Inzwischen leben auf dem Gebiet der Vereinigten Staaten fast wieder so viele registrierte Native Americans wie zur Zeit vor Kolumbus, als deren vorzugsweise nomadische oder agrarische Stammeskulturen keine größeren Bevölkerungszahlen zuließen. Im öffentlichen Bewußtsein aber hatten sie nur auf der Leinwand überlebt – als blutrünstige Kulisse, vor der sich der Mythos vom aufrechten, entbehrungsreichen Frontier-Mann so glänzend in Szene setzen ließ, oder als edler Wilder, der als Letzter seines Stammes den treuen Begleiter des weißen Helden abgab. In der Folge degradierte Hollywood sie wie auch die anderen Minderheiten zu Wasserträgern des American Dream.

Die Kunstfigur des Zelluloid-Indianers vom edlen Wilden oder roten Teufel hat, abgesehen von Nuancen, Verschiebungen oder sogar Umkehrungen, bis heute überlebt.

Unser Blick in die Filmgeschichte hat gezeigt, wie der Indianer so oder so zum Beutegut der weißen Kultur wurde.

In der Kuriositätenschau der Stummfilmzeit bildeten sie den exotischen Hintergrund (SIOUX GHOST DANCE, 1894), in den Indianer-Stories trugen sie zur tränenseligen Tragik der populären Liebesgeschichten (POCAHONTAS) bei. Mit THE VANISHING AMERICAN (1925) wird mit dem ewigen Indianer Nophaie das *manifest destiny* bestätigt, die sozialdarwinistische Variante vom *surviving of the fittest,* vom Überleben der Stärkeren, und von der zum Aussterben verurteilten Rasse des roten Mannes. Mit dem Beginn des Tonfilmes standen die Indianer wie Naturereignisse als wilde, unbezähmbare und grausame Bestien dem Pioniergeist im Wege, stellvertretend benutzt im Kampf gegen Rezession und Depression, und in den 40er Jahren wurde mit ihnen Propaganda für den Kampf gegen ein blutrünstiges Nazi-Deutschland gemacht (THEY DIED WITH THEIR BOOTS ON, 1941).

In den 50er Jahren werden sie weiterhin als Kanonenfutter für die »rote« Gefahr des Kommunismus verheizt. BROKEN ARROW (1950) leitete eine Phase naiv-romantischer Rehabilitation ein, und jetzt galten die Indianer wenigstens als »Auch-Menschen«. Die 60er Jahre sehen sie als Pate für ein neues Männerideal (HOMBRE, 1966), Aussteigermodelle (JEREMIAH JOHNSON, 1972) und als Anklage gegen den Krieg in Vietnam (SOLDIER BLUE, 1970). In den 70er Jahren standen sie Pate für eine bessere, offenere und gerechtere Welt, und in den 80er Jahren galten sie als Beispiel für ein harmonisches Leben mit der Natur (WINDWALKER, 1980). Indianisches Leben mußte als Projektionsfläche für Sehnsüchte nach dem verlorenen Glück, nach ursprünglichem Leben oder intakten Familien- und Gemeinschaftssystemen herhalten. Die indianer gaben dem Horrorfilm (THE WOLFEN, 1981) neue Impulse, den Cop-Gespannen neue Farbe (RENEGADE, 1989) oder belebten Hausfrauen-Sex (BIG BEAVER, 1970). Mit Indianern wird für naturbelassene Produkte geworben, für Reiseveranstaltungen in die Heimat Winnetous oder für ganzheitliches Denken, für alternative Medizin oder auch nur für vom Himmel fallende Gartenschläuche.

Das Bild vom noblen Wilden sollte Verluste und Defizite der eigenen Kultur sublimieren. Die Verteufelung vom blutrünstigen Wilden war funktionalisiert worden für nationale und internationale Konflikte. Daneben diente die Darstellung indiani-

Das Ich im anderen – CLEARCUT (1991)

scher Kultur in Zeiten gesellschaftlicher Umbrüche dem Entwurf utopischer Modelle. Insofern hat die historische Auseinandersetzung mit dem Leinwand-Indianer mehr Aussagen über die eigene Kultur, die jeweiligen Epochen, das westliche Wertesystem im Wandel von 100 Jahren Kino zutage gefördert als über indianische Kultur.

Es ist einfach, die Stereotypen zu finden, die hinter der Darstellung des Indianers auf der Leinwand stecken; es ist bereits schwieriger, zu sehen, wozu sie verwendet werden, doch wirklich interessant wird es, zu ergründen, wofür sie stehen. Scar, der grausame Comanchen-Häuptling in Fords THE SEARCHERS ist das Spiegelbild des Indianerhassers Ethan Edwards (John Wayne) und Barth hat es in seinem parodistischen Roman *Der Tabakhändler* auf die Spitze getrieben, wenn er unter den diversen Doppelgängern die Zwillinge als rotes und weißes Brüderpaar auftreten läßt. Der Indianer als mythische Gestalt repräsentiert damit das Wilde, das Fremde, das Andersartige, das uns nicht nur von außen bedroht, sondern auch in uns steckt, Teil unseres eigenen Selbst ist.

Die Auseinandersetzung mit dem Bild des Indianers auf der Leinwand ist von aktueller Bedeutung, denn sie betrifft den Umgang mit fremden Kulturen und das Verstehen des anderen. Das Bild vom Indianer war geprägt von zwei extremen Standpunkten. Einerseits führte die Darstellung der Verschiedenheit, die Darstellung des Fremden zu Überlegenheitsgefühlen, zu Ablehnung und Haß, die in der realen Geschichte ihre Entsprechung in Völkermord und bis heute anhaltender Landnahme, Ethnozid und Ausbeutung fanden, während andererseits die Darstellung der Gleichheit und die zwanghafte Herstellung von Identität in oberflächliche Romantisierung und Kritik an der eigenen Zivilisation und Kultur mündeten.

Beiden Tendenzen gemeinsam ist die Reduzierung der anderen Kultur auf den Objektstatus, die letztlich nichts anderes beinhaltet als die Vereinnahmung in das westlich geprägte Wertemuster. In der Anerkennung als Subjekt, in der Entdeckung des anderen, »den Unterschied in der Gleichheit leben« (wie es Tzvetan Todorov in *Die Eroberung Amerikas. Das Problem des Anderen,* Frankfurt am Main 1985, formuliert), darin könnte eine Chance liegen, in einer Welt die Zukunft zu gestalten, die seit der Entdeckung des Kolumbus sehr klein geworden ist.

Give Us Just a Little More Time*
Phil Lucas, Native Director – Ein Interview

* Songtitel der indianischen Rockgruppe REDBONE Ende der 60er Jahre

Interview mit dem indianischen Filmemacher Phil Lucas (P. L.), das Bernhard (B. S.) und Karin Springer (K. S.) an seinem damaligen Wohnsitz bei Santa Fé führten.

B. S.: Zu Anfang von IMAGES OF INDIANS (fünfteilige TV-Serie, die Phil Lucas 1979–1981 zusammen mit Will Sampson über die stereotypen Indianerbilder in den Western Hollywoods produzierte) ist eine beeindruckende Szene zu sehen, in der Indianerkinder gebannt auf den Fernseher in der Küche starren. Zu se-

Regisseur PHIL LUCAS (Coctaw)

hen ist ein Western, bei dem die Indianer reihenweise als rote Teufel aus dem Sattel geschossen werden und die guten Cowboys siegreich nach Hause reiten. Ist das nicht eine merkwürdige Erfahrung, die die Kinder als Nachfahren eben jener Wilden dabei machen müssen?

P. L.: Das kann man wohl sagen. Übrigens ist IMAGES OF INDIANS an diesem Punkt ganz autobiographisch. Die Sache in der Küche ist mir als Kind tatsächlich so passiert. Aber wir hatten auch Kino damals. Als ich noch sehr klein war, gab es nachmittags immer Filme zu sehen. Ich war etwa zwölf Jahre alt, als ich dort STAGECOACH sah und die Cowboys bejubelte. Den Weg nach Hause mußte ich zu Fuß zurücklegen, ungefähr zehn Meilen, und dabei wurde ich sehr wütend über meine Reaktion während des Films. Ich fühlte mich manipuliert. Damals begann ich mich dafür zu interessieren, was Filme eigentlich machen oder auslösen können und wie man mit dieser Macht über Menschen umgeht. Als ich die High-School verließ, war mir klar, daß ich Filme machen wollte. Gleich nach der Schule arbeitete ich etwa sieben Jahre an einer Serie für Public Television. Ich schrieb das Drehbuch, wo die Kinder STAGECOACH im Fernsehen sahen, und das ist mir, wie gesagt, persönlich passiert. Ich zeigte, daß so etwas tatsächlich geschieht. Und weil es ein elektronisches Medium ist, wird geglaubt, was gezeigt wird. Die überlieferte Geschichtsschreibung ist übermächtig, das Stereotyp gilt als real und äußerst problematisch. Das Klischee begann schließlich damit, daß Kolumbus unser Volk »Indigenous Indians« genannt hatte. Für viele Hunderte verschiedener Völkergruppen nur eine Kategorie. Das war der Anfang des Stereotyps, der Anfang des Klischees. Auch die ersten Bildermaler kreierten zwangsläufig ein falsches Bild. Zum Beispiel gab es einen holländischen Maler und Illustrator, De Bry, der war einer der ersten, der auf Holzschnitten Indianer als Kannibalen darstellte. Das lag daran, daß er seinen Auftrag von den Spaniern bekommen hatte. Und das spanische Gesetz schrieb vor, daß bei fremden Völkern, sobald sie sich als Kannibalen herausstellten, die Entdecker das Recht hatten, ihnen alles wegnehmen und sie zu Sklaven machen zu können, und das war dann ganz legal. So begannen sie mit dem Prozeß der Falschinformation, mit dem Prozeß, ein falsches Bild zu kreieren, damit sie das Land in Besitz nehmen und die Menschen versklaven konnten. Darum wurden diese ersten Bilder gemacht, nur um eine legale Basis für ihr Vorgehen zu haben. Und das setzte sich buchstäblich fort. Es ist sehr schwer, diese Muster rückgängig zu machen oder umzudrehen, denn solange die Menschen glauben, daß die Indianer Wilde seien, daß sie keine Wissenschaft, keine Religion, keine Kultur hätten, daß sie einfach keine richtigen Menschen seien, war es völlig in Ordnung, ihnen das Land wegzunehmen und all das zu tun, was sie dann taten. Es rechtfertigte die Situation der Europäer, als sie ankamen, und es rechtfertigte das, was sie taten. Und niemand will das ändern. Wenn sie dieses Image ändern wollen oder die Realität anerkennen, dann müßten sie sich ja damit auseinandersetzen, was in der Vergangenheit geschehen ist, und das will niemand wirklich tun.

B. S.: Bevor wir hierherkamen, haben wir einiges gesehen. Dabei konnten wir feststellen, daß die National Monuments wie Canyon de Chelly, aber auch die Ruinen der Anasazi gut besucht, wenn nicht überfüllt waren, aber in den Reservationen, also bei den lebenden Indianern, trafen wir kaum einen Touristen an – die zogen anscheinend die toten Anasazi vor.

P. L.: Interessant ist, daß es die Anasazi heute noch gibt, daß sie überlebt haben, nur nennt man sie heute die Pueblo People. Das sind die gleichen Leute. Das ist die Realität. Die Mär vom großen Geheimnis um die verschwundenen Anasazi ist einfach ein Teil des Images, ein Teil des Klischees. Das hält davon ab, die Realität zu sehen. Damit hält sich der amerikanische Mythos selbst am Leben. In den vergangenen zehn Jahren habe ich um die 45 Filme gemacht, und ich bin hauptsächlich darum bemüht, dies zu ändern, um ein realistischeres Bild zu zeichnen. Nicht ein romantisches Bild, das ist genauso blödsinnig wie das andere. Wenn Sie den Teil meiner Serie IMAGES OF INDIANS sehen, den wir in Deutschland gedreht haben, werden Sie verstehen, was ich meine.

B. S.: Was geschah, als Sie in Deutschland drehten?

P. L.: Mein Freund, der Filmemacher George Burdeau, erzählte mir einmal, was ihm widerfuhr, als er im Jahre 1976 oder 1977 in

Regisseur GEORGE BURDEAU (Blackfeet)

Deutschland stationiert war. Als er eines Tages auf der Autobahn fuhr, sah er plötzlich am Rande Tipis stehen und sagte sich:
»Was ist denn hier los?« Er fuhr also von der Autobahn herunter, hinüber zu den Tipis, und traf dort auf Deutsche, die sich mit
Perücken wie Indianer verkleidet hatten. Und er fand das sehr
interessant. Ich selbst dachte mir, daß wir in der Serie IMAGES OF
INDIANS zeigen könnten, daß in Deutschland auch das Klischee
aus den Filmen besteht, aber die Wirklichkeit etwas anders aussieht. So fuhren wir nach Deutschland und fanden eine Gruppe
in Köln, einen indianischen Freundschaftsklub, der den Yakima-
Stamm adoptiert hatte. Wir fanden heraus, daß sie einige Zeit
mit den Yakima-Familien verbracht hatten und daß sie alle zwei
Jahre herüberkommen. Dabei hatten sie ihre Tänze und Lieder

gelernt, alles sehr authentisch, wie im Jahre 1840. Diese Epoche gefiel ihnen sehr gut, insbesondere was die Kleidung betraf. Wir gingen also zu ihrem Clubhaus, das war, als ginge man ins Museum. Sehr beeindruckend. Sie hatten alles selbst gemacht. Der Mann im Museum erzählte uns seine Geschichte, wie er als kleiner Junge einen Traum gehabt hatte, in dem ein alter Medizinmann ihm sagte, wie er alles malen sollte, und so machte er es. Er hatte sich seine Trommel auch von einem Modoc-Medizinmann weihen lassen, der ihn einmal besuchte. Damit fing unser Dilemma an. Dieser Deutsche veranstaltete, als wir bei ihm waren, eine Drum Blessing Ceremony, und er sagte, daß dies eine heilige Zeremonie sei. »Da können Sie nicht filmen.« Das war für uns sehr komisch, als Indianer, weil daß das ist, was man normalerweise bei uns zu hören bekommt. Aber was uns wirklich beeindruckte, war ihre Aufrichtigkeit. Dann ging ich zu Will Sampson, meinem Koproduzenten, und sagte, laß uns das aufnehmen. Was wir ausdrücken wollten, war: Um wirkliche Aner-

Der Indiancerclub Ost: Kulturgruppe Indlunistik »Old Manitou« Radebeul (DDR)

269

kennung für Indianer zu finden, muß man nach Europa reisen. Es war wirklich sehr schön, denn sie zeigten wirkliches Verständnis, und ich war sehr beeindruckt. Ich weiß, daß nicht alle so sind, doch diese Gruppe war es. Das haben wir gefilmt. Ich bin nicht sehr vertraut mit den Werken von Karl May und ähnlichem. Das ist jetzt nicht unbedingt schlecht, ich finde es von Interesse. Und man wollte mehr über die indianische Kultur wissen, von einem Punkt der Wahrheit aus gesehen. Ich muß sagen, unsere Erfahrungen in Deutschland waren sehr positiv.

B. S.: Vielleicht liegt das andere Interesse in Deutschland auch in der Sehnsucht nach den eigenen alten Stammeswurzeln begründet. Manchmal habe ich den Eindruck, daß die typisch deutsche Vereinsmeierei oder die Stammtischrituale Relikte alter Stammeskultur sind.

P. L.: Ich glaube, das ist die Wahrheit. Wir sind alle Stammesvölker, wenn wir weit genug zurückgehen. Die Kelten, die Germanen oder wie all diese Stämme heißen – alle europäischen Völker waren Stammesvölker. Und ich glaube, daß wir diese Erinnerungen in uns tragen, diese Verbindung mit der Erde. Wenn also die Menschen mit Indianern in Kontakt kommen, stellen sie eigentlich nur diese Verbindung wieder her. Dann wollen sie Indianer werden, und sie realisieren nicht, daß das, an was sie tatsächlich angeschlossen sind, ihre eigene Vergangenheit ist, ihre eigene Stammesvergangenheit. Und was wir tun müssen, glaube ich, ist zurückgehen und entdecken, was diese Stammeswurzeln sind, und das dann leben. Denn wir sind alle Teil der Erde, wir sind alle Erdenstämme. Und dann gibt es auch einen »common ground«, eine gemeinsame Basis, ein wirkliches Verstehen.

K. S.: Genau das ist gerade Teil der esoterischen Bewegung bei uns. Da werden Seminare mit nordamerikanischen Medizinmännern abgehalten, Trommelkurse, schamanistische Heilungszeremonien in den Alpen und so fort.

P. L. Aber sie können es tun, jeder kann es tun. Diese Dinge gingen halt verloren. Zur Zeit ist es mal wieder große Mode, eine fixe Idee. Das geschieht ungefähr alle 20 Jahre, das geht in Zyklen. Wir lassen uns davon weiter nicht stören. Wir tun einfach,

Kevin Costner und Graham Greene in Dances With Wolves
(1990)

was wir tun. Doch ich finde, wir sollten die Gunst der Stunde
nutzen. Die Türen für ein solches Bewußtsein sind offen, durch
Dances With Wolves und solche Dinge, weil sie kommerziell
erfolgreich sind, viel, viel Geld bringen. Deshalb zeigen alle jetzt
ein Interesse. Man sollte sich nicht darüber hinwegtäuschen, daß
das Geld der Auslöser ist und deshalb vielleicht nicht viele wirkliche Resultate erzielt werden können. Aber wir erhalten jetzt
viele Gelegenheiten, und wir müssen diese Gelegenheiten nüt-
zen. Es wird sie nicht immer geben. Und wenn es sie nicht mehr
gibt, tun wir weiterhin, was wir immer tun.

B. S.: Dances With Wolves hat die Türen geöffnet. Was halten
Sie dann von Filmen wie Clearcut oder Black Robe, die ja
auch von diesem Push profitieren?

P. L.: Ich finde, die fallen unter die Kategorie »Exploitation Movie«. Mir gefiel CLEARCUT nicht. Ich meine, daß sie dabei immer noch den anderen Weg genommen haben. Es ist immer noch keine wirkliche indianische Story. Natürlich ist auch DANCES WITH WOLVES keine Indianergeschichte. Keine von ihnen ist es wirklich. Dafür sind sie einfach aus einer anderen Perspektive gemacht. Ich weiß nicht, wie schwer es sein wird, wirkliche Indianergeschichten zu machen. Schauen Sie sich einmal zum Vergleich an, was mit den schwarzen Filmen und mit den schwarzen Filmemachern geschah. In den 20er und 30er Jahren machten sie diese stereotypen Filme mit Schwarzen wie Stepn Fetchit und – wie heißt der Typ noch mal, der BLACK FANCE gemacht hat – Al Jolson. Danach kamen die Black-Exploitation-Filme wie SHAFT usw., und danach kamen die Schwarzen ins Fernsehen, als Sitcoms. Das muß man sich einmal vorstellen: 20 Jahre von Sitcoms, in denen Schwarze in jedermanns Wohnzimmer auf dem Bildschirm zu sehen waren. So lernte man sie als Menschen kennen. Ungeachtet dessen, ob sie nur weiße Schwarze waren, das war nicht wichtig. Der Punkt war, man sah schwarze Gesichter, man sah sie als menschliche Wesen agieren, es war lustig, man amüsierte sich, jeden Abend, auf dem Bildschirm.

B. S.: … wie bei der BILL COSBY SHOW …

P. L.: Genau. Dann tauchte Spike Lee auf und machte schwarze Filme. Er konnte das tun, weil während dieser 20 Jahre ein Publikum dafür herangewachsen war. Mit den Indianern verhält es sich ganz anders. Hier gab es nur die vielen stereotypen Filme, dann gab es die Exploitation-Filme, wie BILLY JACK und SOLDIER BLUE und solche Filme. Und jetzt kommt eine neue Runde von Filmen wie DANCES WITH WOLVES, der einfach ein guter Film ist. Und der löst wieder eine Welle von Exploitation-Filmen aus. Doch während dieser ganzen Zeit gab es keine Indianer im Fernsehen. Alles, was im Fernsehen zu sehen ist, sind einzig die alten Wiederholungen der stereotypen Filme. Also wird dieses stereotype Bild fortgesetzt, und die Kinder von heute sehen im Fernsehen täglich das, was vor 20 Jahren entstanden ist. Wir haben nicht diese Zeitspanne, in der das amerikanische Publikum die Chance bekommen hätte, die Indianer als Menschen zu sehen. Das ist der große Unterschied, und deswegen ist es sehr schwer für einen indianischen Filmemacher, der versucht, Filme aus indianischer Sicht zu machen, denn es wird nicht akzeptiert. Und es wird nicht akzeptiert, weil das Publikum meint, schon alles über die Indianer zu wissen, doch was es weiß, ist klischeehaft.

K. S.: Gibt es denn viele indianische Filmemacher?

P. L.: Die indianischen Filmemacher werden jetzt immer mehr. Als ich anfing, waren wir zu viert: George Burdeau und ich, Gary Robinson und Alanis Obomsawin in Kanada. Wir haben beinahe 25 Jahre lang gearbeitet. Heute gibt es um die 60 indianische Filmemacher mit unterschiedlichen Ebenen von Fachwissen in Video und Film. Die meisten der Indianer arbeiten mit Video. Die meisten Projekte, in die wir involviert sind, haben keine Budgets, die für Film ausreichen würden. Es ist immer wieder Video.

B. S.: Ist Video aber nicht auch ein gutes Mittel, um die alten Traditionen zu dokumentieren und zu bewahren?

P. L.: Ich weiß nicht, ob die jungen indianischen Filmemacher so sehr bemüht sind, die Traditionen zu zeigen. Sie sind hauptsächlich damit beschäftigt, sich selbst zu bilden. Sie konservieren auf Video die Stammesältesten, Hausangelegenheiten, sie machen nicht unbedingt wichtige Programme. Zudem gibt es noch nicht die Akzeptanz von indianischen Produkten. Das Gespür für Film ist für die meisten sehr verschieden und für ein nichtindianisches Publikum nur schwer zugänglich. Wir machen es einfach anders. Das Inuit-Fernsehen IBC (Inuit Broadcasting Corporation) ist ein gutes Beispiel dafür. Die machen einige ganz wundervolle Sendungen.

B. S.: Aber der nächste Schritt wären jetzt Spielfilme?

P. L.: Ich weiß nicht. Ich glaube, daß es einige gibt, die Spielfilme machen möchten. Ich werde an einigen Projekten mitarbeiten. Jedoch ist das nicht mein Ziel. Ich arbeite hauptsächlich auf dem Nonfiction-Gebiet. Es gibt auch andere, die so arbeiten. Und ich finde auch, daß es wichtig ist, daß sie das weiter tun. Denn niemand sonst kann das tun, was wir tun. Die Ziele sind eben auch sehr unterschiedlich.

B. S.: Übrigens wurde Ihr Film HONOR OF ALL auch bei den Jica-rilla-Apachen, die wir besuchten, gezeigt. Wir hatten danach ge-fragt, und sie konnten sich noch gut daran erinnern. HONOR OF ALL scheint ja ein richtiger Blockbuster in den Reservationen zu sein.

P. L.: Ja, das stimmt, ich weiß nicht, in wie vielen Reservationen er inzwischen zu sehen war.

B. S.: Ich würde gern noch einmal auf IMAGES OF INDIANS zurückkommen. Darin geht es vor allem um das Bild der Native Americans im Western. Allgemein wird ja mit BROKEN ARROW eine Wende angenommen, und in den 70ern gab es dann mit LITTLE BIG MAN, SOLDIER BLUE und Altmans BUFFALO BILL die ersten Indianerfilme …

P. L.: Das sind alles Exploitation-Filme. Es sollten Pro-Indianer-Filme sein, aber sie waren es nicht. Im Endeffekt ging es um Vietnam, ging es um politische Aussagen. Die Indianer wurden wieder einmal nur benutzt als ein Mittel, gegen den Krieg zu sein, gegen was weiß ich. Sie waren Teil einer politischen Agen-da. Das stand im Vordergrund. Bei SOLDIER BLUE zum Beispiel ist die einzige Rechtfertigung für das Blutvergießen und die bru-tale Gewalt an den Indianern, daß der Film damit beginnt, wie Indianer Weiße umbringen. Danach ist alles, was sie mit den In-dianern machen, okay. Es ist wie mit SON OF THE MORNING STAR (1991), einer Miniserie über Custer. Wenn Custer das erste Mal zu sehen ist, ist er tot, sein Pferd liegt daneben, sein Körper ist quer dagegen gelehnt, seine Beine sind überkreuzt, sein Bart, seine langen Haare umrahmen malerisch sein Gesicht. Das ist das Bild vom gekreuzigten Christus. Das ist ein so archetypi-sches Bild und so stark, daß, egal, was man danach über Custer sieht, schon alles damit gesagt ist – mit diesem Bild des gekreu-zigten Christus. Es sind diese Dinge der Filmemacher, die mich wahnsinnig machen. Die Bedeutung von dem, was sie sagen, daß sie tun, ist etwas gänzlich anderes als das, was sie wirklich zeigen. Diese kleinen Botschaften, die transportiert werden. Das sind wirklich reine Exploitation-Filme.

B. S: Warum ist Ihrer Meinung nach DANCES WITH WOLVES so wichtig für die weitere Entwicklung?

274

P. L.: Mir gefällt DANCES WITH WOLVES wirklich sehr. Da gibt es das stereotype Bild dieser Figur, des Soldaten, der aus dem Bürgerkrieg kommt, er ist wirklich liebenswert, und er ist eine Art Wichtigtuer, er ist auf jeden Fall nicht perfekt. Er hat das Klischee des Indianers verinnerlicht, und als Ergebnis dessen kann das Publikum mit seinen Augen sehen, und als er sich ändert, als die Indianer zu seiner Familie werden, werden sie so auch zur Familie des Publikums. Als er um das Feuer tanzt, ist das der Wendepunkt des Films. Wenn sie merken, was mit den Indianern geschieht, ist das weiße Publikum überwältigt. In diesem Sinne ist es ein sehr wichtiger Film. Er verändert das Klischee. Meistens aber tun sie das eben nicht. Sie zeigen das Klischee, ohne es anzusprechen. DANCES WITH WOLVES zeigt das Klischee, spricht es an und verändert es. Deswegen ist er so wichtig. Es gibt ganz wenige Filme wie diesen.

B. S.: … und was ist mit WINDWALKER?

P. L.: WINDWALKER ja, aber der macht es auch nicht richtig. WINDWALKER hat viel zu viele Fehler. Da ist zum Beispiel dieser Kerl, der Feind, der die beiden Kinder stiehlt, der altert überhaupt nicht. Alle werden älter, aber dieser Typ bleibt immer gleich alt, und am Ende des Films ist er der starke Typ und ist immer noch gleich alt. Oder wie der Großvater den angreifenden Bären tötet, und dann läuft er mit dessen sauber abgezogenem Fell herum. Dieser Film ist absurd. Außerdem war alles zu romantisch, vielleicht ist es okay für die Cheyenne, doch wenn man dem feindlichen Stamm angehört, den Crow, dann ist das Ganze nicht so lustig. Es ist wohl kein so guter Film. Es gab einfach zu viele Probleme. Auch haßte ich den Gedanken, daß ein Engländer, Trevor Howard, die Rolle von Windwalker spielte.

B. S.: Für uns in Deutschland war WINDWALKER in den 80er Jahren eine wichtige Erfahrung …

P. L.: Er hatte durchaus viele gute Dinge, er hatte halt nur zu viele Fehler. So kann es ruhig einen Konflikt zwischen zwei Stämmen geben, aber man zeigt nicht warum. Wieder einmal gibt es einen bevorzugten Feind, wieder einmal ist es ein eindimensionaler Feind. Es gibt kein wirkliches Verständnis für das Warum – warum sie tun, was sie tun, was sie dazu motiviert. Niemand

Indianerromantik – WINDWALKER (1980)

weiß es. Sie sind einfach Wilde, und das ist der Grund, warum sie
tun, was sie tun. Das ist das, was herüberkommt – es ist einfach
die Natur dieser Wilden. Und das bestätigt wieder einmal nur
das Klischee. Kein Verständnis dafür, daß vielleicht der Grund
dafür, daß es einen Konflikt gab, darin lag, daß der eine Stamm
zu dem anderen Stamm von dem ankommenden weißen Mann
getrieben wurde, der sie eben von ihrem angestammten Platz
vertrieb und sie mitten in einen anderen Stamm hineinversetz-
te, was wiederum zum Konflikt führen mußte, was ihr Gefühl für
Grenzen total zerstörte, ihr Gefühl, wer sie waren und wie sie
lebten. Solche Konflikte sind natürlich entstanden, aber man
versteht es nicht. Dann die Sache mit dem Kidnapping. Das war
so etwas wie Pferdestehlen. Sie taten das, um Frauen und
Ehemänner zu finden, denn sie wußten, daß es Hochzeiten zwischen den Stämmen geben mußte, um ihren Genpool virulent zu
halten, zu stärken. Dazu holten sie Männer und Frauen in den
Stamm, um mit ihnen Kinder zu zeugen. Wenn sie einen Mann
gefangen hatten und eine Frau des Stammes schwanger wurde,

war er frei, zu bleiben oder zu gehen. Das gleiche geschah mit den gefangenen Frauen. Wenn das Baby geboren war, konnte sie gehen oder bleiben. Wenn sie blieben, egal ob Mann oder Frau, wurden sie vom Stamm adoptiert. Das war eine Art, die »Intermarriage« zu sichern. Das war allgemeine Praxis, darüber hat man sich nicht aufgeregt. Eine wirklich andere Art, die Sache zu betrachten, eine sehr andere Art von Lifestyle.

B. S.: Ein anderer Punkt ist die Darstellung von Gewalt. Gerade auch romantisierende Indianerfreunde kommen mit der Gewaltdarstellung in Konflikt, weil sie behaupten, die Indianer seien friedlich, Gewalt sei keine indianische Sache …

P. L.: Ich glaube, das ist wahr. Es ist immer wieder die gleiche Situation, daß wir als Indianer auf jemand reagieren müssen, der uns benutzt, um ein Statement zu machen, oder sonst etwas. Das ist auch mein Einwand gegen diese Art von Filmen, weil ich denke, daß sie uns benutzen, um ein Statement zu machen, und nicht weil sie sich wirklich für die Indianer interessieren. Man kann nicht ganz viel Gewalt zeigen und gegen Gewalt sein. Dann wird es Exploitation, Ausbeutung. Es ist wie mit einem Film über Pornographie, der selbst pornographisch ist. Er spricht nicht wirklich die Probleme an, sucht keinen Zugang zu den Dingen, sondern beutet sie nur aus. Dagegen bin ich, das ist echte Exploitation. Ich weiß nicht, ob dies irgend jemand hilft.

B. S.: … die Einteilung in gute Indianer und schlechte Indianer ist auch ein typisches Merkmal von Filmen, das in diese Kategorie fällt …

P. L.: Ja, die guten Indianer sind die, die den Weißen helfen, und die schlechten Indianer sind die, die für ihre Heimat kämpfen. So ist es tatsächlich, und so wurde es auch vom amerikanischen Kongreß festgeschrieben. Es ist dasselbe wie mit der amerikanischen Geschichtsschreibung in bezug auf den Zweiten Weltkrieg. Es ist vollkommen verschieden von der Vergangenheit, von dem Lauf der Geschichte, von der Geschichtsschreibung, die festgehalten hat, wie es war. Alles hat zu tun mit einer Form von »Dehumanizing«, von Entmenschlichung. Denn wenn man sagt, das sind gar keine wirklichen Menschen, es sind Betrüger, Schurken, böse Wilde und alle diese Namen, die man finden kann, um sie zu entmenschlichen, dann sind sie Tiere, und dann kann man sie auch als solche behandeln.

B. S.: Der letzte Film, der hier auf meiner Liste steht, ist THE LAST OF THE MOHICANS von Michael Mann …

P. L.: Ich will den Film gar nicht sehen. Das ist die schlimmste Geschichte, die man überhaupt wieder ausgraben konnte – speziell für die Mohikaner, die noch leben. Die ganze Geschichte, daß es einen Letzten geben kann, ist einfach lächerlich, insbesondere wenn man bedenkt, daß die Mohikaner noch existieren. Die Versprechen als solche sind schon schlecht. Man kann auch von Michael Mann nichts Gutes über die Indianer erwarten.

B. S.: Der gute Indianer wird auf den Sockel oder ins Museum gestellt, damit die bösen Indianer besser abgeschlachtet oder in Reservate gesteckt werden können …

B. S.: (Eine Information vorab: General Andrew Jackson, Indianerhasser und gnadenloser Verfolger der fünf zivilisierten Nationen des Südostens [Cherokee, Chickasaw, Choctaw, Creek und Seminolen], der nur die Alternative von Vertreibung oder Ausrottung akzeptierte, wurde 1829 Präsident der Vereinigen Staaten und sprach mit seinem Removal Act oder Indianervertreibungsgesetz von 1930 den Indianern jegliches Recht auf Besitz, Wohnung und Leben auf dem damaligen Territorium der USA ab. Ihr sämtlicher Besitz wurde eingezogen, und sie selbst wurden in das Präriegebiet jenseits des Missouri vertrieben. Doch bevor das Gesetz in Kraft trat, waren die »ewige Indianergrenze« und das »Indianer-Territorium« Oklahoma bereits wieder von Siedlern überflutet.) Hitler benutzte Jacksons Verhalten gegenüber den Indianern als Vorbild für seine Konzentrationslager. Die Menschen gegeneinander aufzubringen, sie dazu zu bringen, sich gegeneinander zu wenden, das war das Modell jener Tage. Bitte, wo geht es hier zur nächsten Schlacht? Auf der einen Seite Interesse aufzubringen, auf der anderen Seite wegzugucken, wenn es einem nicht paßt – das ist für mich sehr beängstigend, das zu sehen. So gelangte Hitler zur Macht. Genauso ist das Verhalten aller Menschen, die Uniformen tragen: Sie schätzen ihren Gegner, sie lieben, was sie töten, aber nachdem sie die Menschen getötet haben, was nützt das dann noch?

B. S.: Kehren wir in die Gegenwart zurück – wie verhält sich die indianische Kultur zu dem technologischen Medium Film oder Video?

P. L.: Ich finde, daß Film eine Erweiterung unserer Kultur ist. Ich denke unsere Kultur ist eine »Show-Culture«, bei uns ist es wichtig, *zu zeigen.* Wir besitzen eine lange Tradition des Theaters in der indianischen Kultur. Theater, Geschichten erzählen und Bildergeschichten: all das ist Tausende von Jahren alt. Film ist nur eine Technologie, durch die uns die anderen sehen können. Es ist sehr natürlich.

K. S.: Auf dem Weg hierher wurden wir bei den Jicarilla-Apachen zu einer Initiationsfeier eingeladen. Natürlich mußten wir dem Zeremonienzelt fernbleiben, und der Vater des Mädchens, das initiiert wurde, machte uns noch einmal auf das Fotografier- und Aufnahmeverbot aufmerksam. Er erzählte von einem Franzosen, der sich nicht daran gehalten hatte, und sagte: »We cut him out!«

P. L.: Das betrifft die Zeremonien. Das ist etwas anderes. Weil es nicht nur auf eine Art gemacht werden kann, nicht nur eine richtige Art gibt. Wenn eine Zeremonie stattfindet, dann ist dies nur für die Menschen bestimmt und richtig, die in diesem Moment dort sind. In einem anderen Zusammenhang hat sie einfach keine Bedeutung, keinen Kontext. Und wenn man das filmt und aufbewahrt hat, erhält es ein Eigenleben, das immer weitergeht und weitergereicht wird, aber keine Realität mehr hat. Und dann wird es zu einem Modell, und die Leute sagen: Aha, so ist es, das ist die und die Art von Zeremonie. Dem ist aber nicht so, dies ist nur zu jenem Zeitpunkt für jene Leute gültig, die dabei waren. Und deshalb will man nicht, daß man es aufnimmt oder filmt oder was auch immer. Die Zeremonien haben keine Realität jenseits des jeweiligen Moments und außer für die anwesenden Menschen. Es ist jedesmal anders. Deshalb gibt es auch keinen Grund, warum andere Leute das sehen sollten. Aber die Geschichten können gefilmt werden.

B. S.: Wenn man einen Trip in den Canyon de Chelly hinein machen will, muß man einen Navajo-Führer nehmen, zu deren Reservation der Canyon schließlich gehört, während das Visitors

Center oben als National Monument von den Rangers geführt wird – eine obskure Situation. Jedenfalls lästerte unser Navajo-Führer schwer über die Ranger: »Die Ranger erzählen immer dasselbe, Ranger-Stories, beispielsweise den Unsinn über das unerklärliche Verschwinden der Anasazi – das könnt ihr auch in den Büchern nachlesen. Ich aber erzähle euch Navajo-Geschichten, die stehen nirgendwo geschrieben, die könnt ihr nicht nachlesen, die sind nur in meinem Kopf, also hört gut zu!«

P. L.: Das Problem mit indianischer Kultur ist, daß sie erfahren werden muß. Man lernt sie durch Zuschauen, aber man erfährt nicht die Realitäten des täglichen Lebens.

K. S.: Glauben Sie, daß indianische Filmemacher ganz andere Filme machen werden, daß sie auch eine eigene Ästhetik entwickeln, die verschieden ist von der weißer Filmemacher?

P. L.: Die Filme werden sehr anders werden, und sie sind es auch jetzt schon. Vielleicht werden Publikum und Filme zueinanderfinden. Es gibt jetzt eine Zusammenarbeit mit sehr sensiblen, empfindsamen Menschen, die nicht Indianer sind, die jedoch die Filme machen können. Aber wir wollen ihnen nicht sagen, wie man Filme macht. Das gilt auch für mich. Wenn ich in eine andere indianische Gemeinschaft gehe, dann ist dies nicht meine Kultur. Wenn ich hineingehe, bin ich eine Art »Förderer« für sie, ihre Geschichten zu erzählen. Ich erzähle nicht ihre Geschichten. Sie tun es. Nicht nur die Dialoge, die ich schreibe, auch alles andere stammt von ihnen. Und diese Filme sind voller Kraft, weil sie von ihnen stammen. Ich wurde ein Filmemacher, um ihnen zu helfen, ihre Geschichten zu erzählen, nicht ich erzähle die Geschichten. Das ist, was gerade passiert; es wird etwas ganz Neues sein und könnte sehr powerful sein.

Filmographie

Jahresangabe ist Entstehungsjahr, verwendete Länderabkürzungen: BRD, D = Deutschland, DDR; E = Spanien; I = Italien; F = Frankreich; GB = Großbritannien; USA; YU = Jugoslawien; sonstige Abkürzungen: R = Regie, P = Produzent, Produktionsfirma, K = Kamera, B = Drehbuch, D = Darsteller, Di: Indianerrollen, bei indianischen Darstellern Angabe des Stammes, wenn unbekannt Kennzeichnung »Native«, E: ethnologische Beratung, OFF: Off-Sprecher, Erzähler, L = Länge

DIE EXOTEN
Futter für die Kinetoscope 1892–1901

INDIAN WAR COUNCIL / USA 1894
R: W. K. L. Dickson, P: Thomas A. Edison
L: 30 Sekunden
Der erste Streifen über die Indianer Nordamerikas hat die Geisterbewegung zum Thema und ist mit den Indianern aus Buffalo Bills Wild-West-Show in Edisons »Black Maria«-Studios gedreht.

SIOUX GHOST DANCE / USA 1894
R: W. K. L. Dickson, P: Thomas A. Edison
L: 30 Sekunden
Zweiter indianischer Streifen aus Edisons Produktion für seine Kinetoscope mit den Indianern aus Buffalo Bills Wild-West-Show.

BUCK DANCE / USA 1898
R: Thomas A. Edison
L: 45 Sekunden
Eine Gruppe Indianer sitzt im Kreis, während im Hintergrund einige Männer zwischen zwei Tipis tanzen.

CIRCLE DANCE / USA 1898
R: Thomas A. Edison
L: 45 Sekunden
50 Indianer tanzen im Kreis vor zwei Tipis.

EAGLE DANCE, PUEBLO INDIANS / USA 1898
R: James H. White, P: Thomas A. Edison
L: 50 Sekunden

Vor einer Gruppe von zehn Indianern tanzt ein einzelner Indianer mit großer Federhaube.

WAND DANCE, PUEBLO INDIANS / USA 1898
R: Thomas A. Edison
L: 40 Sekunden
Ein Dutzend Pueblo-Indianer tanzt im Kreis.

ESQUIMAUX VILLAGE / USA 1901
R: Edwin S. Porter und Arthur White, P: Thomas A. Edison
L: 40 Sekunden
Sechs Inuit, einer mit Hundeschlitten, laufen vor dem Nachbau eines Inuitdorfes mit Karton-Eisbergen für die panamerikanische Ausstellung in Buffalo, N.Y.

ESQUIMAUX GAME OF SNAP-THE-WHIP / USA 1901
R: Edwin S. Porter und Arthur White, P: Thomas A. Edison
L: 34 Sekunden
Zwei Inuit spielen vor einem Tierhautzelt mit der Peitsche, zwei andere schauen ihnen dabei zu.

ESQUIMAUX LEAP-FROG / USA 1901
R: Edwin S. Porter und Arthur White, P: Thomas A. Edison
L: 40 Sekunden
Fünf Inuit spielen Bockspringen.

CARRYING OUT THE SNAKES / USA 1901
R: James H. White, P: Thomas A. Edison
L: 37 Sekunden
Ende des Schlangenrituals mit Einfangen der Schlangen.

LINE UP AND TEASING THE SNAKES / USA 1901
R: James H. White, P: Thomas A. Edison
L: 1 Minute 10 Sekunden
Beginn des Hopi-Rituals Schlangentanz mit Herausnahme und Reizung der Schlangen.

THE MARCH OF PRAYER AND ENTRANCE OF DANCERS / USA 1901
R: James H. White, P: Thomas A. Edison
L: 1 Minute 26 Sekunden
Einmarsch der Hopi-Tänzer von der Schlangen-Bruderschaft, angeführt von ihrem Oberhaupt.

PANORAMIC VIEW OF MOKI-LAND / USA 1901
R: Thomas A. Edison
L: 37 Sekunden
Panoramablick über Moki im Hopi-Reservat.

PARADE OF SNAKE DANCERS BEFORE THE DANCE / USA 1901
R: James H. White und W. Beckyrden, P: Thomas A. Edison
L: 42 Sekunden
50 Hopi-Tänzer in Zeremoniengewändern laufen auf dem Dorfplatz von Walpi ein.

DAS STUMME AMERIKA
Indianergeschichten in den Western der Stummfilmzeit 1903–1929

FIRING THE CABIN / USA 1903
R: W. McCutcheon
Indianer überfallen eine Blockhütte und töten alle Bewohner bis auf ein Mädchen, das sie entführen.

KIT CARSON / USA 1903
P: American Mutoscope/Biograph
Kit Carson wird von Indianern überfallen und verfolgt, eine Indianerin rettet ihn.

LIFE OF A COWBOY / USA 1906
R: Edwin S. Porter
L: 1 Rolle
Indianer überfallen die Postkutsche und entführen die Heldin. Ein Cowboy rettet sie.

THE CALL OF THE WILD / Goldfieber in Alaska / USA 1908
R: D. W. Griffith
L: 1 Rolle
Ein indianischer Football-Spieler macht einer weißen Frau einen Antrag, wird zurückgewiesen und entführt sie. Die Frau überzeugt ihn, sie freizulassen.

THE KENTUCKIAN / Der Mann aus Kentucky / USA 1908
P: Biograph
Ein reicher junger Mann aus dem Osten hat im Westen eine Indianerin geheiratet. Als er zurückkehren soll, um sein Erbe anzutreten, gerät er in Konflikt. Seine Frau versteht sein Dilemma und löst es, indem sie sich umbringt.

*Hugh, ich habe ge-
sprochen! – Buster
Keaton*

POCAHONTAS: A CHILD OF THE FOREST / USA 1908
R: Thomas A. Edison
Der *Variety*-Kritiker vermerkt zu dieser POCAHONTAS-Verfilmung:
»Die Indianer schauen aus wie chinesische Ballett-Girls, falls es
Ballett-Girls in China gibt.«

INDIAN RUNNER'S ROMANCE / USA 1909
R: D. W. Griffith
Di: James Kirkwood
Ein Cowboy entführt eine Indianerin und foltert sie, um das Ver-
steck einer Goldmine herauszubekommen. Die Indianer befreien
die Frau und töten den Cowboy.

THE REDMAN'S VIEW / USA 1909
R: D. W. Griffith, K: Billy Bitzer
Brutale Weiße zwingen die Kiowas, ihr Land zu verlassen und wei-
ter nach Westen zu ziehen. Der Tochter des Häuptlings, die sie als
Geisel behalten haben, erlauben sie, zur Beerdigung ihres Vaters zu
fahren.

A BROKEN DOLL. A TRAGEDY OF THE INDIAN RESERVATION / USA 1910
R: D. W. Griffith
Die Indianer wollen Rache nehmen für einen brutalen Übergriff, doch ein kleines Indianermädchen warnt aus Dankbarkeit für eine geschenkte Puppe die Weißen, nur um im anschließenden Kampf getötet zu werden.

KIT CARSON / USA 1910
P: Bison
Kit Carson befreit Siedler, die von Indianern attackiert werden.

POCAHONTAS / 1910
P: Thanhouser
Nachdem Pocahontas das Leben von Captain John Smith gerettet hat, wird sie von den Engländern gefangengenommen, heiratet John Rolfe, mit dem sie nach England geht, wo sie wenig später stirbt.

RAMONA / USA 1910
R: D.W. Griffith, B: nach dem gleichnamigen Roman von Helen Hunt Jackson
L: 2 Rollen
Ramona heiratet den Indianer Alessandro und hat unter der Ungerechtigkeit der Weißen zu leiden.

FIGHTING BLOOD / USA 1911
R: D. W. Griffith

THE LAST DROP OF WATER / USA 1911
R: D. W. Griffith

THE SQUAWS LOVE / USA 1911
R: D. W. Griffith
Di: Chief Dark Cloud (Sioux)
Nach der Klärung von Mißverständnissen unter vier Stammesmitgliedern kommt das füreinander bestimmte Liebespaar zusammen, und alle vier fliehen vor feindlichen Indianern.

CUSTER'S LAST FIGHT / USA 1912
R: Thomas Ince, P: Bison
D: Francis Ford
L: 2 Rollen
Custers Niederlage gegen die Sioux am Little Big Horn.

Hamburger Hill – CUSTER'S LAST FIGHT (1912)

INDIAN MASSACRE / USA 1912
R: Thomas Ince, P: Bison
Geschildert wird der traurige Zustand der Indianer als Folge von
Landhunger und der Westwärtsbewegung der Siedler.

THE INVADERS / USA 1912
R: Francis Ford
D: Francis Ford, Ethel Grandin, Art Acord, Di: Ann Little
L: 2 Rollen
Die Sioux töten einige der Landvermesser und Soldaten, die ihr
Land betreten. Eine Squaw bezahlt ihre Liebe zu einem Landver-
messer mit dem Leben. Im letzten Moment kommt Verstärkung,
um das Fort zu retten.

THE MASSACRE / USA 1912
R: D. W. Griffith, K: Billy Bitzer
D: Blanche Sweet, Claire McDowell, Robert Harron, Charles West
L: 2 Rollen
Nachdem die Kavallerie ein Indianerdorf niedergemacht hat, über-
fallen die Indianer einen Wagentreck. Als die Kavallerie zu Hilfe
kommt, leben nur noch eine Frau und ihr Kind.

THE BATTLE AT ELDERBUSH GULCH / USA 1913
R: D. W. Griffith, K: Billy Bitzer
D: Mae Marsh, Lillian Gish, Robert Harron, Kate Bruce
L: 2 Rollen
Weiße Siedler erschießen den Sohn des Indianerhäuptlings, der daraufhin Rache schwört. Im letzten Moment erscheint die Kavallerie.

HEART OF AN INDIAN / USA 1913
R: Thomas Ince
Di: J. B. Sherry, Ann Little
Ein Indianerhäuptling entführt ein weißes Baby als Ersatz für seine tote Tochter, doch seine Frau gibt es zurück.

HIAWATHA / USA 1913
R: F. E. Moore
Diese Adaption des Longfellow-Romans von der hindernisreichen Liebe zwischen einer Ojibway und einem Sioux ist ausschließlich mit indianischen Darstellern besetzt.

Schau mal, gucke mal da, die Leute vom Film ! – THE CHILDREN OF THE FOREST (1913)

THE STRUGGLE / USA 1913
R: Thomas H. Ince
D: J. Barney Sherry
L: 2 Rollen
Ein Scout gerät unter Mordverdacht und rehabilitiert sich im Kampf gegen die Indianer.

BIRTH OF A NATION / USA 1914
R: D. W. Griffith
D: Lillian Gish, Mae Marsh, Henry B. Walthall, Miriam Cooper
L: 12 Rollen
Die Geschichte des Sezessionskrieges (1860–1865) und der Rassenkonflikte über einen Zeitraum von acht Jahren nach dem Krieg wird exemplarisch am Schicksal zweier Familien dargestellt.

LAST OF THE LINE / auch: PRIDE OF RACE / USA 1914
R: Jay Hunt, B: C. Gardner Sullivan
D: Sessue Hayakawa, Di: William Eagleshirt (Native)
L: 2 Rollen
Der Sohn des Häuptlings kommt als Alkoholiker von der Schule der Weißen zurück, überfällt einen Geldtransport und wird von seinem Vater erschossen, um die Ehre des Stammes wiederherzustellen.

THE SQUAW MAN / USA 1914
R: Cecil B. DeMille, B: Cecil B. DeMille, Oscar C. Apfel, K: Alfred Gandolfi
D: Dustin Farnum, Monroe Salisbury, Winifred Kingston, Di: Princess Redwing (Native), Joe E. Singleton
L: 6 Rollen
Ein Engländer heiratet eine Häuptlingstochter. Diese schenkt ihm einen Sohn und begeht Selbstmord, als sie erfährt, daß er Lady Diana liebt. Der Held kehrt mit Diana und seinem Sohn zurück nach England.

THE ARYAN / USA 1916
R + B + D: William S. Hart.
Der Held rettet einen Wagentreck, weil weiße Frauen vor den Indianern geschützt werden müssen.

A FIGHT FOR LOVE / USA 1919
R: John Ford
Di: Joseph Harris

Ein böses Halbblut tötet einen Indianer im Kampf um eine Squaw und wird dafür vom Helden bestraft.

THE LAST OF THE MOHICANS / Der letzte Mohikaner / USA 1920
R: Maurice Tourneur, Clarence Brown, B: Robert F. Dillon, nach dem gleichnamigen Roman von James Fenimore Cooper, K: Carl Van Enger
D: Albert Roscoe, Wallace Beery, Barbara Bedford, Lillian Hall, Di: Wallace Beery, Albert Roscoe, Theodore Lerch, Boris Karloff
L: 6 Rollen
Der Irokesenhäuptling Magua stellt Cora und Alice Munro nach, um sich an deren Vater zu rächen. Hawkeye und Uncas vereiteln seine Pläne.

THE PALEFACE / USA 1922
R + D: Buster Keaton
Indianer halten Buster Keaton für einen Gott, weil seine Asbest-kleidung ihn vor den Flammen des Marterpfahls bewahrt, und machen ihn zum Häuptling ihres Stammes.

THE COVERED WAGON / Der Planwagen / USA 1923
R: James Cruze, B: Jack Cunningham, K: Karl Brown
D: J. Warren Kerrigan, Lois Wilson, Alan Hale, Tully Marshall
L: 115 Minuten
Siedler brechen 1848 zum großen Treck von Kansas City nach Oregon auf. Unterwegs bekommen sie es mit Naturgewalten und Indianern zu tun, die zwar die Heldin verletzen, der Hochzeit mit dem Helden aber nicht im Wege stehen können.

AMERICA / USA 1924
R: D. W. Griffith
D: Neil Hamilton, Erville Alderson, Carol Dempster, Charles Emmett Mack, Di: Riley Hatch, Harry Semels
L: 11 Rollen
Liebesgeschichte zwischen einem Rebellen und der Tochter eines Königstreuen während Washingtons Befreiungskrieg 1775–1783.

THE IRON HORSE / Das eiserne Pferd / USA 1924
R: John Ford, B: Charles Kenyon, K: George Schneiderman, Burnett Guffey
D: George O'Brien, Madge Bellamy, Judge Charles Edward Bull, Will Walling, Di: Chief John Big Tree (Seneca), Chief White Spear (Native)

Die Wilden hausen im Weißen Haus: AMERICA (1924) von Griffith; apropos Authentizität: Man beachte die modernen Sektflaschen in den Händen der Irokesen und den indianischen Tabakbeutel am Gürtel des Offiziers, den die Plains-Indianer erst im 19. Jahrhundert herstellten

L: 12 Rollen, 165 Minuten, dt. Fassung: 107 Minuten
Abenteuer beim Bau der transkontinentalen Eisenbahn. Ein Weißer hetzt die Indianer auf, welche sich durch das »eiserne Pferd« bedroht fühlen.

LURE OF THE YUKON / USA 1924
R: Norman Dawn
Di: Eagle Eye (Native), Arthur Jasmine
Der weiße Held kämpft gegen drei böse Eskimos. Übertragung des Böse-Wilden-Konzepts auf die Inuit.

JUSTICE OF THE FAR NORTH / USA 1925
R: Norman Dawn
Di: Arthur Jasmine, Marcia Manon, Laska Winter
Ein Eskimohäuptling versucht seine mit einem Weißen entlaufene
Frau zurückzugewinnen und endet schließlich bei deren Schwester.

KIVALINA OF THE ICE LANDS / USA 1925
R: Earl Rossman
Der Jäger Aguvaluk muß nach Vorgabe des Schamanen 40 See-
hunde und Silberfüchse erlegen, um seine geliebte Kivalina zu bekommen. Eine Inuit-Saga mit reinem Inuit-Cast.

THE VANISHING AMERICAN / USA 1925
R: George Seitz, B: Ethel Doherty, nach Lucien Hubbards Adap-
tion des Romans von Zane Grey, K: C. Edgar Schoenbaum, Harry
Perry
D: Richard Dix, Lois Wilson, Noah Beery, Malcolm McGregor,
Di: Richard Dix, Nocki, Shannon Day, Charles Stevens (Apache)
Nophaie, ein symbolischer Repräsentant der Indianer, erfährt in
mehreren Reinkarnationen, daß im sozialdarwinistischen Modell
des Films der rote Mann den Weißen Platz machen muß.

KIT CARSON / USA 1928
R: Alfred L. Werker
D: Fred Thompson, Di: Dorothy Janis
Kit Carson wird zum Freund der Indianer, weil ihn die Häuptlings-
tochter vor einem Bären gerettet hat, und tötet später ihren Mörder.

RAMONA / USA 1928
R: Edwin Carewe
Di: Dolores Del Rio, Warner Baxter
Dritte Adaption der Novelle von Helen Hunt Jackson mit einem
Native American (Chickasaw) als Regisseur und Dolores Del Rio
als Ramona.

FROZEN JUSTICE / USA 1929
R: Allan Dwan, B: Sonya Levien, K: Harold Rosson
D: Leonore Ulric, Robert Frazer, Louis Wolheim, Ulrich Haupt,
Di: Leonore Ulris, Robert Frazer
L: 7170 Fuß
Eine Eskimo-Frau brennt mit einem verbrecherischen Matrosen
durch und kehrt schließlich zurück, um in den Armen ihres Mannes
zu sterben.

REDSKIN / USA 1929
R: Victor Schertzinger, B: Elizabeth Pickett, K: Edward Cronjager
D: Richard Dix, Gladys Belmont, Jane Novak, Larry Steers, Di:
Richard Dix, Gladys Belmont, Tully Marshall, Georges Rigas,
Bernard Siegel, Augustine Lopez, Noble Johnson (Native)
L: 9 Rollen
Ein Navajo wird auf eine Sportschule geschickt, lernt die Kultur
der Weißen kennen und verläßt endgültig das Reservat, entfremdet
von seiner Kultur.

DER ERSTE BLICK AUF DIE ANDEREN
Dokumentarfilme und Semi-Dokus in der Stummfilmzeit 1906–1930

NAVAHO INDIANS / USA 1906
R: Edward S. Curtis
L: 1 Minute 30 Sekunden
Von dem als Indianerfotografen bekannten Edward S. Curtis bei
den Navajo gedrehter Film, den T. C. McLuhan zum Bestandteil
seines Dokumentarfilms THE SHADOW CATCHER: EDWARD
S. CURTIS AND THE NORTH AMERICAN (WITH CURTIS'
OWN FOOTAGE ENTIRE, NAVAHO, 1906, HOPI, 1912, KWA-
KIUTL, 1914) machte.

EXPEDITION TO CROW RESERVATION / USA 1908
R: Joseph K. und Rollin Dixon
L: 25 Minuten
Blick auf das Crow-Reservat, Montana, Szenen aus dem Alltags-
leben, Pferderennen, Tänze sowie eine Nachstellung der Schlacht
vom Little Big Horn.

HOPI INDIANS / USA 1912
R: Edward S. Curtis
Von Curtis gedrehte Aufnahmen bei den Hopi, auch Bestandteil
des erwähnten Dokumentarfilms von T. C. McLuhan.

VAN VALIN EXPEDITION: POINT BARROW ALASKA /
USA 1912
R: William Van Valin
L: 30 Minuten
Erster Film über die Inuit mit Alltagsszenen, Seehund-, Rentier-
jagd und Walfischfang, Tänzen und Spielen, der während der zwei-
jährigen Expedition von William Van Valin nach Point Barrow,
Alaska, entstand.

IN THE LAND OF THE HEADHUNTERS / (ursprüngl. Titel: IN THE LAND OF THE WAR CANOES) / USA 1914/1972
R + B + K: Edward S. Curtis
L: 47 Minuten
1972 von Bill Holm und George I. Quimby restaurierte und unter Mitarbeit von Kwakiutl-Indianern vertonte Fassung des von Curtis 1914 in den Dörfern der Kwakiutl von Vancouver in Kanada inszenierten Epos. Der Häuptlingssohn Motana begibt sich auf eine spirituelle Reise, um gegen den Zauberer zu bestehen, dem das Mädchen seiner Träume versprochen ist.

RITUALS E FESTAS BORORO / Brasilien 1916
R: Thomasz Luiz Reis
L: 22 Minuten
Erster Film über die berühmten Bororo-Indianer des Matto Grosso, der vor allem deren rituelle Festivitäten dokumentiert.

A VANISHING RACE: SCENE AMONG THE BLACKFOOT INDIANS OF NORTHERN MONTANA / USA 1917
R: Thomas A. Edison
L: 6 Minuten
Von Edison inszenierte dokumentarische Spielhandlung, bei der ein Häuptling und seine Frau gezeigt werden, wie sie ihr Tipi abbrechen und sich auf die Wanderung zu ihrer nächsten Lagerstätte begeben.

NANOOK OF THE NORTH / Nanuk der Eskimo / USA/F 1921
R + B: Robert J. Flaherty
L: 6 Rollen, 64 Minuten
Dokumentarfilm mit Spielszenen über das harte Leben eines Eskimos und seiner Familie in der Arktis.

PARIMA / Brasilien 1927
R: Thomasz Luiz Reis
L: 22 Minuten
Alltagsszenen der Eingeborenen im nördlichen Bergland von Brasilien (Parima) aufgenommen während einer Inspektionsreise an die Grenze zu Französisch-Guyana.

KULTISCHE TÄNZE UND DARSTELLENDE GEBÄRDEN DER SIOUX-INDIANER / D 1928
R: Th. W. Danzel
L: 2 Minuten 51 Sekunden

Pantomimische Vorführung eines Sioux vom letzten Kampf gegen die Crows und die Weißen und anschließende Vorführung des Sonnentanzes.

THE SILENT ENEMY / USA 1930
R: H. P. Carver, B + P: W. Douglas Burden
Di: Chief Yellow Robe (Native), Buffalo Child Long Lance (Blackfoot), Newa (Native)
L: 88 Minuten
Die Liebes- und Abenteuergeschichte, basierend auf THE JESUIT RELATIONS, den Reise-Aufzeichnungen jesuitischer Missionare in Neu-Frankreich von 1610 bis 1791, rekonstruiert traditionelles Ojibway-Indianer-Leben vor dem Auftauchen des weißen Mannes. Der Titel bezieht sich auf den Hunger, den lautlosen Feind des Nomadenlebens.

QUE VIVA MEXICO / USA/Sowjetunion 1930–32/1979
R + B: Sergej M. Eisenstein
D: David Liceaga, Isabel Villasenor, Martin Hernandez, Felix Balderas, Julio Salvidar
L: 100 Minuten
Fünfteiliger Epsiodenfilm, der unvollendet blieb, weil Eisenstein vor dem Abdrehen der letzten Episode in die Sowjetunion zurückkehren mußte. Die Epsioden sind: 1. Sandunga (Epos innerhalb der matriarchalischen Indianerkultur Tehuantepec), 2. Fiesta, 3. Maguey, 4. Soldadera (nicht gefilmt) und 5. Calavera.

NUR EIN TOTER INDIANER IST EIN GUTER INDIANER
Der frühe Tonfilm 1930–1949

THE BIG TRAIL / Der große Treck / USA 1930
R: Raoul Walsh
Indianer überfallen einen Zug.

TOM SAWYER / USA 1930
R: John Cromwell
Di: Charles Stevens (Apache)
Charles Stevens, ein Enkel von Geronimo, spielt in dieser Mark-Twain-Adaption den Kinderschreck Indianer-Joe.

ESKIMO / USA 1933
R: W. S. Van Dyke, B: John Lee Mahin, nach zwei Büchern von Peter Freuchen, K: Clyde de Vinna, Josiah Roberts, George Noole

L: 110 Minuten

Weiße vergewaltigen und töten die Frau eines Eskimos, der sich dafür an deren Anführer rächt. Die kanadische Polizei nimmt ihn gefangen, läßt ihn aber am Ende fliehen.

FIGHTING WITH KIT CARSON (Serie) / USA 1933
R: Armand Schaefer
D: Johnny Mack Brown, Di: Noah Beery Jr.
Kit Carson und sein treu ergebener indianischer Begleiter Nakomas spielen Präriepolizisten.

MASSACRE / USA 1934
R: Alan Crosland
Di: Richard Barthelmess, Ann Dvorak
Ein bei den Weißen ausgebildeter und lebender Sioux wird von seinem Vater in die Reservation zurückgerufen, um gegen Banditen und in Washington für die Rechte seines Volkes zu kämpfen und zu siegen.

ANNIE OAKLEY / USA 1935
R: George Stevens, B: Joel Sayre, John Twist, K: J. Roy Hunt
D: Barbara Stanwyck, Preston Foster, Melvyn Douglas, Di: Moroni Olsen, Chief Thunder Cloud (Native)
L: 90 Minuten
Die Scharfschützin Annie Oakley tritt mit ihrem Freund Sitting Bull in Buffalo Bills Wild-West-Show auf. Sitting Bull besteht komische Abenteuer in der modernen Welt des weißen Mannes.

THE LAST OF THE MOHICANS / Der Letzte der Mohikaner / USA 1936
R: George B. Seitz, B: Philip Dunne, K: Robert Planck
D: Randolph Scott, Robert Barrat, Binnie Barnes, Bruce Cabot, Di: Robert Barrat, Bruce Cabot, Phillip Reed
L: 88 Minuten
Im French and Indian War 1757 begehen die Huronen unter Führung von Magua Greueltaten an Soldaten und Siedlern. Magua tötet Uncas, Cora begeht Selbstmord, Chingachgook tötet Magua. Falkenauge wird Armee-Scout, und Alice will auf ihn warten.

THE PLAINSMAN / Der Held der Prärie / USA 1937
R: Cecil B. DeMille, B: Waldemar Young u. a. K: Victor Milner, George Robinson

D: Gary Cooper, Jean Arthur, James Ellison, Di: Paul Harvey, Victor Varconi, Anthony Quinn
L: 111 Minuten
Skrupellose Geschäftemacher verkaufen Waffen an die Indianer. Wild Bill Hickock, Buffalo Bill und Calamity Jane werden in die Kämpfe verwickelt. Custer fällt am Little Big Horn, und Hickock kann Schlimmeres verhindern, als er den Chef der Waffenschieber tötet, bevor er selbst von hinten erschossen wird.

THE LONE RANGER / USA 1938
R: William Witney, John English
Di: Chief Thunder Cloud (Native)
Spielfilm zur erfolgreichen Serie mit Chief Thunder Cloud als Tonto, dem treuen indianischen Begleiter des Retters der Witwen und Waisen.

DRUMS ALONG THE MOHAWK / Trommeln am Mohawk / USA 1939
R: John Ford, B: Lamar Trotti, Sonya Levien, K: Bert Glennon, Ray Rennahan
D: Henry Fonda, Claudette Colbert, Edna May Oliver, Di: Chief John Big Tree (Seneca)
L: 103 Minuten
Im Unabhängigkeitskrieg hetzen die Engländer die Indianer auf weiße Siedler im Mohawk-Tal. Gil Martin (Henry Fonda) kann im letzten Moment Hilfe aus dem nächsten Fort holen.

GERONIMO / Geronimo, die Geißel der Prärie / USA 1939
R: Paul H. Sloane, B: Paul H. Sloane, K: Henry Sharp
D: Preston Foster, Ellen Drew, Andy Devine, Di: Chief Thunder Cloud (Native), Monte Blue (Half Cherokee)
L: 94 Minuten
Geronimo erhält Waffen von einem Bösewicht, führt Krieg gegen die Weißen und nimmt einen Offizier und dessen Verlobte gefangen.

STAGECOACH / Ringo / auch: Höllenfahrt nach Santa Fé / USA 1939
R: John Ford, B: Dudley Nichols, K: Bert Glennon
D: John Wayne, Claire Trevor, John Carradine, Di: Chief White Horse (Native), Chief John Big Tree (Seneca)
L: 97 Minuten
Geronimo, der seine Informationen von der indianischen Frau eines Mexikaners erhält, überfällt eine Postkutsche. Die Kavallerie kommt im letzten Moment.

Warum kann ich nicht die Pocahontas sein? – Shirley Temple in SUSANNAH OF THE MOUNTIES

SUSANNAH OF THE MOUNTIES / Fräulein Winnetou /
USA 1939
R: William A. Seiter, B: Robert Ellis, Helen Logan nach einer Geschichte von Fidel La Barbara und Walter Ferris, K: Arthur Miller
D: Shirley Temple, Randolph Scott, Margaret Lockwood, Di: Martin Good Rider, Maurice Moscovich, Victory Jory
L: 77 Minuten
Shirley Temple, Maskottchen der kanadischen Mounties, raucht Friedenspfeife mit den Häuptlingen.

UNION PACIFIC / Union Pacific / auch: Die Frau gehört mir /
USA 1939
R: Cecil B. DeMille, B: Walter DeLeon, C. Gardner Sullivan, Jesse Lasky Jr., Jack Cunningham, nach dem Roman *Trouble Shooter* von Ernest Haycox, K: Victor Milner
D: Joel McCrea, Barbara Stanwyck, Robert Preston, Anthony Quinn
L: 135 Minuten

Indianer verzögern den Bau der ersten transkontinentalen Eisenbahn, indem sie einen Zug entgleisen lassen.

NORTH WEST MOUNTED POLICE / Die scharlachroten Reiter / USA 1940
R: Cecil B. DeMille, B: Alan LeMay, Jesse Lasky Jr., C. Gardner Sullivan, K: Victor Milner, W. Howard Green
D: Gary Cooper, Madeleine Carrol, Paulette Goddard, Preston Foster, Robert Preston, Di: Francis McDonald, Paulette Goddard, Walter Hampden, Chief Thunderbird (Native), Chief Thunder Cloud (Native), Ray Mala (Native), Chief Yowlachie (Yakima), Monte Blue (Half Cherokee)
L: 120 Minuten
Indianer und Halbindianer tun sich zusammen und erklären einen Teil Kanadas zum unabhängigen Staat der Metis-Nation. Die Mounties schlagen die Rebellion mit Hilfe eines Texas Ranger nieder.

NORTHWEST PASSAGE / Nordwest-Passage / USA 1940
R: King Vidor, B: Laurence Stallings, Talbot Jennings, nach dem gleichnamigen Roman von Kenneth Roberts, K: Sidney Wagner, William V. Skall
D: Spencer Tracy, Robert Young, Ruth Hussey, Walter Brennan
L: 126 Minuten
1759, im French and Indian War. Major Rogers führt eine Strafexpedition gegen die Abenakis, macht ein Dorf dem Erdboden gleich und bricht am Ende auf, um weitere Indianervölker zu sehen.

THEY DIED WITH THEIR BOOTS ON / Sein letztes Kommando / USA 1941
R: Raoul Walsh, B: Wally Kline, Aeneas Mackenzie, K: Bert Glennon
D: Errol Flynn, Olivia De Havilland, Arthur Kennedy, Walter Hampden, Di: Anthony Quinn
L: 140 Minuten, deutsche Kinofassung: 80 Minuten
Custers Versuche, mit den Indianern einen dauerhaften Frieden zu schließen, werden von Politikern und Geschäftemachern hintertrieben. Um andere zu retten, opfert er sich am Little Big Horn.

WESTERN UNION / Überfall der Ogalalla / USA 1941
R: Fritz Lang, B: Robert Carson, nach dem Roman von Zane Grey, K: Edward Cronjager

D: Robert Young, Randolph Scott, Dean Jagger, Virginia Gilmore, John Carradine, Di: Chief Thundercloud (Cherokee)
L: 94 Minuten
Der Bau der Telegrafenlinie von Omaha nach Salt Lake City wird von einer Südstaatenbande und den Indianern auf dem Kriegspfad behindert.

BUFFALO BILL / Buffalo Bill, der weiße Indianer / USA 1944
R: William A. Wellman, B: Aeneas Mackenzie, Clements Ripley, Cecile Cramer, K: Leon Shamroy
D: Joel McCrea, Maureen O'Hara, Linda Darnell, Anthony Quinn, Di: Anthony Quinn, Chief Many Treaties (Blackfoot), Chief Thunder Cloud (Native)
L: 89 Minuten
Buffalo Bill wird von einer Indianerin geliebt, heiratet eine Weiße, muß trotz seiner Friedensbemühungen gegen die Indianer kämpfen und gründet schließlich seine Wild-West-Show.

DUEL IN THE SUN / Duell in der Sonne / USA 1946
R: King Vidor, B: David O. Selznick, Oliver H. P. Garrett, nach dem gleichnamigen Roman von Niven Busch, K: Lee Garmes, Hal Rosson, Ray Rennahan
D: Jennifer Jones, Joseph Cotten, Gregory Peck, Lionel Barrymore, Di: Jennifer Jones
L: 138 Minuten, deutsche Kinofassung: 130 Minuten
Das schöne Halbblut Pearl steht zwischen zwei Brüdern. Sie wird das Opfer von Vorurteilen und ihrer leidenschaftlichen Natur.

UNCONQUERED / Die Unbesiegten / USA 1947
R: Cecil B. DeMille, B: Charles Bennett, Fredric M. Frank, Jesse Lasky Jr., nach dem gleichnamigen Roman von Neil H. Swanson
D: Gary Cooper, Paulette Goddard, Howard Da Silva, Di: Boris Karloff, Katherine DeMille, Marc Lawrence
L: 135 Minuten
1763. Die Indianer massakrieren Siedler, stellen die Heldin an den Marterpfahl und wollen die Weißen zurück ins Meer treiben, haben aber nicht mit Gary Cooper gerechnet.

ARCTIC MANHUNT / USA 1949
R: Ewing Scott
D: Carol Thurston
Eine Inuit-Frau verliert ihren weißen Mann, als der in der Wildnis umkommt.

AUF DEM KRIEGSPFAD
John Ford und die Indianer

STRAIGHT SHOOTING / Redliches Schießen / USA 1917
R: John Ford
D: Harry Carey, Molly Malone, Duke Lee
L: 5 Rollen, ca. 50 Minuten
Ein Outlaw schlägt sich in der Auseinandersetzung zwischen Farmern und Viehzüchtern auf die Seite der Farmer. Erster langer Spielfilm von John Ford, der bis 1929 etwa 60 Stummfilme, davon ein Drittel Western, inszenierte.

A FIGHT FOR LOVE / USA 1919
R: John Ford
Di: Joseph Harris
Ein böses Halbblut tötet einen Indianer im Kampf um eine Squaw und wird dafür vom Helden bestraft.

RIDERS OF VENGEANCE / USA 1919
R: John Ford
Der Held rettet eine Schullehrerin aus einer Poststation vor den Attacken der Apachen.

THE IRON HORSE / Das eiserne Pferd / USA 1924
R: John Ford, B: Charles Kenyon, K: George Schneiderman, Burnett Guffey
D: George O'Brien, Madge Bellamy, Judge Charles Edward Bull, Will Walling, Di: Chief John Big Tree (Seneca), Chief White Spear (Native)
L: 12 Rollen, 165 Minuten, deutsche Fassung: 107 Minuten
Abenteuer beim Bau der transkontinentalen Eisenbahn. Ein Weißer hetzt die Indianer auf, welche sich durch das »eiserne Pferd« bedroht fühlen.

THREE BAD MEN / Drei rauhe Gesellen / USA 1926
R: John Ford, B: John Stone, nach dem Roman *Over the Border* von Herman Whittaker
D: George O'Brien, Olive Borden, J. Farrell McDonald
L: 92 Minuten
Drei Outlaws bekämpfen einen korrupten Sheriff und seine Bande, retten damit Siedlern das Leben und bringen ein junges Familienglück zusammen.

STAGECOACH / Ringo / auch: Höllenfahrt nach Santa Fé /
USA 1939
R: John Ford, B: Dudley Nichols, K: Bert Glennon
D: John Wayne, Claire Trevor, John Carradine, Di: Chief White
Horse (Native), Chief John Big Tree (Seneca)
L: 97 Minuten
Geronimo, der seine Informationen von der indianischen Frau ei-
nes Mexikaners erhält, überfällt eine Postkutsche. Die Kavallerie
kommt im letzten Moment.

DRUMS ALONG THE MOHAWK / Trommeln am Mohawk /
USA 1939
R: John Ford, B: Lamar Trotti, Sonya Levien, K: Bert Glennon, Ray
Rennahan
D: Henry Fonda, Claudette Colbert, Edna May Oliver, Di: Chief
John Big Tree (Seneca)
L: 103 Minuten
Im Unabhängigkeitskrieg hetzen die Engländer die Indianer auf
weiße Siedler im Mohawk-Tal. Gil Martin (Henry Fonda) kann im
letzten Moment Hilfe aus dem nächsten Fort holen.

MY DARLING CLEMENTINE / auch: TOMBSTONE /
Faustrecht der Prärie / USA 1946
R: John Ford, B: Samuel G. Engel, Winston Miller, Sam Hellman,
nach dem Roman *Wyatt Earp, Frontier Marshal* von Stuart N. Lake,
K: Joseph P. MacDonald
D: Henry Fonda, Linda Darnell, Victor Mature, Walter Brennan,
Tim Holt, Di: Charles Stevens (Apache)
L: 97 Minuten
Wyatt Earp und seine Brüder sowie Doc Holliday räumen im
berüchtigten Tombstone auf, einschließlich des berühmten Duells
am OK-Corral.

FORT APACHE / Bis zum letzten Mann / USA 1948
R: John Ford, B: Frank S. Nugent, K: Archie Stout
D: John Wayne, Henry Fonda, John Agar, Shirley Temple, Di: Mi-
guel Inclan
L: 127 Minuten
Cochise führt seinen Stamm aus Protest gegen die Machenschaften
eines Indianer-Agenten nach Mexiko. Der Kommandant des Forts
lockt ihn mit falschen Versprechungen zurück in die Vereinigten
Staaten, provoziert eine Schlacht und wird mit seiner Abteilung
von den Apachen aufgerieben.

Cochises Apachen zum Angriff bereit – FORT APACHE / BIS ZUM
LETZTEN MANN *(1948)*

THREE GODFATHERS / Spuren im Sand / USA 1948
R: John Ford, B: Laurence Stallings, Frank S. Nugent, nach der Er-
zählung *The Three Godfathers* von Peter B. Kyne
L: 106 Minuten
D: John Wayne, Pedro Armendariz, Harry Carey Jr.
Drei Outlaws retten Neugeborenes in der Wüste.

SHE WORE A YELLOW RIBBON / Der Teufelshauptmann /
USA 1949
R: John Ford, B: Frank S. Nugent, Laurence Stallings, K: Winton C.
Hoch, Charles P. Boyle
D: John Wayne, Joanne Dru, Ben Johnson, Di: Chief John Big Tree
(Seneca), Noble Johnson (Native)

L: 103 Minuten, deutsche Kinofassung: 90 Minuten
Nach Custers Niederlage am Little Big Horn droht ein großer In-
dianeraufstand. Nach einigen Scharmützeln und gescheiterten
Friedensbemühungen vertreibt der vor der Pensionierung stehen-
de Held die Pferde der Indianer. Die müssen daraufhin zu Fuß ins
Reservat laufen – der Krieg fällt aus.

WAGON MASTER / Westlich von St. Louis / USA 1950
R: John Ford, B: Frank S. Nugent, Patrick Ford, K: Bert Glennon
D: Ben Johnson, Harry Carey Jr., Joanne Dru, Di: Movita Caste-
nada, Jim Thorpe (Sauk/Fox)
L: 86 Minuten
Zwei Pferdehändler führen die Mormonen auf ihrem Weg durch
die Wüste. Während des Trecks kommt es zu einer friedvollen Be-
gegnung mit den Navajos.

RIO GRANDE / Rio Grande / USA 1950
R: John Ford, B: James Kevin McGuiness, K: Bert Glennon, Archie Stout
D: John Wayne, Maureen O'Hara, Ben Johnson, Victor McLaglen
L: 105 Minuten
Die Apachen begehen Raubzüge und ziehen sich dann nach Mexi-
ko zurück. Die Kavallerie überschreitet die Grenze, besiegt die
Apachen und befreit geraubte Kinder.

THE SEARCHERS / Der schwarze Falke / USA 1956
R: John Ford, B: Frank S. Nugent, nach dem Roman *The Search* von
Alan LeMay, K: Winton C. Hoch
D: John Wayne, Jeffrey Hunter, Vera Miles, Ward Bond, Natalie
Wood, Henry Brandon, Di: Henry Brandon, Beulah Archuletta,
Away Luna (Native), Billy Yellow (Native), Bob Many Mules (Na-
tive), Exactly Sonnie Betsuie (Native), Feather Hat Jr. (Native),
Harry Black Horse (Native), Jack Tin Horn (Native), Many Mules
Son (Native), Percy Shooting Star (Native), Pete Grey Eyes
(Native), Pipe Line Begishe (Native), Smile White Sheep (Native)
L: 119 Minuten
Die Comanchen überfallen eine Farm, töten die Bewohner und ent-
führen die kleine Tochter. Nach Jahren der Suche findet der Onkel
des Mädchens den Comanchen-Stamm, metzelt ihn mit Hilfe der
Texas Rangers nieder und bringt das widerwillige Mädchen zurück
zu den Weißen.

THE HORSE SOLDIER / Der letzte Befehl / USA 1959
R: John Ford, B: John Lee Mahin, Martin Racklin, nach dem Roman von Harold Sinclair, K: William H. Clothier

D: John Wayne, William Holden, Constance Towers
L: 119 Minuten
Kavalleriefilm über den amerikanischen Bürgerkrieg.

SERGEANT RUTLEDGE / Mit einem Fuß in der Hölle /
USA 1960
R: John Ford, B: Willis Goldbeck, James Warner Bellah, K: Bert
Glennon
D: Woody Strode, Jeffrey Hunter, Constance Towers
L: 111 Minuten
Ein schwarzer Sergeant ist zu Unrecht eines Sexualmords ange-
klagt. Vor Gericht wird erzählt, wie er eine weiße Frau vor den
Apachen und die Kavallerie vor einem Hinterhalt bewahrt hat.

TWO RODE TOGETHER / Zwei ritten zusammen / USA 1960
R: John Ford, B: Frank Nugent, nach dem Roman *Comanche Captives* von Will Cook, K: Charles Lawton Jr.
D: James Stewart, Richard Widmark, Linda Cristal, Henry Brandon, Woody Strode, Di: Henry Brandon
L: 109 Minuten
Die beiden Helden bringen einige Verschleppte, die vor Jahren
vom Stamm des Comanchen-Häuptlings Quanah Parker geraubt
wurden, zurück zu den Weißen – mit schrecklichen Folgen.

THE MAN WHO SHOT LIBERTY VALANCE / Der Mann, der
Liberty Valance erschoß / USA 1961
R: John Ford, B: Willis Goldbeck, James Warner Bellah, nach der
Erzählung von Dorothy M. Johnson, K: William H. Clothier
D: James Stewart, John Wayne, Vera Miles, Lee Marvin
L: 122 Minuten, deutsche Fassung: 112 Minuten
Geschichte über den Mann, der zur Legende wird, obwohl er nicht
den berüchtigten Verbrecher erschossen hat.

HOW THE WEST WAS WON / Das war der Wilde Westen /
USA 1962
R: Henry Hathaway, George Marshall, John Ford (Episodenfilm),
B: James R. Webb nach der Artikelserie in *Life*, K: Joseph La
Shelle, Charles Lang Jr., William Daniels, Milton Krasner, Harold
Wellman
D: John Wayne, Henry Fonda, Karl Malden, Gregory Peck, James
Stewart, Richard Widmark, Eli Wallach
L: 165 Minuten
In John Fords Episode verhindert ein Soldat den Mordanschlag
eines Südstaatlers auf den General Grant.

Da legst di' nieder – HOW THE WEST WAS WON (1964)

CHEYENNE AUTUMN / Cheyenne / USA 1963
R: John Ford, B: James R. Webb, nach dem gleichnamigen Roman
von Mari Sandoz, K: William Clothier
D: Richard Widmark, Carroll Baker, Sal Mineo, Dolores Del Rio,
Karl Malden, Di: Sal Mineo, Dolores Del Rio, Ricardo Montalban,
Gilbert Roland, Victor Jory
L: 159 Minuten

Um nicht im Reservat zu verhungern, fliehen die letzten der Cheyenne, verfolgt von der Kavallerie, in ihre Heimat im Norden.

ROT BLEIBT ROT
Die Klassiker der 50er und 60er Jahre

FORT APACHE / Bis zum letzten Mann / USA 1948
R: John Ford, B: Frank S. Nugent, K: Archie Stout
D: John Wayne, Henry Fonda, John Agar, Shirley Temple, Di: Miguel Inclan
L: 127 Minuten
Cochise führt seinen Stamm aus Protest gegen die Machenschaften eines Indianer-Agenten nach Mexiko. Der Kommandant des Forts lockt ihn mit falschen Versprechungen zurück in die Vereinigten Staaten, provoziert eine Schlacht und wird mit seiner Abteilung von den Apachen aufgerieben.

Heute schon rasiert? – ROCK ISLAND EXPRESS (1949)

RED RIVER / Panik am roten Fluß / USA 1948
R: Howard Hawks, B: Borden Chase und Charles Schnee nach Borden Chases Novelle *The Chisholm Trail*, K: Russell Harlan
D: John Wayne, Montgomery Clift, Joanne Dru, Walter Brennan,
Di: Chief Yowlachie (Yakima)
L: 125 Minuten
Als Küchengehilfe Quo luchst Chief Yowlachie beim Pokern Walter Brennan sein Gebiß ab.

AMBUSH / Die letzten von Fort Gamble / USA 1949
R: Sam Wood, B: Marguerite Roberts, nach einer Geschichte von Luke Short, K: Harold Lipstein
D: Robert Taylor, John Hodiak, Arlene Dahl, Don Taylor, Jean Hagen, Di: Chief Thunder Cloud (Native), Charles Stevens (Apache)
L: 90 Minuten
Zwei Männer lieben eine Frau, die der Held aus den Fängen der Apachen gerettet hat.

SHE WORE A YELLOW RIBBON / Der Teufelshauptmann / USA 1949
R: John Ford, B: Frank S. Nugent, Laurence Stallings, K: Winton C. Hoch, Charles P. Boyle
D: John Wayne, Joanne Dru, Ben Johnson, Di: Chief John Big Tree (Seneca)
L: 103 Minuten, deutsche Kinofassung: 90 Minuten
Nach Custers Niederlage am Little Big Horn droht ein großer Indianeraufstand. Nach einigen Scharmützeln und gescheiterten Friedensbemühungen vertreibt der kurz vor der Pensionierung stehende Held die Pferde der Indianer. Die müssen draufhin zu Fuß ins Reservat zurücklaufen – der Krieg fällt aus.

ANNIE GET YOUR GUN / Annie Get Your Gun / auch: Duell in der Manege / USA 1950
R: George Sidney, B: Sidney Sheldon, nach dem Musical von Herbert und Dorothy Field. K: Charles Rosher
D: Betty Hutton, Howard Keel, Louis Calhern, J. Carrol Naish, Di: Chief Yowlachie (Yakima)
L: 108 Minuten
Sitting Bull ist der väterliche Freund von Annie Oakley. In der Arena von Buffalo Bills Wild-West-Show wird Annie von den Sioux in ihren Stamm aufgenommen und singt dazu »I'm an Indian Too«.

Ihr habt ja sogar Hosen an – BROKEN ARROW (1950)

BROKEN ARROW / Der gebrochene Pfeil / USA 1950
R: Delmer Daves. B: Michael Blankfort, nach dem Roman *Blood Brother* von Elliott Arnold, K: Ernest Palmer
D: James Stewart, Jeff Chandler, Debra Paget, Will Geer, Di: Jeff Chandler, Debra Paget, Jay Silverheels (Mohawk), Argentia Brunetti, Billy Wilkerson (Native), Chip Slade, Chris Willow Bird (Native), J. W. Cody (Native), John War Eagle (Native), Charles Soldani (Native), Iron Eyes Cody (Cherokee), Robert Foster Dover
L: 93 Minuten

Tom Jeffords vermittelt einen Frieden zwischen Rot und Weiß, wird der Freund des Häuptlings Cochise und heiratet eine Squaw des Stammes. Als Weiße seine Frau töten, rät er Cochise, das Kriegsbeil wieder auszugraben. Der aber bleibt besonnen.

THE CARIBOO TRAIL / Todesschlucht von Arizona / USA 1950
R: Edwin Marin
D: Randolph Scott, George »Gabby« Hayes, Bill Williams, Karin Booth, Di: Fred Libby
L: 80 Minuten
Cowboy bekommt es mit bösem Rancher und wilden Indianern zu tun.

DEVIL'S DOORWAY / Fluch des Blutes / USA 1950
R: Anthony Mann, B: Guy Trosper, K: John Alton
D: Robert Taylor, Louis Calhern, Paula Raymond, Di: Chief John Big Tree (Seneca)
L: 83 Minuten
Der Schoschone Lance Poole kommt hochdekoriert aus dem Bürgerkrieg zurück und muß feststellen, daß er keinen Anspruch auf Grundbesitz hat, weil er nicht als Bürger der Vereinigten Staaten gilt. Beim Kampf um seine Ranch wird er erschossen.

RIO GRANDE / Rio Grande / USA 1950
R: John Ford, B: James Kevin McGuiness, K: Bert Glennon, Archie Stout
D: John Wayne, Maureen O'Hara, Ben Johnson, Victor McLaglen
L: 105 Minuten
Die Apachen begehen Raubzüge und ziehen sich dann nach Mexiko zurück. Die Kavallerie überschreitet die Grenze, besiegt die Apachen und befreit geraubte Kinder.

WINCHESTER 73 / USA 1950
R: Anthony Mann, B: Borden Chase und Robert L. Richards, nach einer Geschichte von Stuart N. Lake, K: William Daniels
D: James Stewart, Stephen McNally, Shelley Winters, Dan Duryea, Di: Rock Hudson
L: 92 Minuten
In der Geschichte um die wechselnden Besitzer einer Winchester überfällt Rock Hudson als Häuptling Young Bull die Kavallerie.

ACROSS THE WIDE MISSOURI / Colorado / USA 1951
R: William A. Wellman, B: Talbot Jennings, Frank Cavett, nach dem gleichnamigen Buch von Bernard De Voto

D: Clark Gable, Ricardo Montalban, John Hodian, Adolphe Menjou, Di: Maria Elena Marques, J. Carrol Naish, Jack Holt
L: 78 Minuten
Ein Trapper sucht neue Jagdgebiete in den Rocky Mountains und heiratet die Enkelin des Häuptlings der Blackfeet. Diese schenkt dem Trapper einen Sohn, wird dann aber bei Kämpfen mit dem eigenen Stamm getötet.

THE BATTLE AT APACHE PASS / Die Schlacht am Apachenpaß / USA 1951
R: George Sherman, B. Gerald Drayson, K: Charles P. Boyle
D: Jeff Chandler, John Lund, Susan Cabot, Di: Jeff Chandler, Jay Silverheels (Mohawk), Susan Cabot, Tommy Cook
L: 81 Minuten
Ein Regierungsagent verleitet Geronimo dazu, den Frieden zu brechen. Es kommt zur Schlacht zwischen Apachen und Kavallerie. Der Frieden wird wiederhergestellt, als Cochise Geronimo im Kampf Mann gegen Mann besiegt.

DISTANT DRUMS / Die Teufelsbrigade / USA 1951
R: Raoul Walsh, B: Niven Busch, Martin Rackin, K: Sid Hickox
D: Gary Cooper, Mari Aldon, Richard Webb, Arthur Hunnicutt, Di:
L: 101 Minuten
Captain Wyatt geht in den Sümpfen Floridas gegen Seminolen und Waffenhändler vor und befreit eine weiße Gefangene. Die Seminolen verfolgen ihn, und es kommt zum Kampf auf Leben und Tod mit dem Häuptling.

INDIAN UPRISING / Teufel der weißen Berge / USA 1951
R: Ray Nazzaro, B: Kenneth Gamet, Richard Schayer, K: Ellis Carter
D: George Montgomery, Miguel Inclan, Fay Roope
L: 75 Minuten
Weiße brechen den Friedensvertrag mit Geronimo, als sie in dessen Gebiet eindringen. Nach einigen Kampfhandlungen kann der Friede wiederhergestellt werden.

JIM THORPE, ALL-AMERICAN / USA 1951
R: Michael Curtiz, B: Douglas Morrow, Everett Freeman, K: Ernest Haller
D: Burt Lancaster, Charles Bickford, Steve Cochran, Phyllis Thaxter, Di: Burt Lancaster, Jack Big Head, Al Mejia, Nestor Palva, Jimmy Moss, Billy Gray
L: 105 Minuten

Biographie des indianischen Olympiasiegers von 1912 und Football-Stars Jim Thorpe, der sich von seiner weißen Frau scheiden läßt, Alkoholiker wird und als Fahrer bei der Müllabfuhr endet.

THE BIG SKY / Der weite Himmel / auch: Das Geheimnis der Indianerin / auch: Flußpiraten am Missouri / USA 1952
R: Howard Hawks, B: Dudley Nichols, nach dem gleichnamigen Roman von A. B. Guthrie Jr., K: Russell Harlan
D: Kirk Douglas, Dewey Martin, Elizabeth Threatt, Arthur Hunnicutt, Di: Elizabeth Threatt, Hank Worden, Frank de Kova, Guy Wilkerson
L: 140 Minuten, deutsche Kinofassung 87 und 95 Minuten, deutsche Fernsehfassung 122 Minuten
Pelztierjäger fahren in einem Boot den Missouri hinauf, ins Land der Blackfeet. Einer von ihnen heiratet die Tochter des Häuptlings und bleibt bei den Indianern.

BUGLES IN THE AFTERNOON / Die schwarzen Reiter von Dakota / USA 1952
R: Roy Rowland, B: Geoffrey Homey, Harry Brown, nach einem Roman von Ernest Haycox, K: Wilfried M. Cline
D: Ray Milland, Helena Carter, Hugh Marlowe, Forrest Tucker
L: 85 Minuten
Tödliche Rivalität zwischen zwei Kavallerieoffizieren unter Custer vor dem Hintergrund der Niederlage am Little-Big-Horn-Fluß.

THE HALF-BREED / An der Spitze der Apachen / USA 1952
R: Stewart Gilmore, B: Harold Shumate, Richard Wormser, K: William V. Skall
D: Robert Young, Janis Carter, Jack Buetel, Red Hadley, Di: Jack Buetel
Die Apachen unter Führung eines Halbbluts wollen die ihnen vom betrügerischen Indianer-Agenten vorenthaltenen Vorräte mit Gewalt eintreiben. Ein Ex-Offizier kann den Fall klären.

PONY SOLDIER / Der rote Reiter / USA 1952
R: Joseph M. Newman, B: John C. Higgins, K: Harry Jackson
D: Tyrone Power, Cameron Mitchell, Thomas Gomez, Penny Edwards, Di: Stuart Randell, Anthony Numkena (Native), Cameron Mitchell, Adeline De Walt Reynolds, Muriel Landers, Grady Galloway, Nipo T. Strongheart (Yakima), Carlos Loya, Anthony Numke-

Jetzt bist du schon fast ein Weißer – THE HALF-BREED (1952)

na Sr. (Native), John War Eagle (Native), Chief Bright Fire (Native), Chief Thundersky (Native)
L: 82 Minuten
Die Cree-Indianer verlassen aus Hunger ihr Reservat. Ein Mountie reitet zu ihnen, adoptiert einen Indianerjungen und überzeugt den Häuptling, friedlich ins Reservat zurückzukehren.

THE SAVAGE / Der weiße Sohn der Sioux / USA 1952
R: George Marshall, B: Sidney Boehm, nach dem Roman *The Renegade* von I. L. Foreman, K: John F. Seitz
D: Charlton Heston, Susan Morrow, Peter Hanson, Joan Taylor, Di: Joan Taylor, Donald Porter, Ted De Corsia, Ian Mac Donald, Angela Clarke, Larry Tolan
L: 95 Minuten
Ein bei den Sioux aufgewachsener Weißer wird Scout der Kavallerie und überzeugt seine roten Freunde, Frieden mit den Weißen zu schließen.

ARROWHEAD / Die Bestie der Wildnis / USA 1953
R: Charles Marquis Warren, B: Charles Marquis Warren, nach dem Roman von W. R. Burnett, K: Ray Rennahan
D: Charlton Heston, Jack Palance, Katy Jurado, Brian Keith, Di: Jack Palance, Katy Jurado
L: 109 Minuten

Der bei den Apachen aufgewachsene Held warnt davor, diesen zu trauen. Nach dem Tod einiger gutgläubiger Weißer und indianischer Doppelzüngigkeit löst er das Problem auf seine Weise: Er fordert den Führer der Apachen zum Zweikampf und bricht ihm das Genick.

THE CHARGE AT FEATHER RIVER / Der brennende Pfeil / USA 1953
R: Gordon Douglas, B: James R. Webb, K: Peverell Marley
D: Guy Madison, Frank Lovejoy, Helen Westcott, Vera Miles, Di: Fred Carson
L: 90 Minuten
Ein Kavallerie-Trupp rettet zwei weiße Gefangene aus den Händen der Indianer, von denen eine nicht zurückwill, weil sie den Häuptling liebt. Der nimmt die Verfolgung auf und greift am Fluß an. 3D-Film mit effektvoll fliegenden Pfeilen und Tomahawks.

THE GREAT SIOUX UPRISING / Der große Aufstand / USA 1953
R: Lloyd Bacon, B: Melvin Levy, K: Maury Gertsman
D: Jeff Chandler, Faith Domergue, Lyle Bettger, Di: John War Eagle (Native)
L: 80 Minuten
Ein Pferdedieb löst Indianeraufstand aus, den Ex-Armeearzt unblutig beenden kann.

HONDO / Man nennt mich Hondo / USA 1953
R: John Farrow, B: James Edward Grant, nach der gleichnamigen Kurzgeschichte von Louis L'Amour, K: Robert Burks, Archie Stout
D: John Wayne, Geraldine Page, Ward Bond, Michael Pate, Di: John Wayne, Michael Pate, Rudolfo Acosta
L: 90 Minuten
Hondo, ein Halbblut, wird in Kämpfe mit den Apachen verwickelt. Bevor er mit einer Witwe und deren Sohn nach Kalifornien ziehen kann, muß er deren Anführer töten.

SEMINOLE / Seminola / auch: Die Rache der Seminolen / USA 1953
R: Budd Boetticher, B: Charles K. Peck, K: Russell Metty
D: Rock Hudson, Anthony Quinn, Richard Carlson, Barbara Hale, Di: Anthony Quinn, Hugh O'Brien
L: 86 Minuten
Die Seminolen kämpfen erfolgreich gegen die Armee, weil sie sich nicht von Florida in ein Reservat bringen lassen wollen.

Skalp ab – Seminole als Irokese verkleidet: SEMINOLE *(1953)*

APACHE / Massai / auch: Der große Apache / USA 1954
R: Robert Aldrich, B: James R. Webb, nach dem Roman *Broncho Apache* von Paul I. Wellman, K: Ernest Laszlo
D: Burt Lancaster, Jean Peters, John McIntire, Charles Buchinsky (später Charles Bronson), Di: Burt Lancaster, Jean Peters, Monte Blue (Half Cherokee), Morris Ankrum, Paul Guilfoyle
L: 91 Minuten
Massai, einer von Geronimos Kriegern, entkommt dem Transport nach Florida und beginnt einen Ein-Mann-Krieg gegen die Weißen. Als seine Frau ein Kind bekommt, pflanzt er Mais an und wird seßhaft.

ARROW IN THE DUST / Pfeile in der Dämmerung / USA 1954
R: Lesley Selander
D: Sterling Hayden, Coleen Gray, Keith Larsen, Tom Tully, Jimmy Wakely, Di: Iron Eyes Cody (Cherokee)
L: 79 Minuten
Deserteur bringt Wagentreck in Sicherheit, der von den Pawnee attackiert wird.

BROKEN LANCE / Die gebrochene Lanze, auch: Arizona / USA 1954
R: Edward Dmytryk, B: Richard Murphy, K: Joe McDonald

D: Spencer Tracy, Robert Wagner, Jean Peters, Richard Widmark,
Di: Katy Jurado, Robert Wagner, Eduard Franz
L: 98 Minuten
Ein Rancher hat drei Söhne aus erster Ehe und einen Sohn von seiner zweiten Frau, einer Indianerin. Es kommt zu einem erbitterten Kampf zwischen den Brüdern.

TAZA, SON OF COCHISE / Taza, der Sohn des Cochise / USA 1954
R: Douglas Sirk, B: George Zuckerman, K: Russell Metty
D: Rock Hudson, Barbara Rush, Gregg Palmer, Bart Roberts, Di:
Rock Hudson, Bart Roberts, Morris Ankrum, Eugene Iglesias, Ian
MacDonald, James Van Horn, Charles Horwath
L: 79 Minuten
Cochises Sohn Taza versucht, den Frieden zu bewahren, aber sein Bruder Naiche schließt sich Geronimo an. Taza freundet sich mit einem Kavallerie-Offizier an, sorgt als Chef der Indianer-Polizei im Reservat für Ordnung und tötet schließlich Naiche.

»Restliche Darstellernamen unbekannt« KÖNIGIN DER BERGE
(1954)

315

WHITE FEATHER / Die weiße Feder / USA 1954
R: Robert Webb, B: Delmer Daves, Leo Townsend, K: Lucien Ballard
D: Robert Wagner, Jeffrey Hunter, Debra Paget, Hugh O'Brien, Di:
Debra Paget, Eduard Franz, Jeffrey Hunter, Hugh O'Brien
L: 102 Minuten
Ein Landvermesser schließt Freundschaft mit dem Sohn des
Häuptlings der Cheyenne und verliebt sich in dessen Schwester.
Der Häuptling unterzeichnet einen Friedensvertrag, aber sein Sohn
zieht einen ehrenvollen Tod dem Leben im Reservat vor.

THE INDIAN FIGHTER / Zwischen zwei Feuern / auch: Als
Vergeltung sieben Kugeln / USA 1955
R: André de Toth, B: Frank Davis, Ben Hecht, K: Wilfrid M. Cline
D: Kirk Douglas, Elsa Martinelli, Eduard Franz, Walter Matthau,
Di: Elsa Martinelli, Eduard Franz
L: 88 Minuten
Der Held verliebt sich in die schöne Tochter des Häuptlings und
vernachlässigt seine Pflichten als Treckführer. Ein Schurke, der das
Gold der Indianer will, stiftet Unfrieden zwischen Weiß und Rot,
wird aber unschädlich gemacht.

THE LAST FRONTIER / auch: SAVAGE WILDERNESS /
Draußen wartet der Tod / USA 1955
R: Anthony Mann, B: Philip Yordan, Russell S. Hughes, nach dem
Roman *The Guilded Rooster* von Richard E. Roberts
D: Victor Mature, James Whitmore, Robert Preston, Anne Ban-
croft, Di: Pat Hogan, Manuel Donde, William Calles
L: 97 Minuten
Ein in der Wildnis aufgewachsener Trapper wird Armee-Scout und
versucht erfolglos, einen sinnlosen Feldzug gegen die Indianer zu
verhindern. Die Truppe wird niedergemacht, der Held bringt die
Überlebenden zurück ins Fort und wird zum Offizier befördert.

THE LAST HUNT / Die letzte Jagd / auch: Satan im Sattel /
USA 1955
R: Richard Brooks, B: Richard Brooks, nach dem gleichnamigen
Roman von Milton Lott, K: Russell Harlan
D: Robert Taylor, Stewart Granger, Debra Paget, Russ Tamblyn,
Di: Debra Paget, Russ Tamblyn, Ed Lonehill
L: 103 Minuten
Ein Jäger schlachtet Büffel ab, tötet Indianer und zwingt eine Indi-
anerin, ihm zu Willen zu sein. Sein Partner flieht mit der Frau, der
Bösewicht verfolgt sie und stirbt schließlich den Kältetod.

THE VANISHING AMERICAN / Der letzte Indianer /
USA 1955
R: Joe Kane, B: Alan LeMay, nach einem Roman von Zane Grey,
K: John L. Russell Jr.
D: Scott Brady, Audrey Totter, Forrest Tucker, Gene Lockhart, Di:
Scott Brady, Gloria Castillo, Julian Rivero, George Keymas,
Charles Stevens (Apache), Jay Silverheels (Mohawk)
L: 96 Minuten
Ein Navajo kämpft gegen einen verbrecherischen Geschäftsmann,
den betrügerischen Indianer-Agenten und gegen die feindlichen
Apachen, und wie in dem Stummfilmklassiker von 1925 liebt er
eine weiße Frau.

COMANCHE / Um jeden Preis / USA 1956
R: George Sherman, B: Carl Krueger, K: Jorge Stahl
D: Dana Andrews, Kent Smith, Linda Cristal, Nestor Paiva, Di:
Kent Smith, Mike Mazurki, Henry Brandon
L: 85 Minuten
Ein Scout schafft es trotz gegenteiliger Bemühungen weißer und
roter Schurken, den Comanchenhäuptling Quanah Parker zur Un-
terzeichnung eines Friedensvertrags zu bewegen.

THE LAST WAGON / Der letzte Wagen / USA 1956
R: Delmer Daves, B: James Edward Grant, Delmer Daves, K: Wilfrid Cline
D: Richard Widmark, Felicia Farr, Tommy Rettig, Di: Abel Fernandez (Native)
L: 99 Minuten
Apachen überfallen einen Wagentreck und töten alle bis auf einige
junge Leute und den Helden, der bei den Comanchen aufgewachsen
ist und die kleine Gruppe sicher durch das Indianergebiet bringt.

THE LONE RANGER / Der weiße Reiter / USA 1956
R: Stuart Heisler
D: Clayton Moore, Jay Silverheels, Lyle Bettger, John Pickard,
Di: Jay Silverheels (Mohawk), Frank de Kova
L: 86 Minuten
Spielfilm zur beliebten TV-Serie, in der Jay Silverheels (Mohawk) den
treuen Begleiter Tonto des Retters der Witwen und Waisen spielt.

MOHAWK / Mohawk / USA 1956
R: Kurt Neumann, B: Maurice Geraghty, Milton Krims, K: Karl
Struss

D: Scott Brady, Rita Gam, Neville Brand, Lori Nelson, Di: Rita
Gam, Neville Brand, Ted de Corsia, Mae Clarke, Tommy Cook
L: 74 Minuten
Rote und weiße Scharfmacher entfachen einen Krieg zwischen
Siedlern und Mohawks. Ein Maler, der sich mit den Indianern an-
gefreundet und sie porträtiert hat, verhindert das Schlimmste und
erhält die Tochter des Häuptlings zur Frau.

REVOLT AT FORT LARAMIE / Fort Laramie / USA 1956
R: Lesley Selander, B: Robert C. Dennis, K: W. Margulies
D: John Dehner, Frances Helm, Gregg Palmer, Don Geordon, Di:
Eddie Little Sky (Native)
L: 73 Minuten
Südstaatler und Yankees machen gegen feindliche Sioux gemeinsa-
me Sache.

RUN OF THE ARROW / Hölle der tausend Martern / USA 1956
R + B: Samuel Fuller, K: Joseph Biroc
D: Rod Steiger, Sarita Montiel, Brian Keith, Ralph Meeker, Di: Sarita Montiel, Jay C. Flippen, Charles Bronson, H. M. Wynant, Frank
de Kova, Billy Miller
L: 86 Minuten
Um weiter gegen die Yankees zu kämpfen, geht ein Südstaatler
nach dem Ende des Bürgerkriegs zu den Sioux, wird in den Stamm
aufgenommen und heiratet. Aber die Sioux arrangieren sich mit
den Weißen, und der Südstaatler zieht weiter.

THE SEARCHERS / Der schwarze Falke / USA 1956
R: John Ford, B: Frank S. Nugent, nach dem Roman *The Search* von
Alan LeMay, K: Winton C. Hoch
D: John Wayne, Jeffrey Hunter, Vera Miles, Ward Bond, Natalie
Wood, Henry Brandon, Di: Henry Brandon, Beulah Archuletta,
Away Luna (Native), Billy Yellow (Native), Bob Many Mules (Na-
tive), Exactly Sonnie Betsuie (Native), Feather Hat Jr. (Native),
Harry Black Horse (Native), Jack Tin Horn (Native), Many Mules
Son (Native), Percy Shooting Star (Native), Pete Grey Eyes (Na-
tive), Pipe Line Begishe (Native), Smile White Sheep (Native)
L: 119 Minuten
Die Comanchen überfallen eine Farm, töten die Bewohner, ent-
führen die kleine Tochter und können sich zunächst ihren Verfolgern
entziehen. Nach Jahren der Suche wird der Comanchen-Stamm auf-
gespürt und von den Texas Rangers niedergemacht. Der Onkel des
Mädchens kann dieses endlich zu den Weißen zurückbringen.

THE DEERSLAYER / Lederstrumpf / USA 1957
R: Kurt Neumann, B: Carroll Young und Kurt Neumann, nach
James Fenimore Cooper, K: Karl Struss
D: Lex Barker, Rita Moreno, Forrest Tucker, Cathy O'Donnell,
Di: Carlos Rivas, John Halloran, Joseph Vitale
L: 76 Minuten
Lederstrumpf und sein Blutsbruder Chingachgook retten einen
Indianerhasser und dessen Töchter vor den Huronen.

WAR DRUMS / Rebell der roten Berge / auch: Häuptling der
Apachen / USA 1957
R: Reginald Le Borg, B: Gerald Drayson Adams, K: William Mar-
gulies
D: Lex Barker, Joan Taylor, Ben Johnson, Larry Chance, Di: John
Colicos, Jil Jarmyn, Ward Ellis
L: 75 Minuten
Goldsucher dringen in das Gebiet der Apachen ein und brechen
den Friedensvertrag. Nach jahrelangen Kämpfen werden die Apa-
chen geschlagen, aber ein alter Freund ermöglicht dem Häuptling
und seiner Frau die Flucht in die Berge.

LAST TRAIN FROM GUN HILL / Der letzte Zug von Gun Hill /
USA 1958
R: John Sturges, B: James Poe, K: Charles Lang
D: Kirk Douglas, Anthony Quinn, Carolyn Jones, Earl Holliman,
Brad Dexter
L: 93 Minuten
Ein Sheriff hat im Kampf gegen die Mörder seiner indianischen
Frau seinen alten Freund und eine ganze Stadt gegen sich.

THE LONE RANGER AND THE LOST CITY OF GOLD /
Der Held mit der Maske / USA 1958
R: Lesley Selander
D: Clayton Moore, Jay Silverheels, Lyle Bettger, John Pickard,
Di: Jay Silverheels (Mohawk), John Miljan, Maurice Jara, Belle
Mitchell
L: 78 Minuten
Serial zum Spielfilm von 1956 um die kleine Taschenbuchausgabe
des Mantel-und-Degen-Helden Zorro.

ALL THE YOUNG MEN / Und der Herr sei uns gnädig /
USA 1959
R + B: Hall Bartlett, K: Daniel Fapp

D: Alan Ladd, Sidney Poitier, James Darren, Mario Alcalde, Di: Mario Alcalde
L: 85 Minuten
Ein indianischer Soldat während des Koreakrieges im All-American Platoon an der Seite seines schwarzen Landsmannes.

THE SAVAGE INNOCENTS / OMBRE BIANCHE / Im Land der langen Schatten / I/F/GB 1959
R: Nicholas Ray, B: Nicholas Ray, nach dem Roman *Top of the World* von Hans Ruesch, K: Aldo Tonti, Peter Hennessy
D: Anthony Quinn, Yoko Tani, Peter O'Toole, Carlo Giustini, Di: Anthony Quinn, Yoko Tani
L: 107 Minuten, später gekürzt auf 89 Minuten
Ein gutmütiger Eskimo sorgt für seine Familie, bis er einen Missionar tötet, der seine Sitten nicht versteht. Er wird von Mounties gejagt, darf dann aber zu seiner Familie zurückkehren.

YELLOWSTONE KELLY / Man nannte ihn Kelly / USA 1959
R: Gordon Douglas, B: Burt Kennedy, K: Carl Guthrie
D: Clint Walker, Edward Byrnes, John Russell, Ray Danton, Di: John Russell, Ray Danton, Andra Martin
L: 90 Minuten
Die Armee will die Sioux weiter zurückdrängen, und der Held und eine Arapaho-Indianerin, der er das Leben gerettet hat, geraten zwischen die Fronten.

COMANCHE STATION / Einer gibt nicht auf / USA 1960
R: Budd Boetticher, B: Burt Kennedy, K: Charles Lawton Jr.
D: Randolph Scott, Nancy Gates, Skip Homeier, Richard Rust, Di: Foster Hood, Joe Molina, Vince St. Cyr (Native)
L: 73 Minuten
Der Held kauft eine weiße Frau von den Comanchen frei und bringt sie trotz vieler Gefahren, u. a. durch weiße Banditen, zurück zu ihrem Mann.

FLAMING STAR / Flammender Stern / USA 1960
R: Don Siegel, B: Clair Huffaker, Nunnally Johnson, K: Charles C. Clarke
D: Elvis Presley, Dolores Del Rio, Steve Forrest, John McIntire, Di: Elvis Presley, Dolores Del Rio, Rudolfo Acosta, Marian Goldina, Perry Lopez, Sharon Bercutt, Rodd Redwing (Chickasaw)
L: 91 Minuten
Elvis als Sohn einer Kiowa und eines Weißen. Als die Kiowas auf den Kriegspfad gehen, gerät er zwischen zwei Lager.

Randolph Scott in der Schießbude – COMANCHE STATION / EINER GIBT NICHT AUF (1960)

THE OUTSIDER / Der Außenseiter / USA 1960
R: Delbert Mann, B: Stewart Stern, nach dem Roman von William Bradford Huie, K: Joseph La Shelle
D: Tony Curtis, James Franciscus, Bruce Bennet, Vivian Nathan, Di: Tony Curtis, Vivian Nathan, Edmund Hashim
L: 93 Minuten
Ein schüchterner Indianer verläßt die Pima-Reservation in Arizona, wird zum Kriegshelden und stirbt zehn Jahre später als Alkoholiker, weil er weder mit seiner Berühmtheit noch mit der ablehnenden Haltung seiner Leute zurechtkommt.

SERGEANT RUTLEDGE / Mit einem Fuß in der Hölle / USA 1960
R: John Ford, B: Willis Goldbeck, James Warner Bellah, K: Bert Glennon
D: Woody Strode, Jeffrey Hunter, Constance Towers
L: 111 Minuten

Ein schwarzer Sergeant ist zu Unrecht eines Sexualmords angeklagt. Vor Gericht wird erzählt, wie er eine weiße Frau vor den Apachen und die Kavallerie vor einem Hinterhalt bewahrt hat.

TWO RODE TOGETHER / Zwei ritten zusammen / USA 1960
R: John Ford, B: Frank Nugent, nach dem Roman *Comanche Captives* von Will Cook, K: Charles Lawton Jr.
D: James Stewart, Richard Widmark, Linda Cristal, Henry Brandon, Woody Strode
L: 109 Minuten
Die beiden Helden bringen einige Verschleppte, die vor Jahren vom Stamm des Comanchen-Häuptlings Quanah Parker geraubt wurden, zurück zu den Weißen – mit schrecklichen Folgen.

THE UNFORGIVEN / Denen man nicht vergibt / USA 1960
R: John Huston, B: Ben Maddow, nach dem gleichnamigen Roman von Alan LeMay, K: Franz Planer
D: Burt Lancaster, Audrey Hepburn, Audie Murphy, Lilian Gish, Di: Audrey Hepburn, Carlos Rivas
L: 121 Minuten
Eine Kiowa-Indianerin wird von einer weißen Familie aufgezogen, ohne etwas von ihrer Herkunft zu ahnen. Als ihre wahre Identität enthüllt wird, hat sie unter den Vorwürfen der Weißen und der Wut der Kiowas zu leiden, die sie zurückwollen.

THE CANADIANS / Die rote Schwadron / USA 1961
R + B: Burt Kennedy, K: Arthur Ibbetson
D: Robert Ryan, John Dehner, Teresa Stratas, Torin Thatcher, Di: Michael Pate
L: 83 Minuten
Abenteuer einiger Mounties mit 6000 Sioux, die vor der US-Kavallerie nach Kanada geflohen sind, skrupellosen Weißen und einer jungen Frau, die vor Jahren von den Indianern verschleppt wurde.

GERONIMO / Das letzte Kommando / USA 1961
R: Arnold Laven, B: Pat Fielder, K: Alex Phillips
D: Chuck Connors, Kamela Devi, Ross Martin, Pat Conway, Di: Chuck Connors, Adam West, Enid Jaynes, Armando Silvestre
L: 102 Minuten
Weil der Indianer-Agent schmutzige Geschäfte macht, flieht Geronimo mit seinen Anhängern aus dem Reservat und erklärt den Ver-

einigten Staaten den Krieg. Auf Druck der öffentlichen Meinung schließt Washington einen neuen, fairen Vertrag mit ihm.

CHEYENNE AUTUMN / Cheyenne / USA 1963
R: John Ford, B: James R. Webb, nach dem gleichnamigen Roman von Mari Sandoz, K: William Clothier
D: Richard Widmark, Carroll Baker, Sal Mineo, Dolores Del Rio, Karl Malden, Di: Sal Mineo, Dolores Del Rio, Ricardo Montalban, Gilbert Roland, Victor Jory
L: 159 Minuten
Um nicht im Reservat zu verhungern, fliehen die letzten der Cheyenne, verfolgt von der Kavallerie, in ihre Heimat im Norden.

A DISTANT TRUMPET / Die blaue Eskadron / USA 1963
R: Raoul Walsh, B: John Twist, nach dem gleichnamigen Roman von Paul Horgan, K: William Clothier
D: Troy Donahue, Suzanne Pleshette, James Gregory
L: 116 Minuten, deutsche Kinofassung: 108 Minuten
Der Apache War Eagle ist der letzte Indianer, der noch Krieg führt. Nach einer Schlacht mit der Kavallerie ohne Sieger läßt er sich überreden, in ein Reservat zu gehen.

KINGS OF THE SUN / Könige der Sonne / USA 1963
R: J. Lee Thompson, B: Elliott Arnold, James R. Webb, K: Joseph MacDonald
D: Yul Brynner, George Chakiris, Shirley Anne Field, Richard Baseheart, Di: Yul Brunner, George Chakiris, Shirley Anne Field, Leo Gordon
L: 107 Minuten
Die Mayas fliehen vor ihren Feinden nach Norden in das Land des Stammes von Black Eagle, den sie zuerst den Göttern opfern wollen, dann aber als Bundesgenossen im Kampf gegen die alten Feinde gewinnen.

MAJOR DUNDEE / Sierra Chariba / USA 1964
R: Sam Peckinpah, B: Harry Julian Fink, Oscar Saul, Sam Peckinpah, K: Sam Leavitt
D: Charlton Heston, Richard Harris, Jim Hutton, James Coburn, Senta Berger, Mario Adorf, Warren Oates, Di: Michael Pate
L: 134 Minuten, deutsche Kinofassung: 120 Minuten
Ein Himmelfahrtskommando aus Yankees, Südstaatlern und Verbrechern verfolgt den Apachen Sierra Chariba nach Mexiko, der mit seiner Bande eine Kavallerie-Abteilung aufgerieben und drei weiße Kinder geraubt hat.

PER UN PUGNO DI DOLLARI / Für eine Handvoll Dollar /
BRD/I 1964
R: Sergio Leone, B: Sergio Leone, Ducci Tessari, K: Jack Dalmas
D: Clint Eastwood, Marianne Koch, Wolfgang Lukschy, Josef Egger
L: 93 Minuten
Die Geburt des Italo-Western aus dem Geist der regennassen Straße.

APACHE UPRISING/ Die Apachen / USA 1965
R: R. G. Springsteen, B: Harry Sanford, Max Lamb, nach einem Ro-
man von Harry Sanford und Max Steeber, K: W. Wallce Kelley
D: Rory Calhoun, Corinne Calvet, John Russell, Lon Chaney,
Di: Abel Fernandez (Native), Paul Daniel
Gangster geraten beim Postkutschenüberfall in eine Falle der Apa-
chen.

CAT BALLOU / Cat Ballou – Hängen sollst du in Wyoming /
USA 1965
R: Elliot Silverstein, B: Walter Newman, Frank R. Pierson, nach ei-
nem Roman von Roy Chanslor, K: Jack Marta
D: Jane Fonda, Lee Marvin, Michael Callan, Nat King Cole, Di: Tom
Nardini (Native)
L: 95 Minuten
In der balladesken Westernparodie verbessert Tom Nardini als
Sioux Jackson Two-Bear ständig die inkorrekte englische Gram-
matik und Aussprache seiner weißen Zeitgenossen.

THE HALLELUJAH TRAIL / Vierzig Wagen westwärts / USA 1965
R: John Sturges, B: John Gay, nach einem Roman von Bill Gulick,
K: Robert Surtees
D: Burt Lancaster, Lee Remick, Jim Hutton, Pamela Tiffin, Di: Jim
Burk, Robert Wilke, Martin Landau
L: 165 Minuten
Hinter einem Wagentreck voll Whisky sind her: ein Trupp Soldaten,
eine alkoholfeindliche Frauenliga und ein schnapslüsterner India-
nerstamm.

CUSTER OF THE WEST / Ein Tag zum Kämpfen / USA 1966
R: Robert Siodmak, B: Bernard Gordon, Julian Halevy, K: Kurt
Herrnfeld
D: Robert Shaw, Mary Ure, Jeffrey Hunter, Ty Hardin, Di: Kieron
Moore
L: 142 Minuten
Custer macht auf Wunsch der Politiker ein Cheyenne-Dorf dem

Erdboden gleich, setzt sich dann aber für die Belange der Indianer ein, bis er am Little Big Horn fällt.

NEVADA SMITH / Nevada Smith / USA 1966
R: Henry Hathaway, B: John Michael Hayes, nach Motiven des Romans *The Carpetbeggars* von Harold Robbins, K: Lucien Ballard
D: Steve McQueen, Karl Malden, Brian Keith, Suzanne Pleshette, Di: Steve McQueen, Janet Margolin
L: 120 Minuten
Der Sohn eines weißen Vaters und einer indianischen Mutter rächt sich an den Mördern seiner Eltern. Hilfe bekommt er von einer indianischen Prostituierten.

BORN LOSERS / Engel der Hölle / auch: Der Regulator / USA 1967
R: T.C. Frank (Tom Laughlin), B: E. James Lloyd, K: Gregory Sandor
D: Tom Laughlin, Elizabeth James, Jane Russell, Jeremy Slate, Di: Tom Laughlin (Part-Native)
L: 114 Minuten
Halbblut Billy Jack kommt aus Vietnam zurück, gerät mit einer Motorradbande in Konflikt und rettet eine weiße Frau.

THE DAY OF THE EVIL GUN / Totem / USA 1967
R: Jerry Thorpe, B: Charles Marquis Warren, Eric Bercovici, K: W. Wallace Kelley
D: Glenn Ford, Dean Jagger, Arthur Kennedy, Barbara Babcock
L: 90 Minuten
Der Held macht sich auf die Suche nach Frau und Kindern, die von den Apachen verschleppt wurden.

THE SCALPHUNTERS / Mit eisernen Fäusten / USA 1967
R: Sidney Pollack
D: Burt Lancaster, Shelley Winters, Telly Savalas, Ossie Davis, Di: Armando Silvestre
L: 103 Minuten
Der dem Süden entflohene Ossie Davis gibt sich als Comanche aus, wird statt dessen von den Kiowas gefangen und Burt Lancaster im Tausch gegen seine Pelze aufgezwungen.

ONE HUNDRED RIFLES / 100 Gewehre / USA 1968
R: Tom Gries, B: Clair Huffacker, Tom Gries, nach dem Roman von Robert MacLeod, K: Cecilio Paniagua

D: Jim Brown, Raquel Welch, Burt Reynolds, Fernando Lamas, Di: Burt Reynolds, Raquel Welch
L: 109 Minuten
Ein Bankräuber und ein ihn verfolgender schwarzer Hilfssheriff tun sich in Mexiko für den Befreiungskampf der Yaqui-Indianer zusammen.

SHALAKO / Shalako – Verloren im Apachenland / USA 1968
R: Edward Dmytryk, B: J. J. Griffith, Hal Hopper, Scott Finch, nach dem Roman von Louis L'Amour, K: Ted Moore
D: Sean Connery, Brigitte Bardot, Peter Van Eyck, Stephen Boyd, Di: Woody Strode, Rodd Redwing (Chickasaw)
Ein einsamer Reiter rettet und beschützt eine Gruppe aristokratischer Jäger im Apachenland.

THE STALKING MOON / Der große Schweiger / USA 1968
R: Robert Mulligan, B: Alvin Sargent, Wendell Mayes, nach dem gleichnamigen Roman von Theodore V. Olsen, K: Charles Lang
D: Gregory Peck, Eva Marie Saint, Robert Forster
L: 109 Minuten
Eine weiße Frau und ihr Kind werden aus der Gewalt der Apachen befreit. Ein Scout bringt die beiden auf seine Farm. Ein Apache verfolgt sie, weil er seinen Sohn zurückhaben will.

THE WILD BUNCH / Sie kannten kein Gesetz / USA 1969
R: Sam Peckinpah, B: Sam Peckinpah, Walon Green, K: Lucien Ballard
D: William Holden, Ernest Borgnine, Robert Ryan, Edmond O'Brien, Warren Oates
L: 145 Minuten
Ein Haufen ehemaliger Nordstaatensoldaten zieht als Bankräuber durchs Land und wird von einem gnadenlosen Kopfgeldjäger und ehemaligen Freund des Anführers gejagt.

HUGH, ICH HABE GESPROCHEN
Winnetou, DEFA und Spaghettis

DER SCHATZ IM SILBERSEE / BRD/YU 1962
R: Harald Reinl, B: Harald G. Petersson, nach dem gleichnamigen Roman von Karl May, K: Ernst W. Kalinke
D: Lex Barker, Pierre Brice, Götz George, Herbert Lom, Karin Dor, Ralf Wolter, Di: Pierre Brice
L: 111 Minuten

Winnetou und Old Shatterhand unterstützen ihre Freunde gegen eine Verbrecherbande, die ebenfalls hinter dem sagenhaften Indianerschatz her ist.

OLD SHATTERHAND / BRD/F/I 1963
R: Hugo Fregonese, B: Ladislas Fodor, Robert A. Stemmle, nach den Romanen von Karl May, K: Siegfried Hold
D: Lex Barker, Pierre Brice, Daliah Lavi, Guy Madison, Ralf Wolter, Di: Pierre Brice
L: 118 Minuten
Old Shatterhand vermittelt zwischen Apachen und landhungrigen Weißen.

WINNETOU I / BRD/YU 1963
R: Harald Reinl, B: Harald G. Petersson, nach dem gleichnamigen Roman von Karl May, K: Ernst W. Kalinke
D: Lex Barker, Pierre Brice, Mario Adorf, Marie Versini, Ralf Wolter, Di: Pierre Brice
L: 94 Minuten
Winnetou und Old Shatterhand werden Blutsbrüder und vereiteln die Pläne des Schurken Santer, der Winnetous Vater und Schwester getötet hat.

PER UN PUGNO DI DOLLARI / Für eine Handvoll Dollar / BRD/I 1964
R: Sergio Leone, B: Sergio Leone, Ducci Tessari, K: Jack Dalmas
D: Clint Eastwood, Marianne Koch, Wolfgang Lukschy, Josef Egger
L: 93 Minuten
Die Geburt des Italo-Western aus dem Geist der regennassen Straße.

SAMSON UND DER SCHATZ DER INKAS / Sansone e il Tesoro degli Inkas / BRD/I 1964
R: Piero Pierotti, B: Piero Pierotti, Arpad de Riso, K: Augusto Tiezzi
D: Alan Steel, Toni Sailer, Wolfgang Lukschy, Mario Petri, Brigitte Heiberg
L: 96 Minuten
Gangsterbande, die eine Stadt terrorisiert, wird bei der Schatzsuche von dem Helden und seinem Freund zur Strecke gebracht.

DIE SCHWARZEN ADLER VON SANTA FE / BRD/F/I 1964
R: Ernst Hofbauer, B: Valeria Bonamano, Jack Lewis, K: Hans Jura
D: Brad Harris, Joachim Hansen, Pinkas Braun, Werner Peters
Ein Farmer hetzt Indianer und Weiße aufeinander, um an das Öl auf dem Land der Indianer zu gelangen.

UNTER GEIERN / BRD 1964
R: Alfred Vohrer, B: Eberhard Keindorff, Johanna Sibelius, nach
dem gleichnamigen Roman von Karl May
D: Stewart Granger, Pierre Brice, Elke Sommer, Götz George,
Gojko Mitíc, Walter Barnes, Di: Pierre Brice
L: 101 Minuten
Eine Verbrecherbande tötet weiße Siedler und schiebt die Schuld
den Schoschonen in die Schuhe. Winnetou und Old Surehand kön-
nen ihrem Unwesen ein Ende machen.

WINNETOU II / BRD/YU 1964
R: Harald Reinl, B: Harald G. Petersson, nach dem gleichnamigen
Roman von Karl May, K: Ernst W. Kalinke
D: Lex Barker, Pierre Brice, Anthony Steel, Karin Dor, Klaus Kinski,
Mario Girotti (später Terence Hill), Di: Pierre Brice
L: 94 Minuten
Um den Frieden zwischen Indianern und Weißen zu sichern, muß
Winnetou nicht nur gegen einen weißen Spekulanten kämpfen,
sondern auch seiner Liebe zu Ribanna, der Tochter des Häuptlings
der Assiniboin, entsagen.

DER LETZTE MOHIKANER / La valle delle ombre rosse /
BRD/E/I 1965
R: Harald Reinl, B: Joachim Bartsch, Giovanni Simonelli, Roberto
Bianchi Montero, nach dem Roman von James Fenimore Cooper,
K: Ernst W. Kalinke, Giuseppe La Torre
D: Joachim Fuchsberger, Karin Dor, Carl Lange, Anthony Steffens
L: 90 Minuten
Sehr freie Umsetzung der literarischen Vorlage, in der Uncas und
Falkenauge zusammen mit einer Schwadron (Nordstaatensolda-
ten) eine von Irokesen und Banditen belagerte Ranch befreien.

DER ÖLPRINZ / BRD/YU 1965
R: Harald Philipp, B: Fred Denger, Harald Philipp, nach dem Ro-
man von Karl May
D: Pierre Brice, Stewart Granger, Harald Leipnitz, Macha Meril,
Di: Pierre Brice
L: 91 Minuten
Winnetou und Old Surehand schützen einen Siedlertreck.

OLD SUREHAND / BRD/YU 1965
R: Alfred Vohrer, B: Eberhard Keindorff, Johanna Sibelius, Fred
Denger, nach dem Roman von Karl May, K: Karl Löb

Ich hau' dir die Hucke voll – DER LETZTE MOHIKANER (1965)

D: Pierre Brice, Stewart Granger, Leticia Roman, Larry Pennell,
Di: Pierre Brice
L: 94 Minuten
Winnetou und Old Surehand im Kampf gegen weiße Banditen.

DIE PYRAMIDE DES SONNENGOTTES / Les Mercenaires du
Rio Grande / BRD/F/I 1965
R: Robert Siodmak, B: Ladislas Fodor, R. A. Stemmle, Georg Ma-
rischka, nach einem Roman von Karl May, K: Siegfried Hold
D: Lex Barker, Gérard Barray, Michèle Girardon
L: 98 Minuten
Fortsetzung von DER SCHATZ DER AZTEKEN, in der der Held
wieder aufersteht und neue Abenteuer im Aztekenheiligtum erlebt.

DER SCHATZ DER AZTEKEN / Les Mercenaires du Rio Gran-
de / I Violenti di Rio Grande / BRD/F/I 1965
R: Robert Siodmak, B: Georg Marischka, Ladislas Fodor, R. A.
Stemmle, nach dem Roman *Schloß Rodriganda* von Karl May, K:
Siegfried Hold

D: Lex Barker, Gérard Barray, Michèle Girardon, Ralf Wolter, Alessandra Panaro
L: 99 Minuten
Ein eitler Landarzt und ein schwäbelnder Kuckucksuhrvertreter auf Schatzsuche.

DIE SÖHNE DER GROSSEN BÄRIN / DDR 1965
R: Josef Mach, B: L. Welskopf-Henrich, K: Jaroslav Tuzar
D: Gojko Mitíc, Jiri Vrstala, Rolf Römer
L: 92 Minuten
Kampf der Dakotas gegen landgierige weiße Eindringlinge.

DAS VERMÄCHTNIS DES INKA / Viva Gringo / BRD/I/E 1965
R: Franz Marischka, B: Georg Marischka, Winfried Groth, Franz Marischka, nach einem Roman von Karl May, K: Siegfried Hold
D: Guy Madison, Rik Battaglia, Geula Nuni, Walter Giller, Heinz Erhardt
L: 100 Minuten
Bei der Suche nach einem Inkaschatz gehen einige Darsteller verloren.

WINNETOU III / BRD/YU 1965
R: Harald Reinl, B: Harald G. Petersson, J. Joachim Bartsch, nach dem gleichnamigen Roman von Karl May, K: Ernst W. Kalinke
D: Lex Barker, Pierre Brice, Rik Battaglia, Ralf Wolter, Carl Lange, Di: Pierre Brice
L: 93 Minuten
Weiße Banditen hetzen die Jicarillos gegen Winnetou und seine Mescalero-Apachen auf. Winnetou stirbt durch die Kugel, die für Old Shatterhand bestimmt war.

WINNETOU UND SEIN FREUND OLD FIREHAND / BRD/YU 1966
R: Alfred Vohrer, B: David DeReske, C. B. Taylor, Harald G. Petersson, K: Karl Löb
D: Rod Cameron, Pierre Brice, Marie Versini, Harald Leipnitz, Todd Armstrong, Di: Pierre Brice
L: 94 Minuten
Winnetou und Old Firehand verteidigen ein Grenzstädtchen gegen Banditen.

WINNETOU UND DAS HALBBLUT APANATSCHI / BRD/YU 1966
R: Harald Philipp, B: Fred Denger, K: Heinz Hölscher

D: Lex Barker, Pierre Brice, Götz George, Uschi Glas, Ralf Wolter,
Di: Pierre Brice
L: 90 Minuten
Winnetou und Old Shatterhand verteidigen Leben und Gut des
Halbblutes gegen goldgierige Banditen.

CHINGACHGOOK, DIE GROSSE SCHLANGE / auch:
Der Wildtöter / auch: Im Zeichen des Geiers / DDR 1967
R: Richard Groschopp, B: Wolfgang Ebeling, Richard Groschopp,
nach dem Roman *Wildtöter* von James F. Cooper, K: Otto Hanisch
D: Gojko Mitíc, Rolf Römer, Jürgen Frohriep, Andrea Drahota
L: 90 Minuten
Chingachgooks Braut wird von den Huronen entführt. Als er ver-
sucht, sie mit seinem Freund Wildtöter zurückzuholen, geraten sie
in die Wirren des Krieges zwischen Engländern und Franzosen, die
die Indianer für sich kämpfen lassen.

NAVAJO JOE / An seinen Stiefeln klebte Blut / I/E 1967
R: Sergio Corbucci, B: Dean Craig, K: Silvano Ippoliti
D: Burt Reynolds, Nicoletta Machiavelli, Pierre Cressoy, Tanya
Lopert, Di: Burt Reynolds, Nicoletta Machiavelli
L: 93 Minuten
Ein Indianer verteidigt ganz allein ein Städtchen gegen eine Bande
Banditen.

DIE SPUR DES FALKEN / auch: Brennende Zelte in den
Schwarzen Bergen / DDR/UdSSR 1968
R: Gottfried Kolditz, B: Günter Karl, K: Otto Hanisch
D: Gojko Mitíc, Hanjo Hasse, Barbara Brylska, Horst Kube, Rolf
Ludwig, Lali Meszschi
L: 96 Minuten
In den Black Hills wird Gold gefunden. Die Weißen strömen in das
Gebiet der Dakota-Indianer und töten sie. Die Überlebenden
schließen sich Sitting Bull und Crazy Horse an, um zu kämpfen.

WINNETOU UND OLD SHATTERHAND IM TAL DES
TODES / BRD/I/YU 1968
R: Harald Reinl, B: Alex Berg, Harald Reinl, K: Ernst W. Kalinke
D: Pierre Brice, Lex Barker, Rik Battaglia, Karin Dor, Ralf Wolter,
Di: Pierre Brice
L: 89 Minuten
Die Blutsbrüder stellen in Kämpfen gegen Indianer und goldgieri-
ge Banditen die Ehre eines wegen Goldraubs angeklagten Offiziers
wieder her.

Der neue Heimatfilm – WINNETOU UND OLD SHATTERHAND IM TAL DES TODES (1968)

TÖDLICHER IRRTUM / DDR 1969
R: Konrad Petzold, B: Ralf Römer, Günter Karl, K: Eberhard Bork-mann
D: Gojko Mitíc, Armin Mueller-Stahl, Annekathrin Bürger, Kryst. Mikolajewska, Kati Bus, Rolf Hoppe
L: 103 Minuten
Im Reservat ist Öl gefunden worden. Ein Hilfssheriff scheitert im Kampf für die Indianer gegen dunkle Geschäftsleute.

OSCEOLA – DIE RECHTE HAND DER VERGELTUNG / DDR/Bulgarien/Kuba 1971
R: Konrad Petzold, B: Walter Püschel, Günter Karl, K: Hans Hein-rich
D: Gojko Mitíc, Iskra Radewa, Horst Schulze, Karin Ugowski
L: 109 Minuten

Sklavenhaltende Baumwollpflanzer schüren in Florida aus wirtschaftlichen Gründen den Konflikt mit den Seminolen, und am Ende kann deren Häuptling Osceola den Krieg nicht mehr verhindern.

TSCHETAN, DER INDIANERJUNGE / BRD 1972
R + B: Hark Bohm, K: Michael Ballhaus
D: Dschingis Bowakow, Marquard Bohm
L: 94 Minuten
Tschetan, der aus Hunger die Reservation verlassen hat, soll von Rancher Johnson als Viehdieb gehängt werden. Ein Schäfer befreit ihn, läßt ihn für sich arbeiten und flieht schließlich mit ihm nach Kanada, weil Johnson zu mächtig ist.

APACHEN / DDR 1973
R: Gottfried Kolditz, B: Gottfried Kolditz, Gojko Mitíc, K: Helmut Bergmann
D: Gojko Mitíc, Milan Beli, Colea Rautu, Rolf Hoppe
L: 86 Minuten
Ulzanas Apachen und die Mexikaner leben in friedlicher Koexistenz. Da es Bodenschätze im Apachen-Gebiet gibt, wollen die Amerikaner Ulzanas Stamm ausrotten. Ulzana und wenige Krieger entkommen dem Massaker und nehmen Rache.

TECUMSEH / auch: Manitu vergißt seine Söhne – Tecumseh / auch: Tecumseh – Sein Gesetz heißt Tod / DDR 1973
R + B: Hans Kratzert
D: Gojko Mitíc, Rolf Römer, Annekathrin Bürger
L: 100 Minuten
Tecumseh versucht die Stämme im Kampf gegen die weißen Eindringlinge zu vereinen.

ULZANA / auch: ULZANA, DER UNBESIEGBARE HÄUPTLING / DDR 1974
R: Gottfried Kolditz, B: Gojko Mitíc, Gottfried Kolditz, K: Helmut Bergmann
D: Gojko Mitíc, Renate Blume, Rolf Hoppe, Colea Rautu, Amza Pellea
Ulzanas Stamm macht das dürre Land in der Reservation durch eine Bewässerungsanlage fruchtbar und weist den Weg, wie die Indianer von den Weißen unabhängig werden können. Die Geschäftsleute aus Tucson machen Ulzanas Bemühungen zunichte.

THE WOLFER / Die Rache des Wolfsjägers /Schweiz 1977
R: Angelo Burri
D: Angelo Burri, Esther Cueni, Josef Nellen
L: 110 Minuten
Ein Trapper macht Jagd auf die Mörder seiner indianischen Frau.

MEIN FREUND WINNETOU / F/BRD 1980
R: Marcel Camus, B: Jean-Claude Deret, K: Pierre Petit
D: Pierre Brice, Siegfried Rauch, Ralf Wolter
14teilige französisch-deutsche TV-Koproduktion, die versucht an
die Erfolgsserie der 60er Jahre anzuschließen, sich stellenweise um
größere Authentizität bemüht, deshalb aber weder den »Charme«
der frühen Jahre erreicht noch eine wirkliche Alternative darstellt.

DIE FARBE DER INDIOS / BRD 1987
R + B + K: Klaus Lautenbacher
D: Dotsche Ascopane, Klaus Lautenbacher, Leonore Paurat
L: 63 Minuten
Großstadtjunge begegnet im Traum Indio-Junge und erlebt mit ihm
Urwaldleben.

PLASTIK-INDIANER
70er Jahre

HOMBRE / Man nannte ihn Hombre / USA 1966
R: Martin Ritt, B: Irving Ravetch, Harriet Frank, nach dem gleich-
namigen Roman von Elmore Leonard
D: Paul Newman, Frederic March, Richard Boone, Diane Cilento
L: 98 Minuten
Eine Postkutsche wird von Banditen überfallen. Nur mit Hilfe
eines Weißen, der von den Apachen aufgezogen wurde, können die
Reisenden überleben.

FLAP / auch: THE LAST WARRIOR / Der Indianer / USA 1969
R: Carol Reed, B: Clair Huffaker, nach seinem Roman *Nobody
Loves a Drunken Indian*, K: Fred J. Koenekamp
D: Anthony Quinn, Claude Akins, Shelley Winters, Victor Jory, Di:
Anthony Quinn, Claude Akins, Tony Bill, Victor Jory, Rudolfo
Acosta, Victor French, Susana Miranda, Rudy Diaz, Pedro Regas,
John War Eagle (Native)
L: 106 Minuten
Gegenwart. Der dauernd betrunkene Indianer Flapping Eagle
kämpft gegen eine Baufirma, stiehlt einen Zug und versucht, die

Alles unter Kontrolle – HOMBRE (1966)

Stadt für seinen Stamm und die Red-Power-Bewegung in Besitz zu nehmen.

SMITH! / Smith! – Ein Mann gegen alle / USA 1969
R. Michael O'Herlihy, B. Louis Pelletier, nach dem Buch *Breaklog Smith's Quarterhorse* von Paul St. Pierre, K: Robert C. Moreno

D: Glenn Ford, Nancy Olson, Dean Jagger, Keenan Wynn, Di: Warren Oates, Chief Dan George (Squamish), Frank Ramirez, Jay Silverheels (Mohawk)
Chief Dan George ergibt sich mit blumigen Worten Glenn Ford. Im
übrigen versucht dieser gegen den Widerstand des ganzen Ortes
einem Indianer einen fairen Prozeß zu gewährleisten.

SOLDIER BLUE / Das Wiegenlied vom Totschlag / USA 1969
R: Ralph Nelson, B: John Gay, nach dem Roman *Arrow in the Sun*
von Theodore V. Olsen, K: Robert B. Hauser, Arthur J. Ornitz, Lied
Soldier Blue von Buffy Saint-Marie (Native)
D: Candice Bergen, Peter Strauss, Donald Pleasence, Bob Carra-
way, Di: Jorge Rivero, Jorge Russek, Marco Antonio Arzate
L: 114 Minuten
Die einzigen Überlebenden eines Cheyenne-Überfalls, ein uner-
fahrener Soldat und eine junge Frau, die von den Indianern ver-
schleppt worden war, schlagen sich zum nächsten Armeepos-
ten durch und müssen miterleben, wie die Kavallerie in einem
Cheyenne-Dorf ein Massaker anrichtet.

TELL THEM WILLIE BOY IS HERE / Blutige Spur / USA 1969
R + B: Abraham Polonsky, nach dem Roman *Willie Boy* von Harry
Lawton, K: Conrad Hall
D: Robert Redford, Katharine Ross, Robert Blake, Susan Clark,
Di: Robert Blake (Native), Katharine Ross
L: 98 Minuten
Ein Paiute-Indianer tötet in Notwehr den Vater seiner Freundin.
Beide fliehen, werden vom Sheriff und einigen Männern verfolgt
und sterben schließlich in der Wüste.

CRY BLOOD, APACHE / Schrei, wenn wir verecken / USA 1970
R: Jack Starrett, B: Sean MacGregor, K: Bruce Scott
D: Joel McCrea, Jody McCrea, Dan Kemp, Marie Gahva, Di: Dan
Kemp, Marie Gahva, Carroll Kemp, Andy Anza
L: 83 Minuten
Vier Abenteurer töten aus Goldgier eine Apachenfamilie und wer-
den von deren Sohn verfolgt und aufgerieben.

LITTLE BIG MAN / Little Big Man / USA 1970
R: Arthur Penn, B: Calder Willingham, nach dem gleichnamigen
Roman von Thomas Berger, K: Harry Stradling Jr.
D: Dustin Hoffman, Faye Dunaway, Martin Balsam, Richard Mul-
ligan, Jeff Corey, Di: Chief Dan George (Squamish), Amy Eccles,
Robert Little Star, Cal Bellini, Ruben Moreno, Steve Shemayne,

Die Indianer-Polizisten begutachten die Leiche ihres Blutsbruders –
TELL THEM WILLIE BOY IS HERE / BLUTIGE SPUR (1969)

Steve Miranda, Emily Cho, Cecelia Kootenay, Linda Dyer, Dessie
Bad Bear, Len George, Norman Nathan
L: 147 Minuten, deutsche Kinofassung: 130 Minuten
Jack Crabb wird von dem Cheyenne-Häuptling Old Lodge Skins
adoptiert, pendelt fortan zwischen Indianern und Weißen hin und
her und erlebt das Washita-Massaker an den Cheyenne genauso
mit wie Custers Niederlage am Little Big Horn.

A MAN CALLED HORSE / Ein Mann, den sie Pferd nannten /
USA 1970
R: Elliott Silverstein, B: Jack DeWitt, K: Robert Hauser
D: Richard Harris, Dame Judith Anderson, Jean Gascon, Manu
upou, Di: Manu Tupou, Judith Anderson, Corinna Tsopei, Eddie
Little Sky (Native), Lina Marin, Tamara Garina, Michael Baseleon,
Manuel Padilla, Iron Eyes Cody (Cherokee), Richard Fools Bull,
Terry Leonard
L: 114 Minuten

1825. Lord John Morgan wird von den Sioux gefangengenommen, lernt ihre Sitten, heiratet und wird schließlich sogar Stammeshäuptling. Als er seine neue Familie verliert, geht er zurück zu den Weißen.

BILLY JACK / Billy Jack / USA 1971
R: T. C. Frank (Tom Laughlin), B: Tom Laughlin, Delores Taylor, K: Fred Koenekamp, John Stephens
D: Tom Laughlin, Delores Taylor, Clark Howat, Di: Tom Laughlin (Part-Native)
L: 113 Minuten
Billy Jack, Halbblut und Vietnam-Veteran, schützt Mustangs, Indianerkinder und die weiße Frau, die sie in der Reservatsschule unterrichtet, vor den Weißen aus der nächsten Stadt.
Fortsetzungen: THE TRIAL OF BILLY JACK (1974), BILLY JACK GOES TO WASHINGTON (1977)

CHATO'S LAND / Chatos Land / USA 1971
R: Michael Winner, B: Gerald Wilson, K: Robert Paynter
D: Charles Bronson, Jack Palance, Richard Basehart, James Whitmore, Di: Charles Bronson, Sonia Rangan
L: 100 Minuten
Das Halbblut Chato tötet in Notwehr einen Sheriff und wird von 14 Männern verfolgt. Aus Jägern werden Gejagte, als sie sich an Chatos Frau vergehen. Keiner kehrt zurück.

AGUIRRE, DER ZORN GOTTES / BRD 1972
R + B: Werner Herzog, K: Thomas Mauch
D: Klaus Kinski, Ruy Guerra, Helena Rojo, Peter Berling
L: 93 Minuten
Der Konquistador Aguirre treibt, der Goldgier und dem Wahnsinn verfallen ,auf einem Floß den Amazonas entlang und seinem Untergang entgegen.

JEREMIAH JOHNSON / Jeremiah Johnson / USA 1972
R: Sidney Pollack, B: John Milius, Edward Anhalt, nach dem Roman *Mountain Man* von Vardis Fisher
D: Robert Redford, Will Geer, Stefan Gierasch, Delle Bolton, Di: Delle Bolton, Joaquin Martinez
L: 108 Minuten
Johnson lebt als Jäger in den Rocky Mountains und in Frieden mit den Indianern. Als er eine Begräbnisstätte der Crows entweiht, töten sie seine indianische Frau und seinen Adoptivsohn. Johnson tötet viele Crows.

ULZANA'S RAID / Keine Gnade für Ulzana / USA 1972
R: Robert Aldrich, B: Alan Sharp, K: Joseph Biroc
D: Burt Lancaster, Bruce Davidson, Jorge Luke, Richard Jaeckel,
Di: Joaquin Martinez, Jorge Luke
L: 103 Minuten, Fernsehfassung: 113 Minuten
Ulzana flieht mit neun Apachen aus der Reservation, raubt, brand-
schatzt und mordet. Eine Abteilung Kavallerie nimmt die Verfol-
gung auf und bringt ihn schließlich zur Strecke.

WHEN THE LEGENDS DIE / Die Legende vom Killer Tom /
USA 1972
R: Stuart Millar, B: Robert Dozier, nach dem gleichnamigen Ro-
man von Hal Borland, K: Richard H. Kline
D: Frederic Forrest, Richard Widmark, Luana Anders, John War
Eagle (Native), Di: Robert Forster, John War Eagle (Native),
L: 105 Minuten, deutsche Kinofassung: 94 Minuten
Als ein Weißer sieht, wie gut ein Waisenjunge aus der Reservation
mit Pferden umgehen kann, übernimmt er dessen Vormundschaft
und macht ihn zum erfolgreichen Rodeoreiter. Nach Jahren beim
Rodeo kehrt dieser jedoch desillusioniert in die Reservation zurück.

BILLY TWO HATS / Begrabt die Wölfe in der Schlucht /
USA 1973
R: Ted Kotcheff, B: Alan Sharp, K: Brian West
D: Gregory Peck, Desi Arnaz Jr., Sian Barbara Allan, Di: Desi
Arnaz Jr.
L: 100 Minuten
Ein Schotte und ein Halbblut auf der Flucht nach einem Raub.

BLAZING SADDLES / Is' was, Sheriff? / USA 1973
R: Mel Brooks, B: Mel Brooks, Norman Steinberg, Andrew Berg-
man, Richard Pryor, Alan Uger
D: Cleavon Little, Gene Wilder, David Huddleston, Slim Pickens
L: 92 Minuten
In der Westernburleske spricht Mel Brooks als Indianerhäuptling
Jiddisch – das kommt aufs gleiche hinaus: Den Indianerdialog wür-
de auch niemand verstehen, und er klingt genauso exotisch.

PAPILLON / Papillon / USA 1973
R: Franklin J. Schaffner, B: Dalton Trumbo, Lorenzo Semple Jr.,
nach einem Roman von Henri Charrière, K: Fred Koenekamp
D: Steve McQueen, Dustin Hoffman, Victor Jory, Don Gordon

Steve McQueen bedient sich als entflohener Sträfling bereitwillig der Gastfreundschaft eines Karibenstammes einschließlich angebotener Frauen.

VALDEZ IL MEZZOSANGUE / Wilde Pferde / I 1973
R: John Sturges, B: Clair Huffacker, Dino Maiuri, Massimo De Rita, nach dem Buch von Lee Hoffmann, K: Armando Nannuzzi
D: Charles Bronson, Jill Ireland, Marcel Bozzuffi, Vincent van Patten
Charles Bronson wieder als Halbblut, das sich mit einem zugelaufenen Knaben gegen einen habgierigen Gutsbesitzer zur Wehr setzt.

NAKIA / Nakia der Indianersheriff / USA 1974
R: Leonard Horn
Di: Robert Forster, George Clutesi, Maria Eleva Cordero
Film zur TV-Serie um einen roten Supermann, der mit seinem Motorrad im Reservat immer dann auftaucht, wenn Not am Navajo ist.

TRIAL OF BILLY JACK / USA 1974
R: Tom Laughlin
Di: Tom Laughlin (Part-Native), Guy Greymountain, Sacheen Littlefeather (Native), Rolling Thunder (Native), Buffalo Horse (Native), Susan Sosa, Oshannah Fastwolf (Native)
Fortsetzung von BILLY JACK (1971), in der Billy Jack, aus dem Gefängnis entlassen, ins Reservat zurückkehrt und dort wieder aufräumt.

TWO AGAINST THE ARCTIC / Zwei in der Arktis / USA 1974
R: Robert Clouse, B: James Algar, nach einem Roman von Sally Carrighar, K: Gilbert Hubbs, Lynn Ellsworth
Di: Susie Silouk, Marty Smith, Rossman Peetock, Jerome Trigg
L: 90 Minuten
Zwei verlassene Eskimokinder machen sich alleine auf den gefährlichen Rückweg durch die Wildnis in ihr Dorf.

THE WHITE DAWN / Die weiße Dämmerung / USA 1974
R: Philipp Kaufmann, B: James Huston, Thomas Rickman, nach James Hustons Eskimosaga nach einer wahren Begebenheit, K: Michael Chapman
D: Warren Oates, Timothy Bottoms, Lou Gossett, Di (Natives:): Pilitak, Sagiaktok, Munamee Sake, Pitseolala Lili
Drei Walfänger stranden 1896 bei den Inuit und werden von ihnen gesund gepflegt. Als sie aber deren Gastfreundschaft verletzen, werden sie umgebracht. In der Beschreibung des Lebens der Inuit

ein fast dokumentarischer Film, in dem die Inuit zudem ihren Originaldialekt sprechen.

ONE FLEW OVER THE CUCKOO'S NEST / Einer flog über das Kuckucksnest / USA 1975
R: Milos Forman, B: Laurence Hauben, Bo Goldman, nach dem gleichnamigen Roman von Ken Kesey, K: Haskell Wexler
D: Jack Nicholson, Louise Fletcher, Will Sampson, Di: Will Sampson (Creek)
L: 134 Minuten
Ein zur Beobachtung in eine psychiatrische Klinik eingewiesener Weißer freundet sich dort mit einem Indianer an, der aus Protest gegen gesellschaftliche Mißachtung aufgehört hat zu reden. Der Weiße stirbt, aber der Indianer findet durch ihn die Kraft zur Flucht.

WINTERHAWK / Winterhawk / USA 1975
R + B: Charles B. Pierce, K: Jim Roberson
D: Michael Dante, Leif Erickson, Woody Strode, Denver Pyle, Di: Michael Dante, Ace Powell, Sachen Littlefeather (Native)
L: 87 Minuten
Winterhawk, Häuptling der Blackfeet, will von den Weißen ein Serum gegen die Pocken eintauschen, von denen sein Stamm heimgesucht wird, wird von diesen aber nur ausgeraubt und rächt sich, indem er zwei weiße Kinder entführt.

BUFFALO BILL AND THE INDIANS OR SITTING BULL'S HISTORY LESSON / Buffalo Bill und die Indianer / USA 1976
R: Robert Altman, B: Alan Rudolph, Robert Altman, nach dem Bühnenstück *Indians* von Arthur Kopit, K: Paul Lohmann
D: Paul Newman, Burt Lancaster, Geraldine Chaplin, Frank Kaquitts, Di: Frank Kaquitts, Will Sampson (Creek)
L: 118 Minuten
Buffalo Bill engagiert Sitting Bull für seine Wild-West-Show und muß feststellen, daß er ihm nicht gewachsen ist.

THE RETURN OF A MAN CALLED HORSE / Der Mann, den sie Pferd nannten – 2. Teil / USA 1976
R: Irvin Kershner, B: Jack DeWitt, K: Owen Roizman
D: Richard Harris, Gale Sondergaard, Geoffrey Lewis, Jorge Luke, Di: Gale Sondergaard, Jorge Luke, Enrique Lucero, Ana De Sade, Pedro Damlen, Humberto Lopey-Pineda, Patricia Reyes, Regino Herrerra, Rigoberto Rico, Alberto Marsical
L: 125 Minuten

Lord Morgan kehrt zu den Sioux zurück und hilft ihnen beim Kampf gegen ihre Feinde.

BILLY JACK GOES TO WASHINGTON / USA 1977
R: Tom Laughlin
Di: Tom Laughlin (Part-Native)
Jetzt ist er vollkommen ausgeflippt: Redskin goes for president.

THREE WARRIORS / Michael, der Indianerjunge / USA 1977
R: Keith Merrill, B: Sy Gomberg, K: Bruce Surtees
D: McKee »Kiko« Redwing, Charles White Eagle, Christopher Lloyd, Randy Quaid, Di: McKee »Kiko« Redwing, Charles White Eagle, Lois Red Elk (Native)
L: 105 Minuten
13jähriger Junge findet durch seinen Großvater und im Kampf gegen grausame Pferdediebe zu seiner indianischen Abstammung.

THE WHITE BUFFALO / Der weiße Büffel / USA 1977
R: J. Lee Thompson, B: Richard Sale, nach seinem eigenen Roman *The White Buffalo*, K: Paul Lohmann
D: Charles Bronson, Jack Warden, Will Sampson, Kim Novak, Di: Will Sampson (Creek)
L: 97 Minuten
Wild Bill Hickock und Crazy Horse beginnen sich durch die Jagd nach dem mythischen weißen Büffel gegenseitig zu respektieren.

NIGHTWING / Schwingen der Angst / USA 1978
R: Arthur Hiller, B: Steve Shagan, Bud Shrake, Martin Cruz Smith, nach dem gleichnamigen Roman von Martin Cruz Smith, K: Charles Rosher
D: Nick Mancuso, David Warner, Kathryn Harrold, Di: Nick Mancuso, Stephen Macht, George Clutesi
L: 105 Minuten
Ein Indianerpolizist versucht, die Reservation vor Fledermäusen zu schützen, die durch indianische Magie freigesetzt wurden.

AUF DER SUCHE NACHE DEM VERLORENEN PARADIES
Indianerfilme und Ökologie in den 80er Jahren

ALTERED STATES / Höllentrip / USA 1980
R: Ken Russell, B: Sydney Aaron, nach einem Roman von Paddy Chayefsky, K: Jordan Cronenweth

D: William Hurt, Blair Brown, Bob Balaban, Charles Haid
L: 102 Minuten
In dem Horrorfilm bringt ein Cocktail aus indianischen Mythen, Drogen und Kulten einen Wissenschaftler in Lebensgefahr.

WINDWALKER / Das Vermächtnis des Indianers / USA 1980
R: Keith Merrill, B: Ray Goldrup, nach dem gleichnamigen Roman von Blaine M. Yorgason, K: Reed Smott
Di: Trevor Howard, Nick Ramus, James Remar, Serene Hadin, Dusty Iron Wing McCrea, Silvana Gallardo, Billy Drago, Rudy Diaz, Harold Goss-Coyote, Roy J. Cohoe, Jason Stevens, Roberta Deherrera, Wamni-Omni Ska-Romideau
L: 108 Minuten
Großvater Windwalker steigt noch einmal von seinem Sterbegerüst herunter, um seine Familie gegen seine alten Feinde, die Crows, zu verteidigen.

FITZCARRALDO / BRD 1981
R + B: Werner Herzog, K: Thomas Mauch
D: Klaus Kinski, Claudia Cardinale, José Lewgoy, Miguel Angel, Di: Ashininka-Indianer (Gran Pajonal)
L: 158 Minuten
Ein von Caruso besessener Opernfan läßt mitten im Urwald zur kulturellen Bildung der Indios eine Oper errichten.

SOUTHERN COMFORT / Die letzten Amerikaner / USA 1981
R: Walter Hill, B: Michael Kan, Walter Hill, David Gilo, K: Andrew Laszlo
D: Keith Carradine, Les Lannom, Peter Coyote, Powers Boothe, Fred Ward
L: 106 Minuten
Während einer Wochenendübung verirren sich Reservisten der Nationalgarde in den Sümpfen Louisianas, fangen Streit mit den Cajun-Indianern an und werden von diesen aufgerieben.

THE TRIUMPH OF A MAN CALLED HORSE / Der Triumph des Mannes, den sie Pferd nannten / USA 1981
R: John Hough, B: Ken Blackwell, K: John Alcott
D: Richard Harris, Michael Beck, Ana De Sade, Vaughn Armstrong, Di: Michael Beck, Ana De Sade, Anne Seymore, Miguel Angel Fuentes
L: 86 Minuten, deutsche Kinofassung: 82 Minuten
Lord Morgan kämpft mit den Sioux gegen weiße Eindringlinge und fällt. Sein Sohn setzt den Kampf fort.

THE WOLFEN / Wolfen / USA 1981
R: Michael Wadleigh, B: David Eyre, Michael Wadleigh, nach dem gleichnamigen Roman von Whitley Strieber, K: Gerry Fisher
D: Albert Finney, Diane Venora, Edward James Olmos, Gregory Hines, Di: Edward J. Olmos, Dehl Berti
L: 114 Minuten
Wolfähnliche Geister machen die Slums amerikanischer Großstädte zu ihrem Jagdrevier. Die Ermittlungen eines Polizisten führen ihn zu politisch aktiven Indianern.

KOYAANISQATSI / Koyaanisqatsi / USA 1976–82
R: Godfrey Reggio, B: Ron Fricke, Godfrey Reggio, Michael Hoenig, Alton Walpole, K: Ron Fricke
L: 86 Minuten
Die Geschichte der weißen Zivilisation, in orgiastischen Bildern zur orgiastischen Musik von Philip Glass erzählt: Leben in Auflösung.

RUNNING BRAVE / USA 1983
R: D. S. Everett, B: Henry Bean, Shirl Hendryx, K: François Protat
D: Robby Benson, Pat Hingle, Claudia Cron, Jeff McCracken, Di: Robby Benson, August Schellenberg (Native), Denis Lacrois, Graham Greene (Oneida)
L: 105 Minuten
Die Geschichte des Indianers Billy Mills, der 1964 als erster Amerikaner bei den Olympischen Spielen den 10 000–Meter-Lauf gewann.

SACRED GROUND / Am heiligen Grund / USA 1983
R + B + K: Arthur B. Dubs
D: Tom McIntire, Jack Elam, Mindi Miller, Serene Hedin
L: 100 Minuten
Ein Trapper baut seine Blockhütte unwissentlich auf einer Begräbnisstätte der Paiute-Indianer, wird vertrieben und verliert dabei seine indianische Frau. Er entführt die Frau des Paiute-Häuptlings, die sich fortan um sein neugeborenes Kind kümmert.

WO DIE GRÜNEN AMEISEN TRÄUMEN / BRD 1983
R + B: Werner Herzog, K: Jörg Schmidt-Reitwein
D: Bruce Spence, Wandjuk Marika, Roy Marika, Ray Barrett
L: 100 Minuten
Die Aborigines setzen sich gegen die Zerstörung ihrer Umwelt und ihrer heiligen Orte durch eine Minengesellschaft zur Wehr.

THE EMERALD FOREST / Der Smaragdwald / GB 1984
R: John Boorman, B: Rospo Pallenberg, K: Philippe Rousselot
D: Powers Boothe, Meg Foster, Charley Boorman, Dira Paes
L: 114 Minuten
Der siebenjährige Sohn eines Ingenieurs, der am Bau eines Stau-
damms am Rande des brasilianischen Regenwalds mitwirkt, wird
von Indianern entführt. Zehn Jahre später findet der Ingenieur sei-
nen Sohn, der mittlerweile zum Indianer geworden ist, wieder.

TOD IM REGENWALD / Avaeté, a semente da vinganca /
Brasilien/BRD 1885
R: Zelito Viana, B: Zelito Viana, José Joffily, K: Edgard Moura
D: Hugo Carvana, Macsuara Kadiweu, José Dumont, Milton
Rodrigues
L: 100 Minuten
Ein am Völkermord an den brasilianischen Ureinwohnern beteilig-
ter Söldner schlägt sich zusammen mit einem Missionspartner auf
die Seite der Indios.

THE MISSION / Mission / GB 1986
R: Roland Joffé, B: Robert Bolt, K: Chris Menges
D: Robert De Niro, Jeremy Irons, Liam Neeson, Aidan Quinn
L: 125 Minuten
Südamerika, Mitte des 18. Jahrhunderts. Die katholische Kirche
gibt aus politischem Kalkül eine Reihe von Jesuiten betriebener
Missionsstationen auf, in denen die Indios bisher Zuflucht vor
Sklavenjägern fanden.

POWAQQATSI / USA 1986
R: Godfrey Reggio, B: Godfrey Reggio, Ken Richards, K: Graham
Berry, Leonidas Zourdoumis
L: 99 Minuten
Fortsezung von KOYAANISQATSI von 1982, gleichfalls mit der
Musik von Philip Glass.

POWWOW HIGHWAY / Powwow Highway, auch: Zwei Cheyenne
auf dem Highway / USA 1988
R: Jonathan Wacks, B: Janet Heaney, Jean Stawarz, nach dem Roman von David Seals, K: Toyomichi Kurita
D: A. Martinez, Gary Farmer, Amanda Wyss, Joanelle Nadine Romero, Di: A. Martinez (Half-Blackfoot), Gary Farmer (Mohawk),
Amanda Wyss, Joanelle Nadine Romero, San Vlahos, Wayne Wa-
terman, Margo Kane, Geoff Rivas, Wes Studi (Cherokee), John Trudell (Santee/Mexican), Graham Greene (Oneida)

L: 91 Minuten
Road-Movie zwei Cheyenne-Indianer, die gemeinsam von ihrem
Reservat in Montana nach Santa Fé fahren, der eine, um auf der
spirituellen Reise auf traditionelle Weise zum Krieger zu werden,
der andere, um seine politisch aktive Schwester aus dem Gefängnis
zu befreien.

WAR PARTY / War Party / auch: Die jungen Krieger / USA 1988
R: Frank Roddam, B: Spencer Eastman, K: Brian Tufano
D: Billy Wirth, Kevin Dillon, Tim Sampson, M. Emmett Walsh, Di:
Billy Wirth, Kevin Dillon, Tim Sampson, M. Emmett Walsh, Rod-
ney A. Grant (Omaha), Steve Reevis (Blackfoot)
L: 99 Minuten
Als Touristenattraktion wird eine historische Schlacht zwischen In-
dianern und Kavallerie nachgestellt. Aus Spiel wird Ernst, und ei-
nige junge Indianer fliehen in die Berge, verfolgt von Kopfgeldjä-
gern und der Nationalgarde.

RENEGADES / Renegades – Auf eigene Faust / USA 1989
R: Jack Sholder, B: David Rich, K: Philip Meheux
D: Kiefer Sutherland, Lou Diamond Phillips, Jami Gertz, Rob
Knepper, Di: Lou Diamond Phillips, Floyd Red Crow Westerman
(Lakota), Gary Farmer (Mohawk)
L: 107 Minuten
Der Indianer Hank bringt zusammen mit einem weißen Polizisten
einen Unterweltboß von Philadelphia zur Strecke, der die heilige
Lanze der Lakota-Indianer geraubt hat.

WHERE THE SPIRIT LIVES / Wo ich zu Hause bin / Kanada 1989
R: Bruce Pittman, B: Keith Leckie
D: Michelle St. John, Ann-Marie MacDonald, Ron White, Graham
Greene (Oneida)
L: 96 Minuten
1937. Ein Blackfoot-Mädchen wird brutal in eine weiße Mädchen-
schule entführt, um umerzogen zu werden. Doch nach einer Phase
der Anpassung weiß sie, wohin sie zurückkehren will.

RED EXPLOITATION in den 90er Jahren

CABEZA DE VACA / Mexiko 1990
R: Nicolás Echevarria, B: Nicolás Echevarria, Guillermo Sheridan,
nach Motiven des Buches von Alvar Nunez Cabeza de Vaca, K:
Guillermo Novarra

D: Juan Diego, Daniel Chiminez Cacho, Roberto Sosa, Carlos Castanon
L: 112 Minuten
Cabeza de Vaca erleidet 1527 Schiffbruch, wird Gefangener eines Schamanen und bildet sich selbst zu einem solchen aus.

DANCES WITH WOLVES / Der mit dem Wolf tanzt / USA 1990
R: Kevin Costner, B: Michael Blake, nach seinem gleichnamigen Roman, K: Dean Semler
D: Kevin Costner, Mary McDonnell, Graham Greene, Rodney A. Grant, Floyd Red Crow Westerman, Di: Mary McDonnell, Graham Greene (Oneida), Rodney A. Grant (Omaha), Floyd Red Crow Westerman (Lakota), Tantoo Cardinal (Native), Jimmy Herman, Steve Reevis (Blackfoot)
L: 180 Minuten, Director's Cut: 232 Minuten
Lt. John Dunbar wird in den äußersten Westen versetzt, freundet sich mit den Sioux an, lernt ihre Gebräuche kennen und schätzen und heiratet eine Weiße, die bei diesen aufgewachsen ist. Als die Armee ihn als Deserteur jagt, muß er den Stamm verlassen.

AT PLAY IN THE FIELDS OF THE LORD / Ein Pfeil in den Himmel / USA 1991
R: Hector Babenco, B: Jean-Claude Carrière, Hector Babenco, nach dem gleichnamigen Roman von Peter Mathiessen, K: Lauro Escorel
D: Tom Berenger, John Lithgow, Daryl Hannah, Aidan Quinn, Tom Waits, Kathy Bates, Di: Tom Berenger, S. Yriwana Karaja, Stenio Garcia, Carlos Xavante
L: 159 Minuten
Protestantische Missionare und ein Cheyenne-Halbblut aus den USA mischen sich in das Leben eines von Weißen bislang kaum berührten Indianerstammes am Amazonas ein und beschleunigen trotz bester Absichten nur dessen Untergang.

BLACK ROBE / Black Robe – Am Fluß der Irokesen /
Kanada/Australien 1991
R: Bruce Beresford, B: Brian Moore, nach seinem gleichnamigen Roman, K: P (Native)
Di: Sandrine Holt, August Schellenberg (Native), Tantoo Cardinal (Native), Billy Two Rivers (Mohawk), Lawrence Bayne, Harrison Liu, Yvan Labelle
L: 100 Minuten
Quobec 1634. Ein Jesuitenpriester wird von Algonkin-Indianern zu einer Mission im Norden gebracht. Der intolerante Priester will

Zum Aussterben verdammt – BLACK ROBE (1992)

den Indianern den Weg ins Himmelreich weisen, aber er bringt ihnen nur Tod und Verderben.

CLEARCUT / Die Rache des Wolfes / Kanada 1991
R: Richard Bugajski, B: Rob Forsyth, nach dem Roman *A Dream Like Mine* von M. T. Kelly, K: François Protat
D: Graham Greene, Ron Lea, Michael Hogan, Floyd Red Crow Westerman, Di: Graham Greene (Oneida), Floyd Red Crow Westerman (Lakota)
L: 96 Minuten
Der Wald im Indianerreservat soll den Interessen des Holzfabrikanten geopfert werden. Ein mysteriöser Indianer entführt den Fabrikanten in die Wälder und läßt ihn spüren, was er den Bäumen antut.

THE DARK WIND / Canyon Cop / USA 1991
R: Errol Morris, B: Neal Jimenez, Eric Bergren (nach dem Roman von Tony Hillerman), K: Stefan Czapsky
D: Lou Diamond Philips, Fred Ward, Gary Farmer, Di: Lou Dia-

mond Philips, Fred Ward, Gary Farmer (Mohawk), Michelle Thrush (Cree), Arlene Bowman (Navajo)
L: 111 Minuten
Officer Jim Chee, ein junger Detective der Navajo Tribal Police, soll die Beschädigung einer Windmühle neben einer heiligen Quelle aufklären. Statt dessen wird er in einen Mord verwickelt. Außerdem steht er auch noch ständig im Konflikt mit seinem Job als Detective und seiner gleichzeitigen Ausbildung zum Medizinmann.

IN MACARTHUR PARK / USA 1991
R + B: Bruce R. Schwartz, K: John Sharaf
D: Adam Silver, James Espinoza, Peter Homer Sr., Anna Shorter, Di: Adam Silver, Peter Homer Sr., Doug Laffon, Anita Noble
L: 75 Minuten
Ein armer junger Indianer in L.A., verzweifelt auf der Suche nach Arbeit, ersticht versehentlich einen Mann, während er ihn ausraubt. Schlechten Gewissens macht er sich auf den Weg zurück zu seiner Familie in der Reservation.

MEDICINE MAN / Medicine Man – Die letzten Tage von Eden / USA 1991
R: John McTiernan
D: Sean Connery, Lorraine Bracco
L: 100 Minuten
Aussteiger-Botaniker und Yuppie-Biochemikerin finden im Regenwald Krebsmittel und kämpfen gegen Raubbau.

SON OF THE MORNING STAR / General Custers letzte Schlacht / USA 1991
R: Mike Robe, B: Melissa Mathison, K: Kees van Oostrum
D: Gary Cole, Rosanna Arquette, Tim Ransom, Nick Ramus, Di: Nick Ramus, Sheldon Wolfschild, Rodney A. Grant (Omaha)
L: TV zweimal 90 Minuten
Zwei Frauen erinnern sich: General Custers Ehefrau Libbie und die Cheyenne-Indianerin Kate Bighead erzählen jeweils die unterschiedlichen Perspektiven der Auseinandersetzungen zwischen Rot und Weiß. Nach den Entmythologisierungsversuchen der Nachkriegszeit versucht der zweiteilige TV-Western General Custer wieder einen angemessenen Platz in der Geschichte einzuräumen.

CHRISTOPHER COLUMBUS – THE DISCOVERY / Christoph Columbus – der Entdecker / USA 1991/92
R: John Glen, B: Mario Puzo, John Briley, K: Alec Mills

D: George Corraface, Tom Selleck, Rachel Ward, Mathieu Carriere, Marlon Brando

Produzent Alexander Salkind ließ nie einen Zweifel daran, daß er zum Kolumbusjahr einen Abenteuerfilm à la Robin Hood machen wollte. So wird Kolumbus als großer Entdecker und abenteuerlicher Seefahrer gefeiert.

CARRY ON COLUMBUS / Mach's noch mal, Columbus /
GB 1992
R: Gerald Thomas
D: Jim Dale, Peter Richardson, Sara Crowe
Die schonungslose Wahrheit über den schlechtesten Navigator aller Zeiten.

1492 – THE CONQUEST OF PARADISE / 1492 – Die Eroberung des Paradieses / GB/F/E 1992
R: Ridley Scott, B: Roselyne Bosch, K: Adrian Biddle
D: Gerard Depardieu, Sigourney Weaver, Armand Assante, Fernando Rey, Di: Bercelio Moya
L: 140 Minuten
Kolumbus segelt nach Westen, um das Paradies auf Erden zu finden, und entdeckt die Indianer Amerikas, von denen er allerdings weniger hält als von deren Gold.

THE LAST OF THE MOHICANS / Der letzte Mohikaner /
USA 1992
R: Michael Mann, B: Michael Mann, Christopher Crowe, nach dem Roman von James Fenimore Cooper und dem Drehbuch von Philip Dunne (1936), K: Dante Spinotti
D: Daniel Day-Lewis, Madeleine Stowe, Russell Means, Eric Schweig, Di: Russell Means (Native), Eric Schweig, Wes Studi (Cherokee), Dennis J. Banks, Mike Phillips, Gregory Zaragoza, Scott Means
L: 122 Minuten, deutsche Kinofassung: 112 Minuten
Der Film hält sich weitgehend an das Drehbuch von Philip Dunne für THE LAST OF THE MOHICANS von 1936 (siehe dort). Jetzt liebt allerdings Alice Uncas und begeht Selbstmord (früher Cora). Cora und Hawkeye werden ein Paar.

RENEGADE / Renegade – Gnadenlose Jagd /
USA 1992
D: Lorenzo Lamas, Branscombe Richmond, Kathleen Kinmont, Di: Branscombe Richmond (Part-Native)

TV-Pilotfilm zur Serie um den vogelfreien Ex-Cop, der bei seiner Arbeit für Recht und Gerechtigkeit von einem indianischen Headhunter und dessen blonder Halbblutschwester unterstützt wird.

SHADOW OF THE WOLF / Der Schatten des Wolfes / Kanada 1992
R: Jacques Dorfmann, B: Evan Jones, Rudy Wurlitzer, nach dem Roman *Agaguk* von Yves Theriault, K: Billy Williams
D: Lou Diamond Phillips, Toshiro Mifune, Jennifer Tilly, Bernard-Pierre Donnadieu, Donald Sutherland, Di: Lou Diamond Phillips, Toshiro Mifune, Jennifer Tilly, Qualingo Tookalak, Jobie Arnaitug, Tamusi Sivuarapiq, David Oopik, Raoul Trujillo
Der junge Inuit-Häuptlingssohn Agaguk lehnt sich auf gegen seinen korrupten Vater, ersticht den ausbeuterischen weißen Händler und flieht mit seiner Geliebten in die Eiswüste der Tundra. Als er selbst Vater geworden ist und den mythischen weißen Wolf besiegt hat, kehrt er zurück und stellt sich.

THUNDERHEART / Halbblut / USA 1992
R: Michael Apted, B: John Fusco, K: Roger Deakins, John Trudell (Santee/Mexican)
D: Val Kilmer, Sam Shepard, Graham Greene, Fred Ward, Di: Val Klimer (Part-Cherokee), Graham Greene (Oneida), Fred Wart, Sheila Tousey (Menominee/Munsee), Chief Ted Thin Elk (Sioux), John Trudell (Santee/Mexican), Julius Drum, Sarah Brave, Allan R. J. Joseph
L: 118 Minuten
Ein FBI-Agent mit verdrängter Halbblut-Abstammung soll Morde im Reservat aufklären, findet dort bürgerkriegsähnliche Zustände vor und am Ende zu seinen Wurzeln zurück. Fiktionale Umsetzung von Apteds Dokumentarfilm INCIDENT AT OGLALA (1992) über die genaueren Umstände des Mordes an zwei FBI-Agenten und einem Indianer Mitte der 70er Jahre in der Pine-Ridge-Reservation.

GERONIMO: AN AMERICAN LEGEND / Geronimo / USA 1993
R: Walter Hill, B: John Milius, Larry Gross, K: Lloyd Ahern
D: Wes Studi, Jason Patric, Gene Hackman, Robert Duvall, Di: Wes Studi (Cherokee), Rodney A. Grant (Omaha), Steve Reevis (Blackfoot), Victor Aaron, Joseph Runningfox (Nativo)
L: 113 Minuten

Geronimo geht in die Reservation, bricht aber bald wieder aus, nachdem die Armee einen Zwischenfall provoziert hat. Nach jahrelangem Kampf macht man ihm falsche Versprechungen, er ergibt sich und wird nach Florida in die Gefangenschaft gebracht.

DANCE ME OUTSIDE / Kanada 1994
R: Bruce McDonald, B: Bruce McDonald, Don McKellar, John Frizzell (nach dem Roman von W. P. Kinsclla), K: Miroslav Baszak
Di: Ryan Black, Adam Beach, Jennifer Podemski, Lisa Lacroix
L: 87 Minuten
Eine Gruppe junger Leute hängt an einem Sommerwochenende in der Kidabanesee-Reservation herum und tut, was alle Jugendlichen tun: Auto fahren, Heavy Metal hören, Billard spielen. Doch dann gerät die Party außer Kontrolle, und ein Mädchen bleibt tot zurück. Exakt ein Jahr später ist es Zeit für die Sühne.

SILENT TONGUE / Schweigende Zunge / USA 1994
B + R: Sam Shepard
D: Alan Bates, Richard Harris, Dermott Mulroney, River Phoenix, Sheila Tousey (Menominee/Munsee)
Trostlose Geschichte des Dramatikers Shepard um versoffene Väter, verstümmelte Mütter, verwirrte Söhne, geraubte Töchter, die als halbblütige Lebende wie Untote keine Ruhe finden.

UN INDIEN DANS LA VILLE / Little Indian / F 1994
R: Hervé Palud, B: Hervé Palud, Igor Aptekman, Thierry Lhermitte, Philipp Bruneau, K: Fabio Conversi
D: Thierry Lhermitte, Patrick Timsit, Ludwig Briand, Miou Miou
L: 90 Minuten
Börsenmakler lernt nach 13 Jahren seinen Sohn kennen, der bei den Amazonas-Indianern aufgewachsen ist, und nimmt ihn mit auf den Eiffelturm.

DEAD MAN / Dead Man / USA 1995
R + B: Jim Jarmusch, K: Robby Mueller
D: Johnny Depp, Gary Farmer, Lance Henriksen, Robert Mitchum, Di: Gary Farmer (Mohawk)
L: 134 Minuten
William Blake fährt mit der Eisenbahn in den Westen, um eine Stelle als Buchhalter anzutreten. Alles kommt anders; er flieht vor Kopfgeldjägern in die Wildnis, trifft dort einen dicken Indianer, erreicht schließlich ein Indianerdorf und treibt in einem Kanu aufs Wasser hinaus.

POCAHONTAS / Pocahontas / USA 1995
R: Mike Gabriel, Eric Goldberg. B: Carl Binder, Susannah Grant, Philip LaZebnik
L: 81 Minuten
1607. Die Häuptlingstochter Pocahontas verliebt sich in den Engländer John Smith und rettet ihm das Leben. Beide stiften Frieden zwischen Rot und Weiß, aber als Smith zurück nach England fährt, bleibt Pocahontas allein zurück. Zeichentrickfilm.

LE JAGUAR / F 1995
R: Francis Veber
D: Jean Reno, Patrick Bruel
Ein Weiberheld muß einem Indio-Medizinmann seine Seele, die in Paris auf einer Promo-Tour zur Rettung der Regenwälder gestohlen wurde, in Amazonien wiederbeschaffen.

THE BRAVE / USA 1997
R: Johnny Depp
D: Johnny Depp
Reservatsangehöriger kann das Überleben seiner Familie nur sichern, indem er sich für ein Snuff-Video zur Verfügung stellt.

DIE FREMDEN SEHEN
Dokumentarfilme zwischen ethnologischer Feldforschung und Dokumenten des Widerstands, 1930 bis zur Gegenwart

HUICHOL FOOTAGE / USA 1933
R: Robert Zingg
L: 54 Minuten
Der Anthropologe Robert Zingg dreht bei den Huichol in Mexiko das Fest »der ersten Früchte«.

TARAHUMARA FOOTAGE / USA 1933
R: Robert Zingg
L: 19 Minuten
Der Anthropologe Robert Zingg dreht bei den Tarahumara in Mexiko die Festivitäten während der Osterwoche.

PALOS BRUDEFAERD / Dänemark 1933/37
R: Friedrich Dalsheim, B + E: Knud Rasmussen
L: 75 Minuten
Anhand einer traditionellen Liebessaga wird das Leben der Angmagssalik-Inuit Ostgrönlands vorgeführt.

TALE OF THE NAVAJOS / USA 1949
R: John Haeseler
L: 52 Minuten
Im Zusammenhang mit der Suche zweier Jungen, eines Indianers und eines Weißen, nach einem mythologischen Ort der Navajos in den Bergen werden Mythen und Geschichten der Navajos erzählt.

ZWISCHEN ABENTEUER UND EXPEDITION –
die 50er Jahre:

PRIMEIROS CONTATOS COM OS TXUKKARAMAE /
Brasilien 1953
R: Jorge Ferreira
L: 34 Minuten
Im zweiten Versuch stellen die Brüder Villas-Boas auf ihrer zweimonatigen Expedition zum erstenmal Kontakt zu den Tsukkaramae-Indianern des Xingu in Brasilien her.

ANACONDA / Anaconda / Schweden 1954
R: Torgny Anderberg, K: Kurt Wahlgren
L: 80 Minuten
Dokumentation über eine schwedische Expedition ins Amazonasgebiet.

VORSTOSS NACH PAITITI / BRD/Bolivien 1955
R: Hans Ertl, K: Hans und Monika Ertl
L: 95 Minuten
Expeditionsfilm über die Suche nach Inka-Ruinen im bolivianischen Urwald.

THE AMAZON TRADER / USA 1956
R: Tom McGowan, D: John Sutton u. a.
L: 42 Minuten
Vier Geschichten um einen Händler (John Sutton) werden mit dokumentarischen Aufnahmen aus Amazonien kombiniert.

HITI-HITO / BRD 1958
R: Hans Ertl
L: 82 Minuten
Film über die Expedition in den Oriente Boliviano auf der Suche nach exotischem und ursprünglichem Leben von Mensch und Tier, so u. a. beim Besuch der Siriono-Indianer.

AN DER BIEGUNG DES FLUSSES – Dokumentarfilme in den 60er Jahren zwischen neu erwachtem Selbstbewußtsein und Widerstand:

NETSILK ESKIMO / Kanada 1963–1965
P: Educational Development Center / National Film Board of Canada, E: Asen Balikci, Guy Mary-Rousseliée
Der aufwendigste und umfangreichste Rekonstruktionsversuch einer Kultur, hier der Netsilik-Eskimos, einer Gruppe der Inuit, in einer Serie von 21 Filmen, initiiert von dem Ethnologen Asen Balikci.

AGE OF THE BUFFALO / Kanada 1964
1820 zählte man noch ca. 60 Millionen Büffel. Das Abschlachten 70 Jahre später führte zur endgültigen Besiegelung des Schicksals der Indianer.

NAVAJOS FILM THEMSELVES / USA 1966
R: S. Worth und J. Adair
L: 122 Minuten
Eine Serie von sieben Dokumentarfilmen, die innerhalb des Projektes der Anthropologen Worth und Adair von den Navajos von Pine Springs/Arizona selbst gedreht wurden: INTREPID SHADOWS, SECOND WEAVER, OLD ANTELOPE LAKE, THE SPIRIT OF THE NAVAJOS, A NAVAJO WEAVER, THE NAVAJO SILVERSMITH, THE SHALLOW WELL PROJECT

THE FEAST / USA 1968
R: Timothy Asch und Napoleon Chagnon
L: 28,5 Minuten
Fest der Yanomami-Indianer anläßlich der Verbindung zweier Gruppen.

HISTOIRE DE WAHARI / F 1968
R: Jacques Monod
L: 90 Minuten
Der Mythos von der Erschaffung der Welt nach der Erzählung der Piaroa-Indianer aus Venezuela.

INIVATION / F/Venezuela 1969
R: Claude Bourguelot, B + E: Jacques Lizot
L: 20 Minuten
Zwei Yanomami-Gruppen treffen sich, feiern ein Fest, tauschen Geschenke aus und nehmen zusammen Drogen.

A CLEARING IN THE JUNGLE / GB 1970
R: Charlie Nairn, E: Jean-Paul Dumont
Alltagsleben der Panare in Venezuela, die allerdings die Anwesenheit der Kamera übelnahmen und sich besonders verschlossen zeigten.

LES INDIENS YANOMAMI / F 1970
R: Jean-Pierre Marchand, E: Jacques Lizot
L: 75 Minuten
Der Ethnologe Jacques Lizot interviewt die Yanomami zu Riten und Gebräuchen, den komplizierten Strukturen ihrer gesellschaftlichen Organisation und ihren religiösen Vorstellungen.

PEOPLE OF THE LAND / USA 1970
R: Lou Potter
L: 30 Minuten
Dokumentation über die Besetzung der Gefängnisinsel Alcatraz vor der Küste San Franciscos durch Indianer am 20.11.1969, die sich auf einen Vertrag mit den Sioux aus dem Jahr 1868 beriefen, nach dem von der Regierung aufgegebenes Land automatisch an die Ureinwohner zurückfällt.

EMBERA: THE END OF THE ROAD / 1970/71
R: Brian Moser, E: Ariane Deluz
L: 50 Minuten
Thema ist die Bedrohung der Embera aus der Choco-Region in Kolumbien durch den Kontakt mit den katholischen Missionaren einerseits und den Libres, den Abkömmlingen von Negersklaven, andererseits.

THE LAST OF THE CUIVA / 1970/71
R: Brian Moser, E: Bernard Arcand
L: 65 Minuten
Zwei Gruppen der Cuiva-Indianer (Südost-Kolumbien) werden gegenübergestellt, wobei die eine das traditionelle Nomadenleben pflegt, während die andere bereits intensiven und verhängnisvollen Kontakt mit weißen Siedlern hat.

WAR OF THE GODS / 1970/71
R: Brian Moser, E: Peter Silverwood-Cope, Stephen und Christine Hugh-Jones
L: 66 Minuten
Darstellung des kulturellen Ethnozids anhand der Gegenüberstel-

lung der Glaubenssysteme zweier indianischer Gruppen Kolumbiens mit denen der Missionare.

AMUHUELAI – MI / Du wirst nicht mehr auszuwandern brauchen / Chile 1971
R: Maria Luisa Mallett
L: 11 Minuten
Über Diskriminierung, Bodenraub und Vertreibung, aber auch die Kämpfe der Mapuche-Indianer, die schon den Inkas Widerstand leisteten, und den Versuch der Reintegration während der Zeit der Unidad Popular.

NUTUAYIN MAPU / Wir erobern unser Land / Chile 1971
R: Carlos Flores del Pino und Guillermo Cahn
L: 8 Minuten
Die Mapuche-Indios erzählen selbst von Eroberung, Landraub, Diskriminierung, Verelendung und ihren Kämpfen.

PEOPLE OF THE SEAL / Kanada 1971
R + P: Richard Robinson, Michael McKennirey
L: 103 Minuten
Einige Familien der Netsilik (Seehundmenschen) demonstrieren für die Kamera noch einmal ihre alte Lebensweise. Die zweiteilige Dokumentation (1. Eskimo Summer, 2. Eskimo Winter) ist eine Zusammenfassung des Materials der NETSILIK ESKIMO-Serie von 1963.

PLANAS – TESTIMONIO DE UN ETNOCIDIO / Planas – Dokument einer Ausbeutung / Kolumbien 1971
R: Icodes und Marta Rodriguez, Jorge Silva
L: 37 Minuten
Die Ausrottung der Indios und die Zerstörung ihrer Kultur von der Eroberung der Spanier bis heute.

YANOMAMÖ / USA 1968–1971
In den Jahren 1968–1971 drehten der Anthropologe Napoleon Chagnon und der Filmemacher Timothy Asch 50 Stunden Filmmaterial bei den Yanomami-Indianern im südlichen Venezuela und nördlichen Brasilien. Daraus entstanden Filme wie THE FEAST (1968/79), THE AX FIGHT (1971/75), MAGICAL DEATH (1970/73), NEW TRIBE MISSION (1971/75), A MAN CALLED »BEE«: STUDYING THE YANOMAMÖ (1971/74) oder MYTII OF NARG AS TOLD BY DEDEHEIWA (1971/75), die Aus-

schnitte aus dem Alltagsleben, ihren Mythen und der Bedrohung durch die westliche Zivilisation zeigen. Die Yanomami sind das am meisten gefilmte Volk des südamerikanischen Kontinents, und das vor allem weil sie als besonders kriegerisch und aggressiv gelten.

ARAUCANOS DE RUCA CHOROY / Argentinien 1970–72
R + K + P: Jorge Preloran, E: Martha Bourrat de Brun
L: 48 Minuten
Der Mapuche Don Damacio Caitruz erzählt seine Lebensgeschichte und damit die Geschichte seines Volkes in diesem Jahrhundert.

THE OTHER SIDE OF THE LEDGER. AN INDIAN VIEW OF THE HUDSON'S BAY COMPANY / Kanada 1972
R: Martin Defalco, Willie Dunn, OFF: George Manuel
L: 42 Minuten
1970 feiert die Hudson's Bay Company ihren 300. Geburtstag unter Mitwirkung der »Mutter der Indianer« Queen Elizabeth. Zwei Indianer zeigen die Kehrseite der Medaille.

BROKEN TREATY AT BATTLE MOUNTAIN / USA 1974
R: Joel L. Freedman, OFF: Robert Redford
L: 70 Minuten
Dokument über den Kampf der westlichen Schoschonen in Nevada, an ihrer überlieferten Lebensweise festhalten zu können und um das Recht an dem ihnen zugesicherten Land.

CREE HUNTERS OF MISTASSINI / Kanada 1974
R: Boyce Richardson, Tony Ianuzielo
L: 58 Minuten
In dem Dorf Mistassini, einem traditionellen Sommer-Treffpunkt der Cree und der Inuit, versammelten sich deren Jäger zum ersten Mal im März 1974, um über das Staudammprojekt und den angebotenen Abtretungsvertrag zu beraten. Der Film stellt das Alltags- und Jägerleben dreier Cree-Familien vor.

GHOST DANCE OF THE INDIAN NATION / USA 1974
R: David Baxter
L: 60 Minuten
Film über den Geistertanz und verwandte Zeremonien, entstanden auf Initiative des Medizinmanns der Brule-Sioux aus der Rosebud-Reservation in South Dakota Leonard Crow Dog.

OUR LAND IS OUR LIFE / Kanada 1974
R: Boyce Richardson, Tony Ianuzielo
L: 57 Minuten
Anfang der 70er Jahre begannen Cree und Inuit im Gebiet der
James Bay, dem südlichen Zipfel der Hudson Bay, Maßnahmen ge-
gen die Bedrohung ihrer Lebensgrundlage, der Jagd, durch ein gi-
gantisches Staudammprojekt zu ergreifen.

THE SHADOW CATCHER: EDWARD S. CURTIS AND THE
NORTH AMERICAN INDIANS / USA 1974
R: Terry C. McLuhan
L: 90 Minuten
Dokumentation über den vor allem als Fotografen bekanntgewor-
denen Völkerkundler Edward S. Curtis (1868–1952), die seine
Stummfilmstreifen NAVAHO INDIANS (1906), HOPI INDIANS
(1912) und KWAKIUTL INDIANS (1914) enthält.

CHILDREN OF WOUNDED KNEE / BRD 1975
R + B: Heidi Knott, K. Peter Krieg
L: 30 Minuten, 16 mm
Das Massaker von Wounded Knee von 1890 und die Besetzung von
1973 werden zum Anlaß genommen, das Leben der Sioux in der
modernen industrialisierten US-Gesellschaft und neben dieser in
den Reservaten zu schildern.

THE ESKIMO OF POND INLET: THE PEOPLE'S LAND / 1975
R: Mike Grigsby, E: Hugh Brody
L: 52 Minuten
Das Leben einer Familie und der Bewohner von Pond Inlet, einem
neuen Instant-Dorf im nördlichen Baffin Island, als Lohnarbeiter
und Teilzeitjäger.

JUAN PEREZ JOLOTE / Mexiko 1975
R + B: Archibaldo Burns
L: 96 Minuten
Ethnologische Studie über Gebräuche und Alltagsleben in einem
mexikanischen Indianerdorf.

THE LONGEST WAR / USA 1975
R: Dianne Orr
L: 30 Minuten, 16 mm
Unter Mitwirkung des American Indian Movement wird die Ent-
wicklung der Ereignisse erzählt, die zur Besetzung von Wounded
Knee 1973 führten.

POTLATCH. A STRICT LAW BIDS US DANCE / Kanada 1975
R: Dennis Wheeler, OFF: Gloria Cranmer Webster (Kwakiutl)
L: 53 Minuten
Das Verbot des Potlatch, des zeremoniellen Verschenkens von materiellem Überfluß, durch die kanadische Regierung führte 1922 zur Verhaftung der Kwakiutl-Familie Cranmer mit anschließendem Massenprozeß und Konfiszierung der zeremoniellen Gegenstände. Anlaß der Rekonstruktion ist ein moderner Potlatch in der gleichen Familie 50 Jahre später.

AUGUSTA / Kanada 1976
R: Anne Wheeler
L: 17 Minuten, 16 mm
Die 90jährige Tochter eines Shuswap-Häuptlings in British Columbia erzählt vom Goldrausch, der Ankunft des Cheeseburgers und der Geburt ihres ersten Kindes.

CARAJOPOU ET LE PERIL BLANC. Chronique des Indiens du Nord-Est du Quebec / Kanada 1974–76
R + B: Arthur Lamothe, Remy Savard, K: Roger Moride, Guy Borremans
Eine Serie von Filmen, die das Leben der Montagnais-Indianer an der Nordküste des St.-Lorenz-Stroms dokumentiert.
Eine Dokumentation dieses Projekts ist:
TSHIKAISHINUT / Tschikaishinut – Unsere Verwandtschaft / Schweiz/Kanada 1979
R + B: Volkmar Ziegler, L: 27 Minuten, 16 mm

THE EAGLE HAS BROUGHT THE MESSAGE / BRD 1976
R: Georges T. Paruvanani
L: 63 Minuten, 16mm
Exklusivinterview mit AIM-Führer Dennis Bank kurz nach seiner Festnahme.

ETNOCIDO – NOTAS SOBRE MEZQUITAL / Völkermord – Notizen über das Mesquital / Mexiko/Kanada 1976
R: Paul Leduc, B: Roger Bartra, Paul Leduc, K: Georges Dufaux, Angel Goded
L: 127 Minuten
Verelendung, Ethnozid und Ausrottung des bedeutendsten mexikanischen Stammes der Otomi.

SAAT DER GESUNDHEIT / Guatemala 1976
R: Peter Krieg
45 Minuten

Die Landsituation der Indios Guatemalas ist Ursache für viele Krankheiten, denen der amerikanische Arzt Caroll Behrhorst mit einem Entwicklungskonzept der Volksmedizin begegnet.

JAGUAR ET LES JUMEAUX / F 1978
R: Jacques Monod
L: 90 Minuten
Der Mythos der Piaroa vom Jaguar, die Gründung einer Schule und die Rede eines alten Indianers.

CROW DOG / auch: CROW DOG, MEDICINE MAN: WE ARE STILL HERE / USA 1973–1979
genauso: WE ARE THE LANDLORDS / USA 1977
R: David Baxter
L: 60 Minuten
Dokumentation über den Medizinmann Leonard Crow Dog, der seit seiner Teilnahme an der Belagerung von Wounded Knee 1973 von den Bundesbehörden verfolgt wird und 1975 unter skandalösen Umständen zu einer langjährigen Haftstrafe verurteilt wurde.

KOYAANISQATSI / Koyaanisqatsi / USA 1976–82
R: Godfrey Reggio, B: Ron Fricke, Godfrey Reggio, Michael Hoenig, Alton Walpole, K: Ron Fricke
L: 86 Minuten
Die Geschichte der weißen Zivilisation, in orgiastischen Bildern zur orgiastischen Musik von Philip Glass erzählt: Leben in Auflösung.

POWAQQATSI / USA 1986
R: Godfrey Reggio, B: Godfrey Reggio, Ken Richards, K: Graham Berry, Leonidas Zourdoumis
L: 99 Minuten
Fortsetzung von KOYAANISQATSI von 1982, gleichfalls mit der Musik von Philip Glass.

TO PROTECT MOTHER EARTH – BROKEN TREATY II / USA 1989
R + P: Joel L. Freedman, K: Robert Fiore, Mark Peterson, Sandi Sissel, Sprecher: Robert Redford
L: 59 Minuten
Zwei Frauen vom Volk der Schoschonen kämpfen seit zehn Jahren gegen die US-Regierung, die ihnen das Land der Vorfahren (zehn Millionen Hektar in Nevada) wegnehmen will, um dort Atomtests durchzuführen.

AMAZONIA: VOICES FROM THE RAINFOREST / AMAZO-
NIA: STIMMEN AUS DEM REGENWALD / USA 1991
R: Rosaines »Monti« Aguirre, Glenn Switkes
Die Bewohner des Regenwaldes kommen selbst zu Wort und er-
zählen, was das Abholzen des Waldes für sie bedeutet.

WARRIOR: THE LIFE OF LEONARD PELTIER / USA 1991
R: Suzie Baer, B: Owen Ranta, John Mullen, K: Evan Estern
L: 85 Minuten
Leonard Peltier wurde unter skandalösen Umständen verurteilt,
am Tode zweier FBI-Agenten beteiligt gewesen zu sein, die 1975 in
die Pine-Ridge-Reservation eingedrungen und bei einer Schießerei
ums Leben gekommen waren.

INCIDENT AT OGLALA / USA 1992
R: Michael Apted, K: Maryse Alberti
L: 86 Minuten
Michael Apted recherchiert mit Augenzeugen den Rechtsmißbrauch, der zur Inhaftierung Leonard Peltiers führte, aber auch
die entsetzlichen Lebensbedingungen in der Pine-Ridge-Reservation in South Dakota.

ISHI, THE LAST YAHI / USA 1992
R: Jed Riffe, Pamela Roberts, B: Anne Makepeace, nach dem Buch
von Robert F. Heizer und Theodora Koeber, K: Stephen Lighthill
L: 57 Minuten
Die unglaubliche, aber auch traurige Geschichte von Ishi, der 1911
als einziger Überlebender seines Stammes nach 40 Jahren Verstecken aus der Wildnis von der Steinzeit ins moderne San Francisco kam.

SURVIVING COLUMBUS
Filme von indianischen Filmemachern

NAVAJOS FILM THEMSELVES / USA 1966
E: S. Worth und J. Adair
L: 122 Minuten
Eine Serie von sieben Dokumentarfilmen, die innerhalb des Pro-
jektes der Anthropologen Worth und Adair von den Navajos von
Pine Springs/Arizona selbst gedreht wurden:
INTREPID SHADOWS, R: Al Clah (Navajo), L: 18 Minuten
Versuch, die Göttervorstellung oder vielmehr den Animismus der
Navajo mit dem Konzept des westlichen Gottes in Einklang zu
bringen.

SECOND WEAVER, R: Mike Anderson (Navajo), L: 9 Minuten
Über die Webkunst der Navajo.

OLD ANTELOPE LAKE, R: Mike Anderson (Navajo), L: 11 Minuten
Über die Zusammengehörigkeit von Mensch und Umwelt.

THE SPIRIT OF THE NAVAJOS, Maxine Tsosie (Navajo) und J. Mary (Navajo), L: 21 Minuten
Über die Heilung durch das Ritual der Sandmalerei.

A NAVAJO WEAVER, Maxine Tsosie (Navajo) und J. Mary (Navajo), L: 22 Minuten
Über die Webkunst der Navajo.

THE NAVAJO SILVERSMITH, R: Johnny Nelson (Navajo), L: 27 Minuten
Über die Herstellung der Silberfiguren Yebitchai.

THE SHALLOW WELL PROJECT, R: Johnny Nelson (Navajo), L: 14 Minuten
Über den Bau eines Brunnens.

IMAGES OF INDIANS / USA 1979–1981
R: Phil Lucas (Choctaw)
L: fünfmal 25 Minuten, Video
Will Sampson (Creek) kommentiert die blutrünstige Geschichte der Indianer im Hollywood-Kino und deckt deren stereotype Darstellung auf, unterstützt von bekannten indianischen Persönlichkeiten wie dem Indianeraktivisten Vine Deloria Jr.

THE BEAR DANCE STORY: AS TOLD BY HENRY CESSPOOCH, BEAR DANCE CHIEF / USA 1982
R: Larry Cesspooch (Ute)
L: 25 Minuten
Der Großvater erklärt seinem Sohn den Ursprung des Bärentanzes.

INCIDENT AT RESTIGOUCHE / Kanada 1985
R: Alanis Obomsawin (Abenaki)
L: 46 Minuten, 16 mm
Der brutale Einsatz der geballten Staatsmacht gegen die Indianer der Restigouche-Reservation in der Provinz Quebec, die beschuldigt wurden, die Fischfangquoten überschritten zu haben.

ITAM HAKIM HOPIIT / USA 1985
R: Victor Masayesva Jr. (Hopi)
L: 58 Minuten, Video
Ross Macaya, ältestes Mitglied einer Familie von Geschichtenerzählern, erzählt vom Anfang der Hopi, der Pueblo-Revolte von

1680, dem Zeitalter der Konquistadoren und dem Bow-Clan seines Vaters.

THE HONOR OF ALL / USA 1986
R: Phil Lucas (Choctaw)
L: 56 Minuten, Video
Die Shuswap-Indianer vom Alkali Lake in British Columbia spielen ihre eigene Geschichte, die bestimmt war von Alkoholismus, bis die Frau des Häuptlings begann, das Reservat »trockenzulegen«.

NAVAJO TALKING PICTURE / USA 1986
R: Arlene Bowman (Navajo)
L: 40 Minuten, 16 mm
Eine Navajo-Filmemacherin versucht über die traditionelle Lebensweise ihrer Großmutter den verlorenen Bezug zu ihrer eigenen Kultur wiederherzustellen.

A TIME TO HEAL / USA 1988
R: Gary Robinson (Cherokee)
L: 8 Minuten, Video
Dieser von der Muscogee Creek Nation in Auftrag gegebene Streifen zeigt Heilungs- und Reinigungszeremonien, denen sich Native Americans nach ihrer Rückkehr aus dem Vietnamkrieg unterzogen haben.

RITUAL CLOWNS / USA 1988
R: Victor Masayesva Jr. (Hopi)
L: 18 Minuten, Video
Massayesva stellt die rituell reinigende Rolle des Humors in der Indianerkultur am Beispiel der rituellen Clowns dar und setzt sie im Kontrast zur anthropologischen Interpretation westlicher Ethnologen und der weltweit verbreiteten Ansicht vom Narren als Spiegel menschlicher Verhaltensweisen gegenüber.

IN THE HEART OF BIG MOUNTAIN / USA 1989
R: Sandra Osawa (Makah)
L: 28 Minuten, Video
Der Film begleitet die Navajo-Matriarchin Kathryn Smith, die Hüterin des heiligen Bündels und damit Beschützerin ihres Landes in Arizona ist ,bei ihrem alltäglichen und rituellen Leben.

POT STARR / USA 1990
R: Victor Masayesva Jr. (Hopi)
L: 6 Minuten, Video

Thema ist die Keramikkunst der Puebloindianer, die Masayesva in seiner eigenen Art von Mischung traditionellen Desgins mit den elektronischen Darstellungsmöglichkeiten zum Anlaß für seine Videokunst nimmt.

SURVIVING COLUMBUS / USA 1990
R: George H. Burdeau (Blackfoot)
L: 30 Minuten, Video
Der Film rekonstruiert die schockartige Wirkung, die der erste Kontakt mit einem Weißen, dem Konquistador Francisco Vazques Coronado, bei den Puebloindianern 1540 auslöste, und deren verheerende Folgen.

THE INSTITUTE OF AMERICAN INDIAN ARTS / USA 1991
R: George H. Burdeau (Blackfoot)
L: 15 Minuten, Video
Vorstellung des Kunst-Kollegs in Santa Fe, das gleichzeitig Museum für indianische Kunst und Ausbildungsstätte für indianische Studenten ist.

THE PLACE OF WALLING WATERS PART III / USA 1991
R + B: Roy Big Crane (Salish), Thompson Smith
L: 30 Minuten
Über die Problematik eines Staudammprojektes im Flathead-Reservat der Salish-Konföderation und des Kootenai-Stammes.

SISKYAVI – THE PLACE OF CHASMS / USA 1991
R: Victor Masayesva Jr. (Hopi)
L: 28 Minuten, Video
Stellt im Zusammenhang mit der Keramikkunst und der Forderung um Zurückgabe geraubter Kulturgüter den Zusammenprall der unterschiedlichen Kulturen dar.

STARTING FIRE WITH GUNPOWDER / Kanada 1991
R: David Poisey (Inuit), William Hansen
L: 59 Minuten, Video
Film über Entstehung und Geschichte der Inuit Broadcasting Corporation, ein Vorbild für autonomes Fernsehen von Ureinwohnern.

A VOYAGE OF REDISCOVERY / USA 1991
R: Phil Lucas (Choctaw)
L: 47 Minuten, Video
Frank Brown gerät auf die schiefe Bahn. Auf Vorschlag seines

Stammes und mit Unterstützung eines weißen Richters kann er seine Verfehlungen nach Stammestradition sühnen.

WARRIOR CHIEFS IN A NEW AGE / USA 1991
R: Dean Curtis Bear Claw (Crow)
L: 30 Minuten
Die Bedeutung der Crow-Häuptlinge und -Medizinmänner und ihre Prophezeiungen für den Stamm und die Zukunft.

WIPING THE TEARS OF 7 GENERATIONS / USA 1991
R: Fidel Moreno (Yaqui), Gary Rhine
L: 60 Minuten, Video
Dokumentation des Gedächtnisrittes von 300 Lakota anläßlich des 100. Jahrestages des Massakers von Wounded Knee.

AWAKENING / USA 1992
R + B: Norman Brown (Navajo)
L: 42 Minuten
Die Einführung eines Navajo-Jungen in seine Kultur.

HAIRCUT HURT / USA 1992
R: Randy Redroad (Cherokee)
L: 10 Minuten
Der alltägliche Rassismus grassiert für eine Indianerin bereits im Friseursalon nebenan.

IT STARTS WITH A WHISPER / Kanada 1992
R + P: Shelley Niro (Six Nations), Anna Gronau
L: 28 Minuten
Anhand der mythischen Reise einer 18jährigen Irokesin zu den Niagara-Fällen werden traditionelle Vorstellungen vom Matriarchat der Irokesen entwickelt.

LOOK INTO THE HEART / USA 1992
R: Fileberto Kuru'es (Yaqui)
L: 22 Minuten
Weissagungen und Prophezeiungen von weisen indianischen Männern und Frauen.

TRANSITIONS: DESTRUCTION OF A MOTHER TONGUE / USA 1992
R + B: Darrell Kipp (Blackfoot), Joe Fisher (Blackfoot)
L: 30 Minuten

Über die Beziehung von Sprache, Denken und Kultur-Zerstörung der Muttersprache als Form des Ethnozids.

EVERYTHING HAS A SPIRIT / USA 1993
R: Ava Hamilton (Arapaho), Gabriele Dech, B: Linda Hogan (Chickasaw)
Die Wurzeln der indianischen Religion und die Bedeutung der Prophezeiungen am Beispiel der sieben »Feuer« der Ojibway.

KANEHSATAKE: 270 YEARS OF RESISTANCE /
Kanehsatake: 270 Jahre Widerstand / USA 1993
R + B: Alanis Obomsawin (Abenaki)
L: 113 Minuten
1990 verteidigen die Mohawk mit Waffengewalt ihr Land gegen die Polizei von Quebec und die kanadische Armee.

LIGHTING THE SEVENTH FIRE /USA 1993
R: Sandra Sunrising Osawa (Makah)
L: 30 Minuten
Die Ojibway-Prophezeiung der sieben »Feuer« wird als Anlaß genommen, um über die Auseinandersetzung um die Fischereirechte zu berichten.

THE RIGHT TO BE / USA 1993
R: Doris Skye (Lakota)
L: 30 Minuten
Selbst- und Erfahrungsporträt einer 16jährigen Lakota bei der Rückkehr aus New York in ihre Heimat, die Standing Rock Reservation in North Dakota.

LAKOTA WOMAN: SIEGE AT WOUNDED KNEE / USA 1994
R: Frank Pierson, B: Bill Kerby
D (All-Native Cast): Irene Bedard, August Schellenberg, Joseph Runningfox, Floyd Red Crow Westerman, Tantoo Cardinal
Die Ereignisse und Folgen der Besetzung von Wounded Knee 1973 nach der Autobiographie *Lakota Woman* von Mary Crow Dog (Lakota).

THE NATIVE AMERICANS. BEHIND THE LEGENDS.
BEYOND THE MYTHS / USA 1994
Sechsteilige Dokumentationsserie für TNT über die Geschichte und Gegenwart der unterschiedlichen Indianerkulturen, unterteilt nach Regionen und mit den folgenden Regisseuren:

1) THE NORTHEAST, R: John Borden, 2) THE SOUTHEAST, R: John Borden, 3) THE FAR WEST, R: Phil Lucas (Choctaw), 4) THE SOUTHWEST, R: Phil Lucas (Choctaw), 5) THE PLAINS, Part 1, R: George Burdeau (Blackfoot), 6) THE PLAINS, Part 2, R: George Burdeau (Blackfoot)

Bibliographie

Anderson, Lindsay: *About John Ford,* London 1981: Plexus

Anonym: Accuracy in Indian Subjects, in: *Moving Picture World 5* (10. Juli 1909), S. 48

Armstrong, Virginia I. (Hrsg.): *I Have Spoken. American History Through the Voices of Indians, Athens*/OH 1971: The Swallow Press

Astor, Gerald: Good Guys Wear War Paint, in: *Look 34* (1. Dezember 1970), S. 56–61

Bataille, Gretchen M. und Charles L. P. Silet (Hrsg.): *The Pretend Indians. Images of Native Americans in the Movies,* Ames 1980: Iowa State University Press

Berthold, Margot (Hrsg.): *D. W. Griffith,* 2. erweiterte Auflage, München 1987: Münchner Filmzentrum

Blakey, Carla M.: The American Indian in Films. Part I, in: *Film News 27* (September 1970), S. 6–10

Blakey, Carla M.: The American Indian in Films. Part II, in: *Film News 27* (Oktober 1970), S. 6–11

Bliersbach, Gerhard: Die Scham-Kur. Vor 30 Jahren kam »Winnetou« ins Kino, in: *film-dienst 47* (4. Januar 1994), S. 4–6

Bogdanovich, Peter: *John Ford,* Berkeley und Los Angeles 1978: University of California Press

Bowser, Eileen (Hrsg.): *Biograph Bulletins 1908–1912,* New York 1973: Farrar, Strauss and Giroux

Brown, Dee: *Bury My Heart at Wounded Knee: An Indian History of the American West.* New York 1970: Holt, Rinehart and Winston

Brownlow, Kevin: *The War, the West and the Wilderness.* New York 1979: Alfred A. Knopf

Calder, Jenni: *There Must Be a Lone Ranger. The American West in Film and Reality,* New York 1977: McGraw-Hill

Cawelti, John G.: *Adventure, Mystery, and Romance,* Chicago und London 1976: University of Chicago Press

Cawelti, John G.: Reflections on the New Western Films. The Jewish Cowboy, the Black Avenger, and the Return of the Vanishing American, in: *The University of Chicago Magazine 65* (Januar–Februar 1973), S. 25–32

Churchill, Ward: *Fantasies of the Master Race: Literature, Cinema and the Colonization of American Indians.* Monroe 1992: Common Courage Press

Clark, Joan: Some Wrongs Righted on Film. Vanishing American, Part 1, in: *Film Library Quarterly 3* (Winter 1969/1970), S. 27, 47

Clifton, James A.: *The Invented Indian. Cultural Fictions and Government Policies,* New Brunswick/NJ 1990: Transaction Books

Cornell, Steven: *Return of the Native. American Indian Political Resurgence,* New York und Oxford 1987: Oxford University Press

Deloria, Vine: *Custer Died For Your Sins. An Indian Manifesto,* New York 1969: Macmillan

Deloria, Vine: *God Is Red,* New York 1973: Grossett and Dunlap

Dench, Ernest Alfred: The Dangers of Employing Redskins as Movie Actors, in: *Making the Movies,* New York 1915: Macmillan, S. 92–94

Ducheneaux, Franklin: The American Indian. Beyond the Stereotypes, in: *Today's Education 62* (Mai 1973), S. 22–24

Durgnat, Raymond und Scott Simmon: *King Vidor, American,* Berkeley und Los Angeles 1988: University of California Press

Edwards, Anne: *The DeMilles,* New York 1988: Harry N. Abrams

Frayling, Christopher: *Spaghetti Westerns. Cowboys and Europeans from Karl May to Sergio Leone,* London und Boston 1981: Routledge Kegan Paul

French, Philip: *Westerns. Aspects of a Movie Genre,* London 1973: Secker & Warburg

Friar, Ralph E. und Natasha A.: *The Only Good Indian … The Hollywood Gospel,* New York 1972: Drama Book Specialists

Friedrich, Margarete u. a. (Hrsg.]) 100 ethnographische Filme. Die Fremden sehen, München 1985: Trickster

Gallagher, Tag: *John Ford. The Man and His Films,* Berkeley und Los Angeles 1986: University of California Press

Gallagher, Tag: John Ford's Indians, in: *Film Comment 29* (September–Oktober 1993), S. 68–74

Georgakas, Dan: *They Have Not Spoken. American Indians in Film,* in: Film Quarterly 25 (Frühjahr 1972), S. 26–32

Gesellschaft für bedrohte Völker (Hrsg.): *»Unsere Zukunft ist eure Zukunft«. Indianer heute,* Hamburg/Zürich 1992: Luchterhand

Hartman, Hedy: *A Brief Review of the Native American in American Cinema,* in: The Indian Historian 9 (Sommer 1976), S. 27–29

Hembus, Joe: *Western-Geschichte,* München und Wien 1979: Carl Hanser Verlag

Hembus, Joe und Benjamin Hembus: *Das Western-Lexikon,* München 1995: Heyne

Henderson, Robert M.: *D.W. Griffith. The Years at Biograph,* New York 1970: Farrar, Strauss and Giroux

Hilger, Michael: *The American Indian in Film,* Metuchen, NJ und London 1986: Scarecrow Press

Hölzl, Gebhard und Matthias Peipp: *Fahr zur Hölle, Charlie! Der Vietnamkrieg im amerikanischen Film,* München 1991: Heyne

Jordan, Pierre-L: *Premier Contact – Premier Regard,* Musées de Marseille – Images en Manœuvres Editions, März 1992

Kaufmann, Donald M.: *The Indian as Media Hand-me-down,* in: The Colorado Quarterly 23 (Frühjahr 1974), S. 489–504

Keshena, Rita: *The Role of American Indians in Motion Pictures,* in: American Indian Culture and Research 1 (1974), S. 25–28

Kitses, Jim: *Horizons West,* London 1969: Thames and Hudson

Lacey, Richard: *Alternatives to Cinema Rouge,* in: Media and Methods 7 (April 1971), S. 70–71.

Lawliss, Chuck: *The Old Nest Sourcebook,* New York 1994: Crown Trade Paperbacks

McBride, Joseph und Michael Wilmington: *John Ford,* London 1974: Secker Warburg

Miller, Randall M. (Hrsg.): *The Kaleidoscopic Lens. How Hollywood Views Ethnic Groups,* Englewood/NJ 1980: Jerome S. Ozer

Milner, Clyde A. u. a. (Hrsg.): *The Oxford History of the American West,* New York und Oxford 1994: Oxford University Press

Monegal, Emir Rodriguez (Hrsg.): *Die Neue Welt. Chroniken Lateinamerikas von Kolumbus bis zu den Unabhängigkeitskriegen,* Frankfurt/M. 1982: Suhrkamp

Musser, Charles: *Before the Nickelodeon. Edwin S. Porter and the Edison Manufacturing Company.* Berkeley und Los Angeles 1991: University of California Press

O'Connor, John E.: *The Hollywood Indian. Stereotypes of Native Americans in Film:* Trenton/NJ 1980: New Jersey State Museum

Place, J. A.: *Die Western von John Ford,* München 1984: Wilhelm Goldmann Verlag

Ringgold, Gene und DeWitt Bodeen: *The Films of Cecil B. DeMille,* New York 1969: Citadel Press

Sandoux, Jean Jacques: *Racism in Western Film from D.W. Griffith to John Ford: Indians and Blacks,* New York 1980: Revisionist Press

Sarf, Wayne Michael: *God Bless You, Buffalo Bill: A Layman's Guide to History and the Western Film,* East Brunswick/NJ 1983: Associated University Press

Sarris, Andrew: *The John Ford Movie Mystery,* London 1976: Secker & Warburg

Seesslen, Georg: *Western: Geschichte und Mythologie des Western-Films.* Marburg 1995: Schüren Presseverlag

Seydor, Paul: *Peckinpah: The Western Films,* Urbana und Chicago 1980: Illinois University Press

Springer, Bernhard und Matthias Peipp: *Hugh, ich habe gesprochen – Indianer im Film,* in: Ulrich Löber (Hrsg.), Prärie und Plainsindianer, Mainz 1993: Verlag Hermann Schmidt, S. 113–133

Slotkin, Richard: *The Fatal Environment: The Myth of the Frontier in the*

Age of Industrialization 1800–1890, Middletown/CT 1986: Wesleyan University Press

Slotkin, Richard: *Gunfighter Nation: The Myth of the Frontier in Twentieth-Century America,* New York 1993: HarperCollins

Slotkin, Richard: *Regeneration Through Violence: The Mythology of the American Frontier 1600–1860,* Middletown/CT 1973: Wesleyan University Press

Stammel, H. J.: *Indianer: Legende und Wirklichkeit von A–Z,* München 1992: Orbis Verlag

Stedman, Raymond W.: *Shadows of the Indian,* Norman 1982: University of Oklahoma Press

Stowell, Peter: *John Ford,* Boston 1986: Twayne Publishers

Thornton, Russell: *American Indian Holocaust and Survival: A Population History Since 1492,* Norman/OK 1988: University of Oklahoma Press

Todorov, Tzvetan: *Die Eroberung Amerikas: Das Problem des anderen,* Frankfurt/M 1985.: Suhrkamp

Truettner, William H. (Hrsg.): *The West as America. Reinterpreting Images of the Frontier 1820–1920,* Washington und London: Smithsonian Institution Press

Tuska, Jon: *The American West in Film,* Lincoln und London 1988: University of Nebraska Press.

Vorpahl, Ben Merchant: *Frederic Remington and the West,* Austin und London 1978: University of Texas Press.

Welch, James mit Paul Stekler: *Killing Custer,* New York und London 1994: W. W. Norton

Wright, Will: *Sixguns & Society: A Structural Study of the Western,* Berkeley und Los Angeles 1975: University of California Press

Register

Winnetou III [1965] 152ff
Winnetou und Old Shatterhand im Tal des Todes [1968] *332*
Winnetou und sein Freund Old Firehand [1966] 154
Winona 89
Wiping the Tears of Seven Generations [1991] 255, *255*
Wister, Owen 146
Wo die grünen Ameisen träumen [1983] 212
The Wolfen (Wolfen) [1981] 198, *199*, *209*, 262
The Wolfer (Die Rache des Wolfjägers) [1977] 164

Y

Yellowstone Kelly (Man nannte ihn Kelly) [1959] *141*, 206
Young Eye 90
Young, Robert 56
Yowlachie 86, 90

Z

Zinnemann, Fred 97
Zwei in der Arktis (Two Against the Arctic) [1974] 46
Zwölf Uhr mittags (High Noon) [1952] 97, 230